漢文文法 理解

柳在潤 著

신아사

머리말

우리는 고대로부터 한문을 사용해왔다. 이러한 관계로 우리의 일상용어는 대부분 한문에서 유래하게 되었다. 때문에 한문을 배워야 한국어생활이나 여러 학문분야에서 용어의 이해와 활용을 쉽게 할 수 있다.

한문의 종주국인 중국은 세계에서 가장 많은 인구를 보유하고 있는데다 거듭 경제적으로 성장하면서 외국과 다방면의 교류를 확대하고 있으므로, 세계 각국의 사람들이 중국인과의 교류를 위하여 한문학습에 열을 올리고 있다. 중국과 인접하고 있는 우리는 외교적 교류를 통한 상호 협력 증진을 위해서도 반드시 한문을 배워야 한다.

한문에는 인성을 중시한 도덕적인 교훈이 많다. 옛 선현(先賢)들의 지혜와 철학이 한문의 많은 문헌과 작품 속에 담겨있다. 또 인생을 슬기롭게 살아갈 수 있도록 인도해주는 선인들의 격언이 한문에 매우 많다. 따라서 한문을 배우면 우리의 생활을 보다 가치 있고 충실하게 만들어 갈 수 있는 귀중한 삶의 철학을 얻게 된다.

이상은 한국 사람이면 누구나 필요한 사항이고, 더 나아가 한문을 반드시 습득하여 활용해야 할 사람은 한문학, 국문학(고전문학), 동양철학, 한국사, 동양사, 한의학(韓醫學) 그리고 중국의 언어문학을 비롯한 모든 분야를 전공한 사람이다.

본서는 2015년 2월에 이미 출간되었던 원본을 다시 개정하여 만든 것이다. 그동안 연구 발표한 몇 편의 논문을 취합하여 첨삭정리하고, 여기에 한문문법 전반을 이해할 수 있도록 내용을 추가하여 저작하였는데, 학습자가 보다 쉽게 한문을 이해하고 습득할 수 있도록 최선을 다하였다. 한문을 해석하고 작문할 수 있는 기본 상식을 설명하는 데 중점을 두었는데, 먼저 品詞論에서는 실사(實詞)를 대상으로 명사, 대명사, 동사, 형용사, 부사의 용법에 대하여 설명하였다. 構文論에서는 평서문을 비롯하여 여러 가지 문장의 유형을 제시하고 설명하였다. 아울러 한문과 영문의 문장형식을 대비하여 보았는데 공통점이 많으므로 이를 활용하면 상호학습에 도움이 되리라 믿는다. 虛詞論에서는 연사(連詞), 개사(介詞), 어기사(語氣詞) 등 한문에서 일반적으로 쓰는 여러 가지 허사의 용법에 대해 서술하였다. 修辭論에서는 도치와 생략, 용자와 구문의 융통성, 문장의 구성미와 조화의 원리 등을 서술하여 문장구성에 대한 근본적인 이해를 도왔다.

옛날처럼 누구나 어려서부터 오직 한문만 학습하는 시대가 아니다. 오늘날에는 중·고등학교를 다니면서 처음 한문을 배우고, 또 대학교에 들어가서 비로소 한문을 본격적으로 배우는 사람이 많은데, 그동안에 배워서 얻은 상식을 활용하여 최대한 짧은 기간에 학습의 효과를 올려야 한다. 새로운 언어학습은 이미 배운 언어와 비교의 방법을 통해서 이해하는 것이 중요한 비법이므로 국어나 영어에서 배운 어법을 한문학습에 활용하는 것이 매우 좋은 방법이다.

'어떻게 설명하면 학습자가 쉽게 이해할 수 있을까?'하고 많은 궁리를 하면서 이 한권의 책을 엮었다. 한문학습에 조극이나마 도움을 주기 위해 집필한 본서가 학습자에게 큰 힘이 되기를 기대한다. 본서를 통해서 한문의 문법을 이해하고 이를 계기로 한둔에 자신을 갖는 학자가 많이 나오기를 간절히 바랄뿐이다. 출간에 임박하여 또 한편으로 미흡함을 느끼면서 혹 잘못된 곳이 있을까 두렵기도 하다. 이에 대한 강호제현의 고귀한 가르침을 받고 싶다.

동양의 古典에 남다른 애정을 가지고 독자들을 위해 많은 良書를 출간해 주신 신아사 정현걸 사장님께 敬意를 표하며, 아울러 본서의 출판을 위해 수고하신 직원 여러분께도 감사의 말씀 올린다.

2018년 8월 27일
저자 삼가 씀

目 次

第一章 品詞論

第二章 構文論

第三章 虛詞論

第四章 修辭論

第一章
品詞論

漢文에서 거론하는 품사는 名詞, 代名詞, 動詞, 形容詞, 副詞(狀語) 그리고 虛詞이다. 허사는 그 종류가 많고 용법도 다양하므로 虛詞論을 별도로 설정하여 논하기로 하고, 여기 품사론에서는 實詞에 관련된 명사, 대명사, 동사, 형용사, 부사에 대해서 알아보기로 한다.

Ⅰ. 名 詞

1. 名詞의 類型

事物의 이름을 指稱한 品詞를 名詞라 한다. 명사의 유형을 구별하면, 크게는 固有名詞와 普通名詞 두 種類이다. 보통명사는 다시 물질 · 추상 · 개체 · 집합명사로 나눌 수 있다.[1] 이들의 유형과 그 용례를 살펴보도록 한다.

1) 固有名詞(Proper Nouns)

固有名詞는 人名, 地名 또는 特定한 事物名으로 世上에 唯一한 物體를 指稱하는 이름이다. 漢文의 고유명사 표기는 英語처럼 관사 'The'를 사용하거나 또는 첫 글자를 大文字(ABC)로 써서 알아보기 쉽게 표현하지 않는다.

日 : The sun.　　月 : The moon.　　漢江 : The Han river.
中國 : China.　　北京 : Beijing.　　堯 : King Yao.

---

1) 周光耀 外 3人 共編,《英語語法入門》16쪽, 商務印書館; 金寅淑 李鳳三 共著,《아카데미TOEFL 》아카데미文化社.

한문은 人名, 地名, 官職名, 事物名 등 고유명사를 알아보도록 특별히 표시하지 않기 때문에 아직 미숙한 학습자들은 문장 중의 고유명사를 명사어로 못보고 분해하여 해석을 하는 잘못을 범할 수도 있다.

2) 普通名詞(Common Nouns)

固有名詞를 제외한 名稱으로, 物質名詞 · 抽象名詞 · 個體名詞 · 集合名詞로 구별할 수 있다. 일반적으로 物質名詞와 抽象名詞는 不可算名詞이고, 個體名詞와 集合名詞는 可算名詞이다.

(1) 物質名詞(Material Nouns)

물질명사는 셀 수 없는 名詞이지만 앞에 單位를 붙여 數量을 표시하면 셀 수 있게 된다.
예를 들면, 酒, 水, 飯, 鐵 등은 물질명사인데 수량적으로 나타내면 아래와 같다.

一杯酒 : a cup of wine.　三杯水 : three cups of water.
一盌飯 : a bowl of rice.　一斤鐵 : a pound of steel.

(2) 抽象名詞(Abstract Nouns)

實體의 事物이 아닌, 행위 · 동작 · 모양 · 상태 등에 관한 것으로 직접 만질 수 없는 抽象的 명칭을 추상명사라 한다.

例) 忠(loyalty, faithfulness), 孝(filial piety), 夢(dream),
平和(peace), 健康(health), 勇氣(bravery).

漢文에서 물질명사보다 추상명사는 文章중의 어순이나 용법에 따라 動詞·形容詞·副詞로 쉽게 轉用된다. 예를 들어 '忠'자의 변화를 보자.

○ 所思忠孝者.[2] 충성과 효도를 생각한 사람(A man who thinks loyalty and filial piety). 忠 : 명사
○ 忠告. 충실하게 알려주다(heartly advice). 忠 : 부사
○ 忠君愛國. 임금에게 충성하고 나라를 사랑하다(devote oneself to one's king and love one's nation). 忠 : 동사
○ 忠臣不事二君.[3] 충직한 신하는 두 임금을 섬기지 않는다(A loyal retainer does not work under two kings). 忠 : 형용사

단독으로는 추상명사로 보았던 '忠'자가 형체의 변화 없이 경우에 따라 부사, 동사, 형용사로 轉用되었다. 영어의 경우는 대부분 품사에 따라 어형변화를 하므로 품사를 알아보기가 쉽다(美 : beauty, beautify, beautiful, beautifully).

漢字는 主格·所有格·目的格으로 規定되어 있지 않으며, 또 어떤 品詞로 이미 規定된 것도 아니다. 다만 文章 中의 놓이는 위치와 前後 字의 성격에 따라서 비로소 그 字의 格과 品詞를 規定할 수 있다. 따라서 名詞의 例字로 든 日 · 月 · 水 · 忠 등의 單字는 물론 심지어 두 字로 合成된 名詞일지라도 경우에 따라서는 名詞 아닌 다른 性分으로 바뀔 수 있다. 이 때 語順의 位置에 따라 格이나 品詞가 定해

2) 《明心寶鑑》<存心篇>: 夙興夜寐 所思忠孝者 人雖不知 天必知之.
3) 《上揭書》<立敎篇>: 王蠋 曰 忠臣不事二君, 烈女不更二夫.

진다고 할지라도 英語의 'I'·'My'·'Me'와 같은 格 변화나, 動詞形·副詞形·形容詞形의 語形變化가 일어나지 않고, 어느 位置에 놓이든 글자의 形體는 변함이 없다.

(3) 個體名詞(Individual Nouns)

事物 하나하나를 指稱하는 名詞이다. 앞의 固有名詞를 包含하여 모든 事物의 개개에 대한 名稱을 個體名詞라고 할 수 있다. 예를 들면, 馬(a horse), 松(a pine), 工人(a worker), 君子(a true gentleman), 小人(a petty person) 등과 같은 유형을 들 수 있는데 이들은 어형 변화 없이 경우에 따라 복수로도 쓸 수 있다.

(4) 集合名詞(Collective Nouns)

例) : 家族(family), 軍隊(army), 民衆(people), 委員會(committee), 吾等 · 我們(We), 小人輩(insignificant men), 政黨(political party), 牛群(cattle), 機械類(machinery).

위의 예시와 같이 한문에서 복수를 나타내는 어휘가 있다. 그러나 이들을 사용하지 않고 복수를 나타내는 경우가 많다(與民同樂 : 백성들과 더불어 즐거움을 같이한다. 先王遠小人 : 선대에 왕은 소인들을 멀리했다).

2. 單數와 複數

漢字에는 英語처럼 單數形, 複數形이 없다. 古代의 名詞에는 單數, 複數의 구별이 없었다.[4] 한 글자 자체가 單數도 되고 複數도 될 수 있다. 필요한 경우 앞뒤에 數量詞를 붙인다. 단수 · 복수의 유형과 용례를 살펴보기로 한다.

書 : 책.	群書 : 많은 책.	百卷書 : 백 권의 책.
a book :	books.	
車 : 수레(차).	五輛車 : 다섯 대의 차.	
a car :	five cars.	
雄 : 영웅.	群雄 : 많은 영웅들.	
a hero :	heroes.	
日 : 날.	數日 : 여러 날.	
a day :	days.	

漢文에 複數의 접미사가 있지만 英語처럼 '-s', '-es' 나, 여러 불규칙 變化形(child, children)으로 나타내지 않는다. 複數形 접미사로는: 族.隊.衆.等.輩.曹.儕.黨.群.們.屬.類(家族.軍隊.民衆.吾等.小人輩.政黨.鳥獸群.我們.植物類) 등의 종류가 있다.

그러나 일반적으로 접미사를 잘 사용하지 않고 文章中에 複數를 나타내는 代詞(혹은 副詞) '皆' · '擧' · '盡' · '均' · '相' · '互' · '都' 등의 字를 써서 複數임을 나타낸다.

---

4) 楊伯峻 著, 윤화중 옮김, 《中國文言文法》 184쪽, 청년사.

○ 人皆愛珠玉.[5] 사람들은 모두가 주옥을 좋아한다.

○ 人義盡從貧處斷.[6] 사람들의 의리는 모두가 가난한 처지에서 단절된다.

○ 百姓, 擧疾首蹙頞而相告.[7] 백성들이 모두 머리를 내두르고 이마를 찌푸리며 서로 말한다.

또 한편 名詞 앞에 수를 나타내는 冠形語를 사용하여 複數의 표현을 하는 경우가 많다(예, 五穀, 百花, 千山, 小數人).

3. 名詞의 格(Case)

漢字는 英語(I, My, Me. / He, His, Him)처럼 格變化가 없다. 主格, 所有格, 目的格 모두는 변화 없이 一人稱이면 我(余 · 吾)일 뿐 英語처럼 變形하지 않는다. 다만 文句가 이루어 질 때 내용상 英語의 格과 같은 意味로 쓰일 뿐이다. 主格, 所有格, 目的格의 用例를 들어보도록 한다.

1) 主格

○ 爾愛其羊, 너(You)는 그 양을 아끼느냐?

---

5) 《明心寶鑑》 <訓子篇>: 人皆愛珠玉, 我愛子孫賢. /叅考 : 三獸聞之, 皆有喜色.《三國遺事·金現感虎》.

6) 《明心寶鑑》 <省心篇>.

7) 《孟子》 <梁惠王章句下>: 百姓 聞王 鍾鼓之聲 管籥之音 擧疾首蹙頞而相告曰吾王之好鼓樂 夫何使我 至於此極也.

○ 我愛其禮.[8] 나(I)는 그 예를 좋아한다.

人稱의 경우 漢文은 여러 類型의 字가 있다. 오랜 역사에서 누적되고 또 方言이 많은 결과 一人稱 二人稱에 대한 표현이 매우 많다(뒤 인칭대명사편 참고). 現代文에서는 一人稱은 我 · 我們(複數), 二人稱은 你 · 您 · 你們, 三人稱은 他 · 她(She) · 他們으로 규정하여 알기 쉽게 쓰고 있다.

2) 所有格

○ 我父 : My father

○ 汝兄 : Your elder brother

漢文에서 所有格의 특별한 형식은 없다. 소유의 주체 뒤에 被所有의 대상이 놓임으로써 앞의 主體가 자연스럽게 소유격이 되는 것이다. 영어의 소유격과 비교하여 그와 상응하는 유형을 말할 때 소유격을 거론한 것이지 애초부터 格이라는 개념이 있지 않았던 것 같다. 소유주와 소유물간에 소유관계를 나타내는 '之'가 있는데 古文의 어휘에 없는 경우가 더 많다. 위 예문에 '我父'는 '我之父'로 쓸 수도 있다('之'가 개입되면 더 알아보기 쉽다).

漢文(古文)에서 소유격으로 쓰는 介詞 '之'는 現代文에서 '的'으로 바꾸어 쓴다. 이들은 구문에서 생략되는 경우가 있는데, 古文에서는 주로 省略形을 쓰고, 現代文은 '的' 介詞를 기본적으로 사용한다.

---

8) 《論語》<八佾> : 子曰賜也 爾愛其羊, 我愛其禮. 여기서 '爾愛其羊'은 의문문임.(너는 그 양을 아끼느냐?)

現代文에서 所有關係가 지극히 密接한 관계(親屬 · 附屬 등)일 때는 생략하기도 하며(我的弟弟→我弟弟, 他的身體→他身體), 또 '我的母親的健康'과 같이 소유관계가 二重的일 때 앞부분의 '的'을 생략(我母親的健康)하기도 한다. 文言文의 '之'字와 白話文의 '的'字는 所有者와 被所有者간(名詞와 名詞間)의 介詞로서 漢文 文句上 소유격을 의미한 대표적인 字라 할 수 있다. 英語의 경우는 一人稱(My), 二人稱(Your), 三人稱(His·Her), 複數(Our·Their)에 따른 소유격의 구별이 있다.

3) 目的格

○ 天喪予![9] Heaven abandons me!

○ 貽我來牟.[10] (Heaven) gave us wheat and barley.

○ 吾從而師之.[11] I will (follow and) make him my teacher.

○ 吾在此俟汝.[12] I will wait for you here.

'予', '我', '之'는 문장에서 目的語이지만 英語의 목적어(me, us, him)처럼 변형하지 않고 주격처럼 그대로 쓴다. '汝'는 영어의 'you'와 같다. 영어의 'you'는 한문처럼 주격과 목적격의 형태가 같고, 또 단수와 복수를 겸하여 쓴다.

---

9) 《論語》 <先進>: 顔淵死, 子曰噫, 天喪予, 天喪予.

10) 《詩經》 <魯頌 · 思文篇>, 來 : 小麥, 牟 : 大麥.

11) 《古文眞寶》 韓 愈, <師說> : 其聞道也, 固先乎吾, 吾從而師之.

12) 朴趾源, <許生傳> : 吾在此俟汝, 各持百金而去, 人一婦一牛來.

4. 名詞의 用法

일상적인 관점에서 보는 名詞는 文章 中에서 主語, 賓語(目的語), 述語 등으로 쓰일 수 있다. 용례를 아래에 들어 본다.

1) 문장의 主語

○ 父生我身, 母育吾身 : 아버지는 나(내 몸을)를 낳으시고, 어머니는 나를 기르셨다. '父'와 '母'가 명사로 주어가 되었다.

2) 동사의 賓語(目的語)

○ 金生水, 水生木, 木生火, 火生土, 土生金 : 金(쇠)은 물을 낳고, 물은 나무를 낳고, 나무는 불을 낳고, 불은 흙을 낳고, 흙은 금을 낳는다.

五行(金水木火土)이 각자 주어이면서 동사(生)의 賓語가 되었다.

3) 介詞(전치사) 의 賓語

○ 有朋自遠方來. 어떤 벗이 먼 지방으로부터 오다. '自遠方': 'from a far-off place(distant province)'. '自'는 개사, '遠方(명사)'은 賓語.

○ 飮酒以杯(以杯飮酒). 잔으로 술을 마시다. '以杯': 'with a cup'. '以'는 개사, '杯'는 빈어.

4) 주어에 대한 述語

○ 金富軾 字立之, 號雷川, 諡號文烈, 本貫慶州.

김부식의 字는 立之요, 號는 雷川이며, 시호는 文烈이고, 본관은 경주이다.

○ 麴醇字子厚, 其先隴西人也.

국순은 字가 자후이며, 그의 선조는 농서사람이다.

'立之'·'雷川'·'文烈'·'慶州'와 '子厚'·'隴西人'은 名詞이지만 문장 중에서 述語로 쓰였다. 英語의 경우 名詞가 主格補語나 目的格補語로는 쓰일 수 있지만 漢文에서처럼 動詞를 대신하는 述語로는 쓰이지 않는다. 이와 같이 한문에서 명사가 술어가 되는 형식을 '명사술어문'이라고 한다.

5) 명사를 수식하는 形容詞

韓國人 : 한국사람(Korean people).

人性 : 사람의 성품.

山樹野草 : 산의 나무와 들의 풀.

일상에서 보통 명사로 쓰이는 '韓國', '人', '山', '野'가 '人', '性', '樹', '草' 명사를 수식하는 형용사로 사용되었다.

漢字는 미리 品詞가 정해지고 格이 갖추어져 있지가 않다. 문장 중에 어느 위치에 놓이느냐에 따라 비로소 품사와 격이 정해지게 된다. 명사라고 해서 꼭 명사로만 제한하여 쓰이지는 않고, 문장 중 어순의 변동에 따라 형체의 변화 없이 다른 품사로 바뀔 수 있다. 한자는 문장에 쓰이지 않을 때 일반적인 관점으로 품사를 말할 수는 있지만, 모든 한자마다 문장에서 어순의 위치에 따라 다른 품사로 轉用될 수 있다. (본 교재 修辭論篇 품사전용의 例 참고).

이상 문장 중에서 명사의 용례를 종합하면 아래와 같다.

1) 문장의 주어

2) 동사의 목적어

3) 개사(전치사) 의 목적어

4) 주어에 대한 술어(명사술어문)

5) 명사를 수식하는 형용사

Ⅱ. 代名詞

대명사도 명사의 한 유형이다. 그러나 문장에서 사용되는 용법이 특이하여 용법을 말할 때 일반명사와 별도로 다루어 설명하는 예가 많다. 여기서도 대명사를 별도로 살펴보기로 한다.

※ 한국에서 '代名詞'를 중국에서는 '代詞'라고 칭한다.

1. 人稱代名詞(Personal Pronouns)

1) 一人稱

我 · 余 · 吾 · 予 · 僕 · 愚 · 不肖 · 不孝·朕 · 蒙·寡人(不穀) 등[13]

○ 我知之矣.[14] 나는 (그것을) 안다.

○ 予助苗長矣.[15] 나는 묘의 성장을 도왔다.

13) 現代文에서는 一人稱의 경우 '我'로 통일하여 쓰며, 복수일 경우는 복수형 어미조사 '們'을 붙여 '我們'으로 표현한다.

14) 《中庸》 <第四章> : 子曰道之不行也, 我知之矣.

15) 《孟子》 <公孫丑上> : 今日病矣, 予助苗長矣.

○ 吾始與汝等, 入此島, 先富之 …吾今去矣.[16] 내가 처음 너희들(汝等)과 이 섬에 들어와서 먼저 부유하게 만들었다. 나는 이제 (이 섬을) 떠나겠다.

○ 李氏子蟠…請學於余, 余嘉其能行古道, 作師說 以貽之. 韓愈, <師說>. 이씨의 아들 반이 나에게 배우기를 요청하기에 나는 그가 능히 古道를 행할 수 있을 거라고 반기며 '師說'을 지어서 준다.

一人稱의 경우 위의 例字 외에도 意味上 나(Ⅰ)를 나타내는 표현이 많다. 예를 들면, '小人' · '妾' 등 상대방에 대해 自身을 지칭하는 用語를 쓸 수 있다. 또 '自', '己', '身' 등 己身稱의 一人稱代名詞도 있다.

2) 二人稱

汝 · 女 · 子 · 爾 · 君 · 乃 · 若 · 而 · 公 · 卿 · 吾子·先生 · 執事 · 足下·貴下·陛下·閣下·殿下 등[17]

○ 吁, 子來前.[18] 아! 그대(너), 앞으로 나오라.

○ 君欲得好逑.[19] 그대가 좋은 짝을 얻고자 한다면.

○ 汝不疾虎.[20] 너는 호랑이를 미워하지 않는다.

---

16) 朴趾源, <許生傳> : 吾始與汝等, 入此島, 先富之, 然後別造文字, 創製衣冠, 地小德薄, 吾今去矣.

17) 現代文에서는 '你'(您: 존칭어)자로 통일하여 쓴다. 複數일 경우 '你們'이다.

18) 韓愈, <進學解> : 吁, 子來前, 夫大木爲杗, 細木爲桷.

19) 金時習, <萬福寺摴蒱記> : 君欲得好逑, 何憂不遂.

20) 朴趾源, <虎叱> : 虎之食麢鹿, 汝不疾虎.

○ 無忘乃父之志. 너의 아버지의 뜻을 잊지 말라.

○ 爾等.[21] 너희들.

○ 爾爲爾, 我爲我.[22] 너는 너이고(You are you), 나는 나이다(I am I).

○ 足下何自貶辱若是.[23] 그대는 어찌 스스로를 폄욕함이 이와 같습니까?(You! why do you humiliate yourself like this?)

○ 吾語若友.[24] 내가 너에게 우정에 대해서 말해주겠다(I will tell you a story about friendship). 若 : you.

○ 旦暮, 吏來而呼曰 : "官命促爾耕, 勗爾植, 督爾穫, 蚤繰而緖, 蚤織而縷, 字而幼孩, 遂而鷄豚"[25]아침저녁으로 관리가 와서 소리치며 "관청의 명령으로 너희들의 경작을 재촉하고, 너희들의 심는 것을 힘쓰게 하고, 너희들의 수확을 살피노라. 빨리 너희들의 누에고치에서 실을 뽑고, 빨리 너희들의 실을 짜서 옷감을 만들어라. 너희들의 어린아이들을 잘 기르고 너희들의 닭과 돼지를 잘 키우라"고 말합니다.

爾, 而 : 二人稱. 너. 너희들. 字 : 기르다. 번식시키다. 사랑하다.

二人稱도 위의 例字 외에 意味上 相對者(You)로 통하는 다른 용어를 쓸 수 있다. '大人' · '兄氏'·'叟' 등 상황에 따라 相對者에 대한 呼稱을 만들어 쓸 수 있는 점이 英語와 다른 점이라 할 수 있다.

영어의 二人稱 'you'는 格이나 단 · 복수에 따라 구별하여 쓰지 않고 모두를 겸하여 쓰는 단어이다(소유격 제외). 이는 한자의 용례와 상통한 단어중의 하나이다.

21) 朴趾源, <許生傳> : 許生曰 '爾等, 力不足以擧百金, 何能爲盜'

22) 《孟子》 <公孫丑章句上> : 柳下惠…故曰爾爲爾, 我爲我.

23) 朴趾源, <兩班傳> : 郡守大驚, 下扶曰 '足下何自貶辱若是'

24) 朴趾源, <穢德先生傳> : 蟬橘子笑曰, 居, 吾語若友…

25) 柳宗元, <種樹郭橐駝傳>

3) 三人稱

彼·他·她·公·其·某·夫·伊·之·者·或·上(王)·人 등

○ 彼與彼年相若也, 道相似也. 韓愈, <師說>. 저 사람과 저 사람은 나이가 서로 같고, 道도 서로 비슷하다.

○ 或曰 "公去國萬里 而謫於潮". 蘇軾, <潮州韓文公廟碑>. 어떤 사람이 말하기를, 公은 도읍 만 리를 떠나와 조주고을에서 귀양살이를 했습니다. '公'은 韓文公 韓愈를 지칭. 대개 작품 서두에서 주인공을 거명하고 이후에 '公'을 대명사로 쓴다.

其·某·夫·伊·之·者·或 등은 人稱으로도 쓰지만 事物을 지칭하는 경우가 많다. 古文에서는 三人稱의 경우 직접 그 당사자를 指稱하는 姓名이나 字를 잘 쓴다. '他', '她'는 오늘날 현대 白話文에서 男·女의 三人稱 代名詞로 통용하고 있다.[26]

2. 己身稱代名詞(Reflexive Pronouns)

'自', '身', '己' 등은 文章中에서 동사의 目的語로 쓰이면 행위상의 主體가 自身을 나타내는 표현으로 再歸代名詞가 된다(目的語가 아닐 경우는 主語로 人稱代名詞).

○ 自責. blame oneself. 自重. self-respect

26) 現代文에서 삼인칭은 남자일 경우: '他(he)', 여자일 경우: '她(she)'로 구분하여 쓰고, 복수 표기는 각자 '他們', '她們'이다.

○ 責己之心. the mind of blaming oneself.

○ 汝有獻身之心. You have the mind of devoting yourself(self-sacrifice).

○ 其人避身. He hides himself.

'自'는 의미상 目的語일지라도 語順上 반드시 動詞 앞에 位置한다. 責己, 尊身, 省身을 '自'를 사용하여 쓰면 自責, 自尊, 自省으로 써야 한다.

○ 常以琴自隨. <百結先生>. (선생은) 항상 거문고를 몸에 붙이고 다녔다. 여기의 '自'는 '自身'인데, '自'를 '身'으로 바꾸고 표현하면, '常以琴隨身'으로 표기해야 한다. '常以琴隨身'은 '항상 거문고를 몸에 따라붙게 하였다'.

○ 欲量他人 先須自量.《明心寶鑑》 다른 사람을 헤아리려거든 먼저 자신을 헤아려보아라.

先須自量=先須量身(己).

'自', '身', '己' 이들이 주어로 쓰이면 인칭대명사가 된다.

○ 身旣不孝 子何孝焉.《明心寶鑑》. 자신이 (부모에게) 효도하지 않으면 자식이 어찌 (나에게) 효도하리오.

身 : 主語로 人稱代名詞.

○ 己所不欲 勿施於人.《論語》. 자기가 바라지 않는 것을 남에게 베풀지 말라.

己 : 主語로 人稱代名詞.

3. 指示代名詞(Demonstrative Pronouns)

此 · 是 · 斯 · 玆 · 時 · 爾 · 厥 · 之 · 諸 · 焉 · 其 · 者 · 彼 · 夫 등: this(these) · that(those) · it(they, them)

○ 黃相國喜 微時行野 憩于路上 見田夫駕二牛而耕者 問曰“二牛何者爲勝”, 田夫不對 輟耕而至 附耳細語 曰“此牛勝”. 公怪之曰 “何以附耳相語”, 田夫曰 “雖畜物 其心與人同也 此勝則彼劣 使牛聞之 寧無不平之心乎”, 公大悟 遂不復言人之長短. <芝峰類說>

황 상국 희(황희 정승)가 어린 시절에 들판을 가다가 길가에서 쉬었다. 농부가 두 마리 소에 멍에를 씌우고 밭갈이하는 것을 보고 “두 마리 소 중에 어느 것이 더 낫습니까?” 하고 물었다. 농부는 대답을 하지 않으며 밭 가는 일을 멈추고 이르러 오더니 귀에다 대고 작은 소리로 “이쪽 소가 낫습니다.”하고 대답하였다. 公(황희)이 이상하게 여기며 “무엇 때문에 귀에다 대고 말을 합니까?” 하고 물으니, 농부가 “비록 기르는 가축이지만 그 마음은 사람과 같습니다. 이 소가 낫다고 하면 저 소가 못난 것이 되니 만약에 소가 듣는다면 어찌 불평하는 마음이 없겠습니까?” 하고 말하였다. 이에 공이 크게 깨닫고 마침내 다시는 다른 사람들의 장단을 말하지 않았다. ※여기의 ‘長短’은 상호간 비교에 의한 차이를 말함.

何者 : 어느 놈. 어느 것. 여기서는 ‘어느 소’.

公怪之 : ‘之’는 ‘附耳細語’를 지칭. 公이 ‘귀에다 대고 말하는 것(그것)’을 이상하게 여기다.

其心與人同也 : ‘其’는 소를 지칭. 그의 마음(소의 마음)은 사람과 같다.

此勝則彼劣 : 이것이(이 소가) 낫다고 하면 저것이 못난 것이 된다.

사물을 지적하는 지시대명사는 여러 자가 있다. 위에 예시한 指示詞들은 영어에서 자주 사용하는 ' this(these)', 'that(those)', 'it(they, them)' 등과 같은 것으로 볼 수 있다. 此 · 是 · 斯 · 兹 · 時 등은 영어의 'This'에 가깝고, 厥 · 其 · 彼 등은 'That(The)'와 비슷하고, 之 · 諸(之於) · 焉 등은 대부분 목적어(it, them)로 사용된다. 단수 복수 또한 포괄한다.

4. 疑問代名詞(Interrogative Pronouns)

誰·孰·疇·奚·何 등

한문에는 의문부사에 비하여 의문대명사는 적은 편이다.

○ **誰**無父母?[27] **Who** does not have parents?
○ **孰**不知禮?[28] **Who** does not know etiquette?
○ **孰**樂?[29] **Which** (one) is more delightful?
○ 事**孰**爲大?[30] Of all things, **what** is the big one?
○ (國君待子而爲政), 子將**奚**先? **What** will you do first?
○ **何**謂也?[31] **What** does it mean?

27) 《詩經》 <小雅 · 沔水>.
28) 《論語》 <八佾篇> : 管氏而知禮, 孰不知禮.
29) 《孟子》 <梁惠王章句下> : 與少樂樂, 與衆樂樂, 孰樂.
30) 《孟子》 <離婁章句上> : 孟子曰 事孰爲大 事親爲大 守孰爲大 守身爲大.
31) 《論語》 <八佾篇> : 子夏問 曰 巧笑倩兮, 美目盼兮, 素以爲絢兮, 何謂也.

○ 疇不爲美[32]? **Who** does not grant her beauty?

○ 牛何之?[33] **Where** is the cow going? 何: 장소부사. 之: 가다(go).

'誰', '孰'은 대표적인 人稱 의문대명사이다. 漢文(古文)의 경우는 疑問詞가 반드시 動詞 앞에 오는 것이 원칙이다. 이는 英文의 語順과 일치한다. 그러나 오늘날 白話文에 와서는 疑問詞가 主語이면 앞에 位置하고 動詞의 賓語(目的語)가 되면 앞으로 가지 않고 그 자리에(동사의 뒤) 있으면서 자연 疑問文이 된다. 例) 你做什麽? : 너는 무엇을 하느냐?/ 你去哪兒? : 너 어디에 가니?

※ 명사는 형용사의 수식을 받지만 대명사는 형용사의 수식을 받지 않는다. 즉 대명사 앞에는 영어처럼 형용사를 쓰지 않는다. 다만 영어나 한문이나 유일하게 형용사의 수식을 받는 대명사가 있는데, 不定稱代名詞 'one'과 '者'이다.

大者(큰 것) = big **one**. 或者 = some**one**.

吸煙者 = 담배 피우는 사람.

溫良恭儉讓 五者 夫子之盛德光輝 接於人者也.

온양공검양 다섯 가지는 공자의 성덕 광휘가 사람들에게 이어진 것이다.

32) 李達衷, <愛惡箴> : 子都之姣 疇不爲美. 子都 : 春秋時代의 美人.

33) 《孟子》 <梁惠王章句上> : 有牽牛而過堂下者, 王見之曰 牛何之.

Ⅲ. 動詞

사람이나 사물의 행위 動作을 나타내는 품사를 動詞라 한다. 한문에서는 영어처럼 동사의 종류를 미리 규정해 놓고 사용하지 않는다. 자동사와 타동사는 작성된 문장 중에서 판별할 수 있다.

대개 동사는 자동사와 타동사로 사용되는데, 좀 더 특징 있는 동사를 든다면 '所有動詞', '存在動詞', '授與動詞', '使役動詞'를 들 수 있다.

영어의 경우는 단수와 복수 그리고 현재 과거의 시제에 따라 동사의 형태를 바꾸어 쓰지만, 한문에서는 시제나 단수 · 복수를 나타내는 부사 형용사 등의 어휘가 개입될 뿐 동사 그 자체(字體)는 어형변화가 일어나지 않는다.

영어의 시제와 수에 따른 동사의 표기방법을 제외하면 한문과 영어는 동사의 用例上 일치한 점이 많다. 자동사, 타동사, 존재동사, 소유동사, 사역동사, 수여동사, 조동사 등의 쓰임은 여러 면에서 상호 같은 점이 많음을 살필 수 있다. 이해를 돕기 위하여 영어에서 사용되는 동사와 대비하여 설명을 하고자 한다.

1. 自動詞

스스로 움직이고 自體的으로 行動하는 것을 指稱한 品詞로, 主語의 動作이 다른 事物에 미치지 않는 動詞를 말한다.

○ 百花發. Many kinds of flowers bloom.
○ 鳥飛於天. Bards fly in the sky.
○ 君王亦死. Kings also die.

예문을 보면 한문과 영문의 동사의 쓰임이 語順上으로 완전 일치한다. 예문의 동사들은 보어 없이 주어를 서술하고 있다. 그러므로 이들은 완전자동사이다. 보어를 필요로 한 동사가 있다. 아래에 예를 든다.

○ 君爲臣綱. The king is ministers' principal.
○ 匹夫而爲百世師. An ordinary man became a great teacher.
○ 其鄕曰豊樂鄕.[34] His village is (called) Pungrakhyang.

위 예문의 '爲', '曰'은 혼자서는 주어를 설명하지 못하고 '臣綱', '百世師', '豊樂鄕' 등의 客語로 더불어 主語를 서술하고 있다. 이 객어를 補語라 한다. 이와 같이 補語를 더불어야 주어를 설명할 수 있는 이러한 自動詞를 不完全自動詞라 한다.[35]

위의 예문에서 '發', '爲', '曰'은 자동사로 사용되었는데 이들이 다

---

34) 柳宗元, <種樹郭橐駝傳> : 其鄕曰豊樂鄕, 在長安西.

35) 李家源,《漢文新講》31쪽, 新丘文化社.

음과 같이 목적어를 가지게 되면 타동사가 된다.

發聲 : 소리를 내다.
爲政 : 정치를 하다.
何必曰利(曰:say) : 어찌 꼭 이욕을 말하십니까?

문장의 구성상 내용으로 볼 때 보어나 목적어의 유무에 따라 동사의 종류가 구별되는 것이지 어느 한편으로 전용되는 동사는 없다고 볼 수 있다.

2. 他動詞

主語의 行爲 動作이 相對에게 미치는 動詞를 말한다. 그러므로 他動詞는 항상 賓語(目的語)를 취한다. 漢文에서 他動詞와 自動詞의 區別은 少數의 字를 除外하고 사실상 目的語를 취하느냐 않느냐에 따라 規定된다. 거의가 自動詞 專用의 字나 他動詞 專用의 字로 구별되어 있지 않다. 따라서 動詞가 目的語를 취할 경우 그 動詞는 他動詞가 된다고 볼 수 있다. 예를 들면 아래와 같다.

○ 飮水. drink water.
○ 登山. climb a mountain.
○ 讀書. read books.
(以上 完全他動詞)
○ 舜流共工于幽州. King Soon exiled Gong-gong to Yoo province.

○ 金庾信乃敎人兵法.[36] Mr. Kim-yushin taught people tactics.

○ 邊氏送禮物於李氏. Mr. Byun sent a gift to Mr Lee. (不完全他動詞)

英文과 語順上으로도 거의 一致한다. 補語 없이도 動詞의 기능이 완전히 발휘될 때 完全他動詞로 볼 수 있고, 補充語가 있어야 기능이 발휘 될 때 不完全他動詞로 볼 수 있다. 영어의 동사는 자전에 완전타동사, 불완전타동사로 분류되어 있다(양자를 겸한 단어도 많음). 한문은 단어마다 활용의 폭이 커서 그렇게 규정해 놓고 쓰지 않는다. 한문은 文章이 구성된 이후에야 그 문장 안에서 동사의 성격을 분별할 수 있지만, 이 또한 불완전타동사를 가리키기가 어려운 점이 있다. 범 타동사로 보는 것이 무난하다고 본다.

3. 存在(be)動詞

○ 祿在其中矣.[37] A stipend is in the activity(behaviour).

○ 日月在天. The sun and the moon are in the sky.

○ 父母俱存.[38] Father and mother all are alive.

---

36) 《上揭書》 32쪽, 再引用(前文 포함). 李家源은, "他動詞는 目的語만 취하는 것과 目的語와 客語를 둘 다 취하는 것이 있다. 이 때 목적어만 취하는 것을 完全他動詞, 목적어 · 객어 둘을 취하는 것을 不完全他動詞라고 한다"고 설명하였다. 이는 英文의 경우와 일치한다.

37) 《論語》 <爲政篇> : 言寡尤, 行寡悔, 祿在其中矣. 말에 허물이 적고 행실에 후회할 일이 적으면, 祿은 그런 행위 속에 들어 있다.

38) 《孟子》 <盡心章> : 君子有三樂…父母俱存, 兄弟無故, 一樂也.

한문에서 존재동사는 여러 자가 될 수 있다. '在'는 그중에서 대표적인 것이라고 볼 수 있다. 영어의 'be'동사는 존재(있다)를 나타내는 완전자동사로 쓰이기도 하고, 보어를 수반하는 불완전자동사로도 쓰인다.

4. 所有動詞

漢文에서 所有를 意味하는 單語는 매우 많지만(예를 들면, 持 · 着 · 就 · 抱 · 帶 등), '有'와 '無'는 소유를 나타내는 데 자주 사용되는 대표적인 단어이다. '有'와 '無'의 용례를 살펴보기로 한다.

1) '有'는 영어의 'have' 동사와 같다.

① 我有錢. 나는 돈을 가지고 있다(I have money).

② 父子有親. 아버지와 아들은 친밀함을 가져야 한다(A father and his sons must have familiarity).

③ 上有天 下有地 天地之間 有人焉 有萬物焉. <啓蒙篇>
위에는 하늘이 있고 아래에는 땅이 있고, 하늘과 땅 사이에는 사람이 있고 만물이 있다.

④ 昔有儒生三人 將赴試場. <慵齋叢話>
옛날에 유생(학자) 세 사람이 있었는데 시험을 보러 가려고 하였다.

⑤ 有大人先生 以天地爲一朝 萬期爲須臾. <酒德頌>
어떤 대인 선생이 天地를 一朝로 여기고 萬期를 須臾로 여겼다.

⑥ 新羅慈悲王時 有百結先生者. <東史綱目>

신라 자비왕 때에 백결선생이란 자가 있었다.

⑦ 蔡壽 有孫 曰'無逸'. <於于野談>

채수가 손자가 있었는데 '무일'이라 불렀다.

⑧ 漢城有南山. 서울에 남산이 있다.

한국인은 "他有錢(He has money): 그는 돈을 가지고 있다"를 "그는 돈이 있다"라고 표현한다. 한국어의 관습적인 표현이다. 그래서 대개 '有'를 'be'동사와 같이 '존재동사'로 착각하는 경향이 있는데, 위의 예문에서 살필 수 있듯이 '有'는 목적어를 취하는 타동사(have)로 쓰인다. '有' 동사 앞에는 당연히 주어가 와야 한데 '사람' 외에 '시간'·'장소'가 오는 경우가 많다. 대개 시간과 장소는 부사로 간주되어 문장구성 성분에서 배제되지만 '有' 동사 앞에서는 명사로 간주하여 '有'의 주어로 보아야 한다(다른 동사도 간혹 본뜻을 파악하기 위하여 그렇게 볼 필요가 있다). '有' 동사 앞에 주어가 생략되는 경우가 종종 있는데, '사람' 또는 '有'의 목적어가 처해있는 '지역'이나 그 '시기'가 생략된 것이다. '⑤有大人先生' = '晉人有大人先生'. '晉有大人先生'. '世有大人先生'. 또는 '昔有大人先生'.

○ 漢城有南山 : 서울에 남산이 있다.

이 표현의 속뜻은 '서울은 남산을 보유하고 있다'는 말이다.

○ 南山有漢城 : 남산에 서울이 있다.[39] * 어법 이해를 위한 예문임.

---

39) 智異山有靑鶴洞 : "지리산은 청학동을 보유하고 있다." 이것이 '有'의 本意이다. '有'는 'have(has)'의 뜻으로 쓰인 것이다. 어법적으로 분명히 하기 위해서 '有' 앞에 '장소'나 '시간'을 명사(주어)로 놓고 보면 본의를 파악하기가 쉽다. 이를 "지리산에 청학동이 있다."고 해석하면 본의와 같은 뜻이 된다. ※漢城=漢陽=首尔.

이 표현은 '남산이 서울을 품에 안고 있다'는 뜻이다.

○ 南山在漢城 : 남산은 서울에 있다(서울에 남산이 있다).

이 표현은 '남산이 서울 안에 존재한다'는 뜻이다. '在'는 'be' 동사.

(南山在漢城=南山在於漢城=Mt.Namsan is in Seoul.).

2) '無'는 '有'의 用法과 일치하며 뜻은 정 반대이다.

① 我無錢. 나는 돈을 가지고 있지 않다(I have no money).

② 凡戱無益, 惟勤有功.<明心寶鑑>.

무릇 놀이는 이로움이 없고, 오직 부지런함만이 공이 있다.

※ '有'와 '無'는 대부분 목적어를 취하는 타동사로 쓴다.

3) '有'와 '無'는 간혹 자동사로 쓰일 때가 있다.

① 嗟乎! 此區區一葦所如之間 猶以賂之之有無[40] 其進也有疾徐先後 況宦海競渡中. 李奎報, <舟賂說>.

아! 이 구구한 하나의 작은 배가 가는 순간에도 뇌물을 줌이 있고 없음에 따라 그 나가는 것이 빠르고 느리고 앞서고 뒤서는데 하물며 벼슬의 바다(세계)에서 다투어 물을 건너는 데 있어서야!

---

40) 賂之之有無 : 賂之之有 = 有賂之 : 뇌물을 줌이 있다. '賂之之有'는 '有賂之'의 형식을 '之'를 사용하여 목적어(賂之)를 앞으로 도치한 형으로 볼 수 있다(예:此之謂也=謂此也). 이렇게 보면 '賂之'가 '有'의 목적어가 됨으로 '有'는 타동사가 된다. '賂之之無 = 無賂之'도 마찬가지다. 그러나 '賂之之有無'는 '賂之(뇌물을 주는 것)'가 주어이고 '有'와 '無'는 주어에 대한 술어(자동사)로 볼 수 있다. 有, 存也, 在也.

② 世有伯樂 然後有千里馬. 千里馬常有, 而伯樂不常有. 韓愈, <雜說>.

세상에 백락이 있는 연후에 천리마가 있다. 천리마는 항상 있지만 백락은 항상 있는 것은 아니다. '千里馬常有, 而伯樂不常有' 는 '常有千里馬, 而不常有伯樂'의 도치구문으로(타동사로) 볼 수도 있지만 표현대로 두고 끝부분의 '有'를 자동사로 볼 수 있다. 有, 存也.

'無'와 '不'의 차이점은, 일반적 용법으로 '無'는 명사빈어를 취하는 동사이고, '不'은 동사를 부정하는 부사이다. 例) 無來 : 옴이 없다(오는 일이 없다). 不來 : 오지 않는다./ 無知 : 아는 것이 없다. 不知 : 알지 못한다./ 無用器 : 쓸 그릇이 없다. 不用器 : 그릇을 쓰지 않는다./ 無學之人 : 배움이 없는 사람. 不學之人 : 배우지 않는 사람. 간혹은 '無'가 뒤의 동사를 부정하는 금지사로 사용될 때도 있다. 이때 '無'는 '毋'와 같은 뜻으로 假借되어 쓰인 것이다. 예를 들면, '無道人之短 : 다른 사람의 단점을 말하지 말라('道' : 말하다).'에서 '無'는 '毋'와 같은 것으로 ' ~ 하지 말라'는 금지사로 사용되었다.

표현상 '有無'는 '있고 없고' 이고, '無有'는 '~을 가진 것이 없다'이다(無有資本 : 자본이 없다).

'有'는 첫머리에 놓일 경우에 해석할 때 '어떤'으로 표현하면 좋다 : '有大人先生' : '어떤 대인선생'. '有人' : '어떤 사람'. '有的' : '어떤 것'. '어떤'의 표현 속에 '있다'는 의미가 내포되어 있기 때문이다.

5. 使役動詞(使·令·命·俾·教·叫·讓·遣)

○ 我使爾爲婢.[41] 내가 너로 하여금 노비가 되게 하였다.

○ 天帝使我長百獸.[42] 하느님이 나로 하여금 모든 짐승들의 어른이 되게 하였다(God let me be a king of all animals).

○ 五色令人目盲.[43] 수많은 색깔은 사람의 눈을 어둡게 만든다(Various colors make people's eyes blind).

○ 俾爲師者 知所以教而弟子所以學.[44] 선생인 자들로 하여금 어떻게 가르쳐야 하고 제자들로 하여금 왜 배워야 하는지를 알게 하다(Let teachers know how to teach and pupils know the reason to learn.

○ 敎胡馬度陰山.[45] 오랑캐의 말로 하여금 음산을 넘어가게 하다(Let the Ho horses pass(go) over the Eum mountain).

○ 漢遣陸賈說項王.[46] 한나라가 육가로 하여금 항왕을 달래게 하였다(Han nation let Yook-ga persuade King Hang).

英語는 'let', 'have', 'make'를 사역동사로 쓴다. 한문과 영문의 使役文은 공교롭게도 語順이 잘 일치한다. '讓'과 '叫'는 현대 白話文에서 使役動詞로 잘 쓴다.

---

41) 《三國史記列傳》 <孝女知恩>: 母曰 '以我故 使爾爲婢 不如死之速也'.

42) 《戰國策 · 楚策》, 최영준, 《大學漢文》 再引用.

43) 《老子》 <第十二章>: 五音令人耳聾

44) 《小學》 <立教> : 則天明遵聖法述此篇, 俾爲師者, 知所以教而弟子所以學. 爲師者 : The man who is a teacher.

45) 王昌齡, <從軍行>.

46) 司馬遷, 《史記》 <項羽本紀>.

6. 贈與(give) 動詞(與·貽·給·賜·贈 등)

- ○ 與若芧.[47] 너희들에게 상수리를 주겠다(I will give you some acorns).
- ○ 貽我來牟.[48] (하늘이) 우리에게 來牟를 (내려) 주었다(Heaven gave us wheat and barley.
- ○ 楚莊王賜群臣酒.[49] 초나라 장왕이 신하들에게 술을 주었다(King gave ministers wine).
- ○ 美人贈我金錯刀.[50] 미인이 나에게 금착도를 주었다(A pretty woman gave me a golden knife.
- ○ 母親給我錢[51]. 어머니가 나에게 돈을 주다(Mother gives me some money).

贈與動詞를 쓰는 경우는 주는 물건이 있고 받는 사람이 당연히 있게 된다. 따라서 '누구에게', '무엇을'에 해당하는 間接目的語와 直接目的語가 반드시 거론된다. '賜' 나 '贈'자는 앞의 내용에 받는 대상(間接目的語)이 이미 거론되어 있으면 이후에는 이를 생략하고 쓴다. 漢文의 贈與動詞 句文은 英語의 'give' 動詞 문형(4형식)과 동일한 형체를 이룬다. 여기에 예시한 '與', '貽', '賜', '贈'들은 대개 윗사람이 아랫사람에게 또는 동료간에 무언가를 줄 때 사용한다. 아랫사람이 윗사람에게 줄때는 '獻(바치다)', '上, 進(올리다)'을 잘 쓴다.

---

47) 《列子》 <皇帝> : 狙公 曰 '與若芧, 朝三暮四, 足乎'. 若 : 너희들(원숭이들). 與(주다)의 주어는 원숭이 기르는 사람.

48) 《詩經》 <魯頌 · 思文篇>, 來: 小麥, 牟 : 大麥(朱子集註), 밀과 보리, 보리.

49) 漢, 劉向, <說苑>

50) 漢, 張衡, <四愁詩>

51) 現代文에서 '給'은 古文에서 '與(給與)'와 같이 'give' 동사로 쓴다. 예) 他給我錢. 我給你一本書.

7. 助動詞(Auxiliary Verb)

조동사는 動詞를 도와주는 작용을 하는데, 英語의 can · may · must · ought · shall · will · dare · need 등에 相應하는 動詞를 말한다. 한문의 조동사는 '能' · '可' · '敢' · '得'이 있고, '必' · '須' · '當' 등은 부사로 보아도 이상이 없는데 중국에서는 이들(必 · 須 · 當)을 현대문에서 조동사로 보고 있다. 이들은 모두가 본동사 앞에 위치하여 동사를 도와준다.

○ 夏禮, 吾能言之.[52] I can say it(夏禮).

○ 可召客.[53] (You) may call the visitor.

○ 不得爲吾女也[54] You can not become my daughter.

○ 衆惡之 必察焉[55] Although lots of people dislike it, (you) must investigate it. 不必(need not).

○ 吾將問之.[56] I will ask him (about that matter). (將 : 意志未來)

○ 田園將蕪, 胡不歸.[57]The rural districts shall be desolated, why don't I go back? (將 : 單純未來)

○ 豈可復立於世.[58] How can I carry myself in the world again?

---

52)《論語》<八佾> : 子曰夏禮吾能言之…

53) 朴趾源, <許生傳>, 許生이 卞氏에게 허락한 말이다. 손님은 李政丞浣이다. 이 경우 '可'는 명령의 뜻도 들어 있다. 卞氏関公久露立, 數言之, 許生不應, 旣夜深, 許生曰可召客.

54) <溫達傳>, 汝不從我教 則固不得爲吾女也 安用同居.

55)《明心寶鑑》<正己篇>

56)《論語》<述而> : 冉有 曰夫子 爲衛君乎 子貢曰諾 吾將問之.

57) 陶淵明, <歸去來辭>

58) 李穀, <竹夫人傳> 例文 앞에 '一爲人所折(만일 다른 사람에게 정조를 잃게

○ 孰敢慢我.[59] Who dare despise me?

○ 惟仁者, 宜在高位.[60] Only benevolent person should be promoted to a higher position.

○ 少年當尊老人. The youth ought to(should) respect the old.

本動詞를 도와주는 助動詞는 漢文이나 英語나 그 쓰임이 多樣하고 種類도 많다. 助動詞가 本動詞 앞에 놓여 쓰이는 점은 모두 같다. 漢文의 助動詞 활용은 英語보다 융통적이라고 할 수 있다(능력, 의무, 허가, 단순·의지미래 등). 위 예문에 쓰인 자들은 꼭 그 용법에만 국한된 것은 아니다.[61] 여기에서 중시할 것은 漢語와 英語 間의 단어의 동일성을 가리는 것이 아니라 助動詞의 위치와 활용이다. 한문에서의 조동사는 어느 경우는 교체도 가능하며, 자마다 폭넓게 활용될 수 있다. 따라서 性格의 差異는 있겠으나 轉用의 幅은 크다고 할 수 있다.[62]

되면)'의 句文이 있다.

59) 朴趾源, <兩班傳> : 窮士居鄉, 猶能武斷, 先耕隣牛, 借耘里氓, 孰敢慢我.

60)《漢韓大字典》民衆書林, 577쪽,《孟子》引用文, 再引用.

61) '將'은 문장의 의미상 'will'이나 'shall'로 볼 수 있지만, 'in the future', 'some day'의 의미를 지닌 시간부사로 볼 수도 있다.

62) 참고로 現代 中國人이 英語의 助動詞에 대한 표기의 단어를 예로 들어본다. can : 會 · 能 · 可以./ may : 可能 · 可以./ must : 必須 · 一定 · 必需 · 要./ ought : 要 · 應 · 應該 · 本應./ shall : 得(二 · 三人稱, 命令, 許諾, 警告 등) · 將./ should : 要 · 應該 · 會./ will : 要./ dare : 敢./ need : 要 · 需要. 周光耀 外3人 共著,《英語語法入門》商務印書館, 142~148쪽, 助動詞篇 參考.

8. 連動詞

句文中에 動詞가 連續 이어지는 경우가 있다. 이 유형은 英文의 본동사 뒤에 부정사 · 동명사가 오는 句文에 相應한다고 볼 수 있다.

○ 父欲立叔齊.[63] Father wanted to nominate Sookje for king.

○ 先生好讀書.[64] The man likes reading books.

대개 '주어+동사', '주어+동사+목적어'의 어순에서 동사 앞에 오는 것은 부사나 조동사이다. 그러나 위에 예시한 구문들은 동사가 연속되고 앞의 동사가 문장의 본동사이다.

이런 句文은 뒤의 동사 부분을 英文의 不定詞나 動名詞 형으로 보고 해석하면 편리하다. 連動詞形은 현대문에서도 잘 쓰는 표현법이다(他們去看電影: They go to see a movie.).

---

63) 《小學》 <稽古篇> : 伯夷叔齊, 孤竹君之二子也. 父欲立叔齊…

64) 陶淵明, <五柳先生傳> : 先生不知何許人… 好讀書, 不求甚解.

Ⅳ. 形容詞

事物의 性質이나 狀態를 나타내는 품사를 형용사라고 한다. 형용사가 수식하는 대상은 名詞이다. 이는 두 종류의 기능을 가지고 있다. 앞에서 冠形語로서 명사를 修飾하는 경우와, 뒤에서 主體(명사)를 敍述(說明)하는 경우로 나누어진다.

1. 限定語로서 名詞를 修飾

○ 靑天 : blue sky.

○ 重大事件 : important events

○ 韓國人 : Korean people

○ 經濟發展 : economic development

'靑'·'重大'는 대개 일반적인 쓰임에서 형용사의 성격을 가진 글자들이다. 각자는 명사 바로 앞에 위치하여 뒤에 오는 명사를 한정하여 수식하고 있다.

'韓國人'과 '經濟發展'에서 '韓國'과 '經濟'는 단독으로는 명사인데 형용사로 轉用되었다. 뒤에 오는 명사 '人'과 '發展'을 수식하는 유형이므로 형용사가 된 것이다. 이처럼 명사 앞에 위치하여 뒤에 오는 명사를 성격이나 범위를 한정하여 나타내는 定語의 역할을 한다.

아래와 같이 비교적 긴 수식의 형용사도 있다.

○ 古者 小學 教人以灑掃應對進退之節 愛親敬長隆師親友之道. <小學書題>

옛날에 소학에서 사람들에게 물 뿌리고 쓸고 부름에 응하고 물음에 답하며 나가고 물러서는 예절(節)과 어버이를 사랑하고 어른을 공경하고 스승을 받들고 벗과 친히 하는 도리(道 : 방법)를 가르쳤다.

밑줄 친 부분이 형용사이며, 수식을 받는 체언은 '節'과 '道'이다.

○ 古之欲明明德於天下者 先治其國, 欲治其國者 先齊其家, 欲齊其家者 先修其身. <大學>

옛날에 천하에 명덕을 밝히고자 하는 者(사람)는 먼저 그 나라를 제대로 다스리고, 그 나라를 제대로 다스리고자 하는 자는 먼저 그의 가정을 잘 이끌고, 그 가정을 잘 이끌고자 하는 자는 먼저 자기 몸을 닦았다.

밑줄 친 부분은 형용사로 뒤에 오는 '者(사람)'를 수식하고 있다. 앞의 '古之'(之,介詞)도 더불어 형용사에 속한다.

2. 主語(名詞)에 對한 述語

漢文의 경우 英文과 달리 動詞 없이 形容詞가 술어를 대신한다. 이를 형용사술어문이라 한다.

○ 山高水長 : The mountain is high, and the river(water) is long.

○ 天高日月明 : Sky is high(clean), so the sun and the moon are bright.

○ 人性善 : The man's character is good.

○ 曰若稽古帝堯 曰放勳 欽明文思安安 溫恭克讓 光被四表 格于上下.《書經, 堯典》.

옛날 帝인 堯를 상고해보니, (공훈이 사방으로 이르렀다하여) 방훈이라 일컬었다. 이분(堯)은 공경하고 현명하고 문명스럽고 사려가 깊으며 편안하게 행하였고 온화하고 공손하고 능히 사양하였으니, 그 빛이 사방에 덮였고 상하(天地)에 이르렀다.

*<註> 曰若 : 發語辭. 格 : 至. 上下 : 天地.

堯임금이 주어이며 밑줄 친 곳은 형용사로 주어에 대한 술어가 되어 있다. 형용사술어문이다.

○ 虎睿聖文武 慈孝智仁 雄勇壯猛 天下無敵. 朴趾源,<虎叱>

호랑이는 슬기롭고 성스럽고 문채나면서 굳세며, 인자하고 효도하고 지혜롭고 어질고, 사내답고 용감하고 씩씩하며 용맹스러우니 천하에 적이 없다.

문장의 주어는 虎(호랑이)이며 밑줄 친 부분은 형용사로 뒤에서 주어의 성격을 밝히고 있다. 밑줄 친 부분까지만 놓고 보면 형용사술어문이다.

한문에서는 형용사가 뒤에서 앞의 명사를 수식하지 않는다. 형용사가 명사 뒤에 오면 이것은 앞의 명사의 성격을 서술하는 술어가 된다. 이런 형식을 형용사술어문이라고 한다.

○ 今天下, 地醜德齊, 莫能相尙, 無他. 好臣其所教,而不好臣其所受教.《孟子》<公孫丑下>.

지금 천하의 제후들이 처지가 같고 덕도 비슷하여 더 나은 사람이 없는 것은 다른 이유가 없다. 그가(제후가) 가르칠 수 있는 사람을 신하삼기를 좋아하고, 그가 가르침을 받을 수 있는 사람을 신하로 삼기를 좋아하지 않기 때문이다.

好臣其所教, 그가(제후) 가르칠 수 있는 신하를 좋아하다. (X)
不好臣其所受教. 그가 가르침을 받을 수 있는 신하를 좋아하지 않다. (X)

이와 같이 '其所教'와 '其所受教'가 앞의 '臣'을 수식하는 형용사로 해석해도 뜻은 통한 것 같다. 그러나 한문은 형용사가 뒤에서 앞의 명사를 수식하는 법이 없기 때문에 여기서 '臣'은 명사가 아니고 동사로 쓴 것이다. '好臣'은 연동사 구조이며 '신하삼기를 좋아하다'이다. 즉 그가 가르칠 수 있는 사람(其所教)을 '신하삼기를 좋아하다.'이다.

영어와 한문의 가장 큰 차이점

영어도 하나의 단순한 형용사는 한문처럼 앞에 위치하여 바로 뒤의 명사를 수식한다. 아래와 같은 유형이다.

a beautiful girl. 美女.
an old man. 老人.
an English book. 英語冊.
fallen leaves. 落葉.

그러나 영어는 형용사가 뒤에 위치하여 앞의 명사를 수식하는 경우가 매우 많다. 관계대명사 형용사절, 부정사의 형용사 용법, 분사구문, 전치사구문 등과 같은 형용사 後置용법이 일반적으로 통용된다. 아래에서 그 예를 살펴볼 수 있다. 관계부사절도 역시 마찬가지이다.

He is a man who can speak Chinese. (뒤에서 앞의 'man'을 수식).
其人, 能言漢語者. (앞에서 뒤의 '者'를 수식). 古文.
他是能說漢語的人. (앞에서 뒤의 '人'을 수식). 現代文.
그는 중국어를 말할 수 있는 사람이다. (앞에서 뒤의 '사람'을 수식). 한국어.

He has a friend to advise him. 他有責己之友.
Who is the student reading a Chinese book?
He is a man of experience. 有經驗之人.

She is a lady beautiful, kind and rich. 형용사가 반복되고 길 경우 가능.

something new. anything else. '~thing' 단어는 뒤에서 수식.

a letter written in English.

When I was a boy. 吾少年時. 관계부사절.

This is the house where I was born. 此余出生之家也.

이상의 영문에서 밑줄친 부분은 모두가 형용사어(수식어)로 뒤에 위치하여 앞에 있는 명사를 수식한다. 영어의 이점이 한문과 가장 크게 차이나는 형식이다. 한문은 古文이나 현대중국어나 형용사가 뒤에 위치하여 앞의 명사를 수식하지 않는다(한국어도 이와 같음). 한문(중국어)은 형용사가 명사 뒤에 오면 앞 명사의 성분을 설명하는 서술어가 될 뿐이다.

영어는 선행사(명사) 뒤에 오는 관계대명사절, 즉 형용사절이 아주 길고 또 반복될 경우에 아직 미숙한 사람은 독해할 때에 직독직해를 못하고 피수식어(주체,명사)를 찾으려고 다시 거꾸로 왔다갔다 하는 경우가 있는데 한문(古文)과 중국어와 한국어는 이런 불편함과 수선스런 일이 없다. 한국인이 영어보다 중국어를 아주 쉽게 배우는 가장 큰 요인은 바로 이 차이점 때문이다.

3. 比較

어떤 사물이나 사람의 성질 · 상태의 우열을 나타내는 비교의 표현은 대개 原級, 比較級, 最上級 세 가지 유형으로 나타낸다. 영어에서 어법을 설명할 때 비교는 형용사편에서 서술하는데 사물의 성상(性狀)을 나타내는 내용이기 때문이다.

英語의 비교법은 그 形式이 뚜렷하게 드러나 알아보기가 쉽다. 예를 들면 單音節語의 경우는, long, longer, longest. 多音節語의 경우는 앞에 more, most 를 붙여서 interesting, more interesting, most interesting 등으로 거의 規定化 되어 있다. ※ good(well), better, best 와 같은 불규칙 비교형은 극소수임.

漢文의 경우는 글자의 形式은 변하지 않고 다만 특별한 字를 活用하여 比較의 뜻을 표시한다. 文章의 形式을 통하여 살펴보기로 한다.

1) 原級

○ 上善若水. 최고의 선행은 물의 행위와 같다.《老子》

○ 學者 如禾稻, 不學者 如蒿草.《明心寶鑑》<勸學篇>
배운 사람은 벼와 같고, 배우지 않은 사람은 쑥(잡초)과 같다.

○ 過去事 明如鏡, 未來事 暗似漆.《明心寶鑑》<省心篇>
지나간 일은 드러남이 거울과 같고, 미래의 일은 어둡기가 검은 흑칠과 같다.

○ 彼與彼年相若也. <師說>
저 사람과 저 사람은 나이가 서로 같다.

○ 雖畜物 其心與人同也. <芝峰類說>

비록 기르는 동물이지만 그 마음은 사람과 같다.

○ 彼與此同: 저것은 이것과 같다.

'A若B', 'A如B', 'A似B', 'A猶B', 'A與B同' : 'A와 B는 같다.'

2) 比較級

⑴ A와 B를 비교할 경우에 'A+형용사+於+B'의 형식.

이것은 비교할 경우 'A는 B보다 ~하다'는 표현이다.

○ 靑出於藍而靑於藍, 氷水爲之而寒於水.《荀子》<敎育篇>

청색은 藍에서 나왔지만 람보다 푸르고(bluer than indigo), 얼음은 물이 만들었지만 물보다 차다(colder than water).

○ 師不必賢於弟子. <師說>

스승이 제자보다 반드시 어질지는 않다.

○ 霜葉紅於二月花. 杜牧 <山行>

서리 맞은 나뭇잎이 이월화보다 붉다.

○ 人固有一死 死或重於泰山, 或輕於鴻毛, 用之所趨異也. 司馬遷,<報任少卿書>

사람이 진실로 한 번 죽지만 죽음이 어떤 사람은 태산보다도 무겁고, 어떤 사람은 기러기 털보다도 가벼우니, 세상에 쓰여 살아간 바가 다르기 때문이다.

위의 예문에서 비교를 나타내는 용어 '靑', '寒', '賢', '紅', '重', '輕'은

형용사이다.

(2) A不如B, A不若B

○ 百聞不如一見.

백 번 듣는 것이 한 번 보는 것만 못하다(백 번 듣는 것보다 한 번 보는 것이 낫다).

○ 黃金滿籯 不如教子一經.

황금이 상자에 가득 있어도 자식에게 한 권의 경서를 가르치는 것만 못하다(황금 만 상자보다 자식에게 한 권의 경서를 가르치는 것이 낫다).

○ 興一利不若除一害.

하나의 이로움을 내는 것은 하나의 해로움을 제거하는 것만 못하다(하나의 이로움을 내는 것보다 하나의 해로움을 제거하는 것이 낫다).

不如(不若)는 대부분 비교급으로 사용된다. 그러나 간혹 원급으로 사용될 경우도 있다(A不如B : A는 B와 같지 않다).

(3) '與其A 寧B' : A하는 것보다는 차라리(寧) B하다(A보다 B가 낫다).

○ 奢則不孫 儉則固 與其不孫也 寧固.《論語》<述而>

사치하게 되면 공손하지 못하고 검약하면 고루(固陋)하게 된다. (그래도 두 가지를 비교한다면) 공손하지 못한 것 보다는 차라리 고루함이 나으니라.

관용적인 표현을 사용하지 않고도 비교를 나타내는 경우가 있다. 예를 들면,

○ 孔子弟子, 曾參最少, 少孔子四十六歲. 柳宗元 <論語辨>.

공자의 제자 중에 曾參이 가장 젊었으니, 공자보다 젊음이 四十六歲였다(공자보다 사십육세가 젊었다). '少孔子'는 '少於孔子'의 생략으로 볼 수 있다.

○ 柔勝强 : 부드러움이 강함보다 낫다. (柔가 强을 이긴다).

○ 才勝德 謂之小人, 德勝才 謂之君子.

재주가 덕보다 앞선 사람을 소인이라 하고, 덕이 재주보다 나은 사람을 군자라고 한다.

3) 最上級

최상급은 그 무엇이 여타 어느 것과 비교해서 가장 최상의 상태를 나타내는 유형의 문장을 말한다. 대개 비교에서 '莫', '莫若', '莫如', '孰若', '孰如'와 같은 어휘가 잘 사용된다.

○ 莫見乎隱, 莫顯乎微.《中庸》

숨겨진(남이 모르는) 곳보다 더 나타남이 없으며, 미세한 일에서 보다 더 드러나는 것이 없다. = 마음은 隱微한 곳에서 가장 잘 드러난다.

○ 過而能改, 善莫大焉.《左傳》<宣公二年>

잘못하고 개선할 수 있다면, 착함은 그보다 더 큰 것이 없다.

○ 罪莫大於不孝.《小學》<明倫>

죄는 불효보다 더 큰 것이 없다(불효가 가장 큰 죄이다).

○ 至樂 莫如讀書, 至要 莫如敎子.《明心寶鑑》<訓子篇>

지극히 즐거움은 글 읽는 것만 같음이 없고, 지극히 필요한 것은 자식을 가르치는 것만 같음이 없다.

○ 至樂 孰若讀書. 지극히 즐거움은 무엇이(어느 것이) 독서만한 것이 있는가?

이 밖에도 比較의 例文은 많다. '莫如' · '莫若' · '孰如' · '孰若' 등은 比較級으로 볼 수 있으나 실제 내용상으로는 最上級의 意味를 갖는다.

Ⅴ. 副詞

문장 중에서 副詞(狀語)[65]는 수식하는 기능을 가지면서 문장의 내용까지 변경할 수 있는 매우 중요한 역할을 한다. 형용사에 비해 부사는 수식의 종류가 다양하며 문장 전체에 미치는 영향도 그만큼 크다. 부사는 문장의 기본 형식(주+동+목)을 이루는 요소는 아니지만 내용을 전달하는 데 중요한 역할을 한다.

문장 중에 수식어는 형용사와 부사로 대별되는데 형용사는 명사를 수식하고 서술하는 것으로 비교적 간단한 기능을 가지고 있다. 반면에 부사는 동사 형용사 부사를 수식하고 문장전체에 영향을 미치는 수식의 기능도 가지고 있다. 부사는 문장의 성립요건은 아니지만 문장에 개입하여 생명력을 불어넣고 문장의 기능을 십분 발휘하게 하는 역할을 한다. 따라서 작자는 표현의 효과를 거두기 위하여 부사어를 많이 사용하게 된다.

한문의 문장 중에는 부사 · 부사어구가 매우 많다. 독해를 잘 하려면 부사를 정확히 식별하고 풀이할 줄 알아야 한다. 문장에서 부사를 다른 품사로 보게 되면 오역을 하게 된다. 다양한 용법으로 문장의 내용에 지대한 영향을 미치는 부사를 유형별로 나누어 살펴보기로 한다.

---

65) 한국에서 '副詞'를 중국에서는 '狀語'로 칭함.

1. 副詞의 技能

1) 동사 수식

① 欲齊其家者 先修其身.《大學》<經文>

② 學而時習之 不亦說乎.《論語》<學而>

③ 凡讀書 必熟讀一冊.《擊蒙要訣》

④ 伯牙善鼓琴 鍾子期善聽. <蒙求>

⑤ 漁人甚異之. 陶潛, <桃花源記>

① 그 집안을 잘 이끌어 가고 싶은 자는 '먼저' 그 자신을 수양한다.

② 배우고 '때때로' 익히면 또한 즐겁지 아니한가?

③ 무릇 책을 읽음에 반드시 한 권의 책을 '익숙히' 읽어야 한다.

④ 백아는 거문고를 '잘' 치고 종자기는 그 소리를 '잘' 알아들었다.

⑤ 어부가 '매우' 이상하게 여겼다.

부사의 대표적인 기능은 동사를 수식하는 것이다. 동사 앞에 놓여 **동사를 수식하는 것이 부사의 대표적인 기능이다.** 부사는 문장에서 빠져도 문형이 성립되지만, 부사가 개입함으로 인해서 문장의 뜻이 정반대로 될 수 있는 지대한 영향을 미친다. 예를 들어 예문 '欲齊其家者 先修其身'의 경우 부사 '先'자 대신 '誠', '喜' 등 여러 가지 부사를 붙여 나타낼 수 있지만 만약에 '不'자를 붙인다면 정반대 뜻의 문장으로 바꾸어 버릴 수도 있다(先修其身, 不修其身). 이처럼 부사의 기능은 문장에 큰 영향을 미치는 역할을 한다. 따라서 투사는 동사의 성격을 결정하는 중요한 구실을 하는 것으로 문장의 기본형식을 구성하는 데에는 상관이 없을지라도 문장의 내용을 이루는 데는 막대한 영향을 미치는 기능을 가지고 있다.

주어가 정해지고 주어의 동작을 나타내는 동사가 올 경우(주+동)에 이 동사 앞에 오는 단어는 동사를 수식하는 부사로 작용한다.

2) 형용사 수식

① 天地之間 萬物之衆 惟人最貴 所貴乎人者 以其有五倫也. 《童蒙先習》

② 凡人 莫不知親之當孝 而孝者甚鮮 由不深知父母之恩故也. 《擊蒙要訣》

③ 見漁人 乃大驚 問所從來 具答之. 陶潛, <桃花源記>

④ 環滁皆山也 其西南諸峯 林壑尤美. 歐陽修, <醉翁亭記>

① 천지간 만물의 무리 중에 오직 인간이 '가장' 귀하니, 인간을 귀하게 여기는 것은 오륜을 지니고 있기 때문이다.

② 무릇 사람이 어버이에게 마땅히 효도해야 함을 알지 못한 자가 없지만 효도하는 자는 '매우' 드므니 부모의 은혜를 깊이 알지 못하기 때문이다. 親之當孝=當孝親.

③ 어부를 보고 마침내 '크게' 놀라며 온 곳을 물으니 구체적으로 대답했다.

④ 저(滁) 땅을 감싸고도는 것은 모두가 산이다. 그 서남쪽 여러 산에 우거진 계곡이 '더욱' 아름답다.

예문 위에서부터 보면, '最貴', '甚鮮', '大驚', '尤美'의 어구가 각자 앞에 부사와 뒤에 형용사로 구성되어 있다. '가장 귀하다', '매우 드물다', '크게 놀라다', '더욱 아름답다'로 모두 부사가 앞에 놓여 뒤의 형용사를 수식하는 구조이다. 동사를 수식할 때와 마찬가지로 형용사의 수식에도 적합한 부사어를 사용한다.

같은 글자라도 어순이나 상황에 따라 품사가 쉽게 바뀔 수 있으므로 주의해서 살펴야 한다. 예를 들어 '善'은 '善事父母(부모를 잘 섬기다)'일 때는 '事(동사)'를 수식하는 부사이지만, '善人(착한 사람)'일 때는 '人(명사)'을 수식하는 형용사가 된다.

3) 부사 수식

① 必須大奮勇猛之志.《擊蒙要訣》
② 遂去 不復與言. <漁父辭>
③ 漁人甚異之 復前行 欲窮其林. <桃花源記>
④ 古之聖人 其出人也 遠矣 猶且從師而問焉. 韓愈, <師說>

① '반드시 크게' 용맹스런 뜻을 떨쳐야 한다.
② 마침내 떠나버리고 '다시는 더불어' 말하지 않았다.
③ 어부가 매우 이상하게 여기고 '다시 앞으로' 나가 그 숲을 다 헤쳐 보려고 했다.
④ 옛날의 성인은 사람들보다 뛰어남이 원대했어도 '오히려 또한' 스승을 찾아 물었다.

부사가 부사를 수식하는 경우는 '부사+부사'의 어순을 구성하며, 앞의 부사가 뒤의 부사를 더욱 강조하는 역할을 한다. 그러나 좀 더 자세히 분석해 보면 앞에 오는 부사는 그 구문 전체에 영향을 미치고 있음을 알 수 있다. 이는 앞에 놓인 부사라도 바로 뒤의 부사만 수식하는 것이 아니라 문장에 있는 동사를 겸하여 수식하고 있기 때문이다. 동사는 그 문장의 성격을 결정하는 핵심어이지만 부사의 영향을 크게 받기 때문에 부사가 문장에 주는 작용은 클 수밖에 없다.

동사를 부정하는 부정어 '不', '未', '毋', '勿' 등은 모두가 부사이며 이들과 뒤에 오는 본동사 사이에 끼어드는 글자 어휘 또한 부사이다('不復行惡' : 다시는 나쁜 일을 행하지 않다).

4) 문장 수식

① 夫天地者 萬物之逆旅 光陰者 百代之過客. 李白, <春夜宴桃李園序>

② 凡曰可者 僅可而有所未盡之辭也.《論語》<學而,朱子註>

③ 蓋文章經國之大業 不朽之盛事. 曹丕, <典論,論文>

④ 新羅慈悲王時 有百結先生者…. <東史綱目>

⑤ 食淡精神爽 心淸夢寐安.《明心寶鑑》<正己>

① 대개 천지는 만물을 맞이하는 여관이요, 세월은 백대의 지나가는 나그네이다.

② 무릇(보통, 대개) '可'라고 말한 것은 해도 되긴 하지만 아직 완전하지 못함이 있다는 말이다.

③ 대개 문장은 나라를 다스리는 큰일이요, 사라지지 않는 성대한 일이다.

④ 신라 자비왕 때에 백결선생이란 자가 있었다.

⑤ 먹는 것이 담백하면 정신이 상쾌하고, 마음이 맑으면 잠자리가 편안하다.

부사어나 부사구문이 들어 있는 유형으로, 부사가 문장 전체에 영향을 미치는 형태이다. 문장 전체 중에서도 사실 살펴보면 핵심어인 술어에 영향을 미치는 것이다. 관용적인 부사접두어, 가정이나 조건절 양보절, 시간이나 장소를 나타내는 구문, 부사관용구나 접속어를 사용하여 서술하는 유형들이 부사의 영향을 받는 문장이다. 이들은 문장 중에 사용되는 부사어나 부사구와 부사절이 문장 전체에 영향을 미친다.

5) 부사어의 어순 위치(앞의 예시문 참고)

⊙ 수식하려는 동사 앞에 위치한다.

⊙ 수식하려는 형용사 앞에 위치한다.

⊙ 수식하려는 부사 앞에 위치한다.

⊙ 문장의 서두에 위치하여 문장을 수식한다.

※ 이상 네 가지 유형이 부사의 일반적인 용법이다.

⊙ 前置詞(介詞)를 수반한 부사구는 문구 뒤에 위치하는 경우가 많다.

李氏子蟠 不拘於時 請學於余.

이씨의 아들 반이 시속에 구애받지 않고 나에게 배우기를 요청하였다. 爲政以德. 덕으로 정치를 하다.

2. 副詞의 慣用的 用例

1) 시간부사

① 蘇秦之楚 三日 乃得見乎王.《戰國策》

② 今先生乃不遠千里而臨寡人.《戰國策》

③ 昔者 莊周夢爲胡蝶 栩栩然胡蝶也.《莊子》<齊物論>

④ 向之所欣 俛仰之間 以爲陳迹. 王羲之, <蘭亭記>

⑤ 許生歎曰 今吾已小試矣 於是 悉召男女二十人 命之曰: 朴趾源, <許生傳>

⑥ 家甚貧 常乞食以養母. 金富軾, <溫達傳>

⑦ 一生之計在於幼一年之計在於春. ≪明心寶鑑≫<立敎>

⑧ 王曰叟不遠千里而來 亦將有以利吾國乎.《孟子》<梁惠王章句上>

⑨ 唯我息不忍饑 取楡皮於山林 久而未還. <溫達傳>

⑩ 初買馬 公主語溫達曰: <溫達傳>

⑪ 曩者蓬島 失當時之約 今日瀟湘 有故人之逢. 金時習, <萬福寺摴蒱記>

⑫ 久之歎曰: 林椿, <麴醇傳>

⑬ 居無何召見. 李奎報, <麴先生傳>

⑭ 居頃之 網巾價至十倍. <許生傳>

⑮ 旣而學長生之術. 李詹, <楮生傳>

⑯ 頃而呼曰 子來前. 釋息影, <丁侍者傳>

⑰ 損其家口 充狙之欲 俄而匱焉.《列子》<皇帝>

⑱ 常思已往之非 每念未來之咎.《明心寶鑑》<省心下>

⑲ 壬戌之秋 七月旣望 蘇子與客泛舟 遊於赤壁之下 …

⑳ 少焉 月出於東山之上 徘徊於斗牛之間. 蘇軾, <赤壁賦>

① 소진이 초나라에 간지 삼 일 만에야 왕을 뵐 수 있었다.

② 지금 선생께서 천리를 멀게 여기지 않고 나에게 왔다.

③ 옛날에 장주가 꿈에 나비가 되었는데 기뻐하는 나비였다.

④ 지난날 기뻐한 일이 잠깐 사이에 지나간 자취가 되어버린다. 여기서 '向'은 형용사로 쓰임.

⑤ 허생이 탄식하고 말하기를 지금 나는 이미 시험을 좀 해봤다.

⑥ 집안이 매우 가난하여 항상 밥을 얻어 어머니를 봉양했다.

⑦ 일생의 계획은 어린시절에 있고 일 년의 계획은 봄에 있다.

⑧ 왕이 말하기를, 그대가 천리를 멀게 여기지 않고 오셨으니, 또한 장차 우리나라를 이롭게 함이 있겠습니까?

이하는 구문만 해석 : ⑨ 久而未還 : 오래 되어도 돌아오지 않다. ⑩ 初買馬 : 처음에 말을 살 때. ⑪ 曩者蓬島 : 지난날(저번에) 봉도에서 당시의 약속을 저버렸는데, 금일 소상에서 친한 사람을 만나게 되었다. ⑫ 久之歎曰 : 한참 있다가 탄식하고 말하기를. ⑬ 居無何召見 : 오래 있다가 불러서 보았다. ⑭居頃之 : 얼마 안 가서 망건 값이 열배에 이르렀다. ⑮ 旣而學長生之術 : 이윽고(조금 있다가) 장생술을 배웠다. ⑯ 頃而呼曰 : 잠시 있다 불러 말하기를. ⑰ 俄而匱焉 : 얼마 안 가서 항아리에 곡식이 비었다. ⑱ 常思已往之非 每念未來之咎 : 항상 지나간 잘못을 생각하고 늘(매양) 미래의 허물을 염두하라. ⑲ 壬戌之秋 七月旣望 : 임술년 칠월 십육일에. ⑳ 少焉 : 잠시 있다가.

예문 외에 흔히 사용되는 시간사 :
'方', '始', '先', '旣', '古者', '舊', '曾', '嘗', '前', '後', '嚮', '向',
'往', '暫', '姑', '或' 등. 본서 '時制篇' 참고.

날짜와 같은 시간은 그 자체로 보면 명사에 해당한다. 그러나 동사 앞에 와서 동사에 영향을 미치면 부사가 된다. 시간이 동사의 목적어로 사용된다면 부사가 아니라 명사로 보아야 할 것이다. 문장에서 시간과 장소는 보통 영문과 마찬가지로 부사로 간주한다. 문장의 동적인 행위에 영향을 주는 성격으로 사용되기 때문일 것이다. 대부분 시간은 문장의 내용상 행위적 의미에 영향을 주는 경우가 많으므로 부사로 여겨진다는 것을 알 수 있다.

2) 부정부사

① 不賢者 雖有此 不樂也.《孟子》<梁惠王章句上>
② 未嘗不思其不如我者. 朴趾源, <穢德先生傳>
③ 忿毋搏妻 怒毋踢器. 朴趾源, <兩班傳>
④ 疑人莫用 用人勿疑.《明心寶鑑》<省心>
⑤ 吾讀書未熟. <許生傳>
⑥ 天下之物 莫貴於吾身. 李珥,《擊蒙要訣》
⑦ 事叵測. 叵(파) = 不可.

① 어질지 않은 자는 비록 이와 같은 것이 있다하더라도 즐기지 못합니다.

② 일찍이 나만 같지 못한 자를 생각하지 않음이 없었다.

③ 화가 나도 아내를 때리지 말고 화가 나도 그릇을 차지 말라.

④ 사람이 의심스러우면 기용하지 말고 사람을 기용했거든 의심하지 말라.

⑤ 나의 독서는 아직 성숙하지 못했다.

⑥ 천하의 사물이 내 몸보다 더 귀한 것은 없다.

⑦ 일을 예측할 수가 없다.

부정어는 기본적으로 동사와 형용사에 직접 영향을 주기 때문에 성격상 부사가 된다. 부정어의 용례를 살펴보면 대부분 동사와 형용사 앞에 놓여 그들의 성격을 반대의 의미로 바꾸는 역할을 한다. 여기에 정도를 나타내는 부사가 개입되기도 한다(예: 不復言).

'不'과 '無'는 일반적인 용법상 차이가 있다.

'不'자 뒤에는 동사나 형용사가 오지만 '無'자 뒤에는 명사가 온다. '無'는 명사를 목적어로 한다는 점에서 동사이고, '不'은 뒤의 동사 형용사를 부정(수식)하는 부사이다. 예를 들면,

無錢 : 돈이 없다: have no money.

花無十日紅 : 꽃은 십 일간 피는 것이 없다.

이와 같이 '無'의 뒤에는 기본적으로 명사를 쓴다.

따라서 '無識'은 '아는 것이 없다'. '無學'은 '배운 것이 없다.'라고 풀이하고, '不識'은 '알지 못한다.' '不學'은 '배우지 않는다.'라고 풀이를 해야 한다.

간혹은 '無'가 '毋(동사)'의 뜻으로 쓰일 때가 있다.

예) 無道人之短, 無說己之長. 崔瑗, <座右銘>

다른 사람의 단점을 말하지 말고, 자기의 장점을 말하지 말라.

여기서 '無'는 금지사 '毋'이다. '道'는 '말하다' 동사.

3) 의문부사

① 有麝自然香 何必當風立.《明心寶鑑》<省心>

② 成我者朋友也 豈不信然. <麴醇傳>

③ 非聖卽神 烏可企也. 釋息影, <丁侍者傳>

④ 吾子必有異聞 盍爲我陳之. 盍: 何不. 薛聰, <花王戒>

⑤ 王侯將相 寧有種乎.《史記》

⑥ 或謂孔子曰子奚不爲政.《論語》<爲政>

⑦ 時日 害喪.《孟子》<梁惠王章句上>

⑧ 汝不從我敎 則固不得爲吾女也 安用同居. <溫達傳>

① 사향노루가 있으면 자연히 향기가 나는데 어찌 꼭 바람 앞에 서야만 하는가?

② 나를 만들어 준 자는 친구인데 어찌 믿지 않으리오.

③ 성인 아니면 신인데 어찌 바랄 수 있으리오.

④ 그대는 분명 특별히 아는 것이 있을 테니 어찌 나를 위해 말해보지 않겠는가?

⑤ 왕후장상이 어찌 종자가 있겠는가?

⑥ 혹자가 공자에게 이르러 말하기를, 그대는 어찌 정치를 하지

않는가?

⑦ 저 태양은 언제나 사라질까?

⑧ 네가 나의 지시를 따르지 않으면 진실로 내 딸이 될 수 없으니, 어찌 함께 살 수 있겠느냐?

예문 외에 사용되는 의문사 :
‘曷’, ‘胡’, ‘焉’, ‘惡’, ‘幾’, ‘甚’, ‘庸’, ‘詎’, ‘那’, ‘奈何’, ‘什’, ‘奈’,
‘哪’, ‘寧’ 등.

이들은 대개 ‘어찌’, ‘왜’, ‘어디에’, ‘얼마나’, ‘무슨’ 등의 부사적인 의미를 나타낸다.
의문대명사 : ‘誰’, ‘孰’, ‘疇’ : 누구(who). ‘何’ : what.

우리말과 달리 한문의 의문사는 매우 많다. 의문문에 사용하는 의문사는 대부분 동사 앞에 위치하면서 의문문을 이룬다.

4) 빈도부사

① 於是乃更作券曰: 朴趾源, <兩斑傳>

② 終身不復言兩斑之事. <兩斑傳>

③ 孝於親 子亦孝之.《明心寶鑑》<孝行>

④ 傷人之語 還是自傷.《明心寶鑑》<正己>

⑤ 盛年不重來 一日難再晨.《明心寶鑑》<勸學>

① 이에 마침내 다시 문서를 만들어 말하기를:

② 종신토록 다시는 양반의 일을 말하지 않았다.

③ 부모에게 효도하면 자식 또한 효도한다.

④ 남을 해치는 말은 다시(되돌아, 도리어) 자기 자신을 해친다.

⑤ 성년시절은 거듭(다시) 오지 않고, 하루는 다시 새벽이 오지 않는다.

예문 외에 사용되는 빈도 부사 :
'且', '叉', '又', '反', '累', '屢', '亟', '每', '尙', '却', '益', '連', '頻', '數' 등.

빈도를 나타내는 부사는 근본적으로 일반부사와 기능상의 차이가 없다. 다만 행위의 반복이나 회수를 나타내는 빈도를 나타내는 의미의 부사를 별도로 구별하여 나타낸 것일 뿐이다. 이들은 대개 문장 중간에 쓰이면서 그 빈도를 더해주는 내용을 만든다. 일반 부사와 같이 보면 된다.

5) 정태(情態) 부사

① 苟志於仁矣 無惡也.《論語》<里仁>

② 足以極視聽之娛 信可樂也. 王羲之, <蘭亭集序>

③ 王 笑曰是誠何心哉.《孟子》<梁惠王章句>

④ 其聞道也 固先乎吾 吾從而師之. 韓愈, <師說>

① 진실로 仁하려고 마음먹으면 나쁜 행위가 없다.

② 족히 보고 듣는 즐거움을 다 하니 참으로 즐길 수 있다.

③ 왕이 웃으며 말하기를, 이게 진실로 무슨 마음인가?

④ 그 도를 들음이 진실로 나보다 앞서면 나는 그를 따르며 스승으로 삼는다.

예문 외에 문구에서 흔히 사용하는 정태부사 :
'實', '眞', '正', '極', '絶', '至', '深', '甚', '大', '太' 등.

정태부사는 문장의 내용을 강조하는 데 그 기능이 있다고 볼 수 있다. 대개 정태부사는 구나 절의 앞에 위치하며 그 구나 절의 내용에 전체적으로 영향을 미친다. 이 부사 뒤에 오는 동사에 영향을 주지만 아울러 사용된 구문 전체에까지 영향을 미친다. 정태부사를 빼도 본 내용은 그대로 통한다. 그러나 정태부사를 사용함으로써 더욱 의미를 강조하는 효과를 낼 수 있다.

6) 범위(한정)

① 學如不及 惟恐失之.《論語》
② 直不百步耳 是亦走也.《孟子》<梁惠王章句上>
③ 義斷親疎 只爲錢.《明心寶鑑》<省心篇>
④ 逐彼山兎 竝失家兎. 丁若鏞, <耳談續纂, >
⑤ 群賢畢至 少長咸集. <蘭亭集序>
⑥ 與民偕樂故 能樂也.《孟子》<梁惠王章句上>
⑦ 但交之以心 而友之以德 是爲道義之交. 朴趾源, <穢德先生傳>
⑧ 於是郡守歸府 悉召郡中之士族 及農工商賈. <兩班傳>

① 배우기는 미치지 못한 것처럼 하고 오직 잃을까 두려워하라.

② 다만 백보가 아닐 뿐이지 이 또한 달아난 것입니다.

③ 의리가 끊기고 친함이 멀어진 것은 오직 돈 때문이다.

④ 저 산의 토끼를 쫓다가 아울러 집토끼까지 놓친다.

⑤ 많은 현인이 다 이르고 젊은이 어른들이 모두 모였다.

⑥ 백성과 함께 즐기므로 능히 즐길 수 있다.

⑦ 다만 마음으로 사귀고 덕으로 벗하니 이것이 도의의 사귐이다.

⑧ 이에 군수가 관청으로 돌아가 군중의 사족과 농공상인을 모두 불렀다.

기타 범위 한정사 :
'盡', '擧', '都', '均', '俱', '幷', '並', '相', '獨', '特', '唯', '僅', '徒', '具', '全', '完' 등.

'다만', '오직', '모두', '다', '아울러', '서로' 등 범위의 한계를 강조하는 부사는 동사를 강조할 뿐만 아니라 사용되는 그 구문 전체에 영향을 미친다. 예문에서 사용된 용례를 살펴보면 뒤에 동사가 온다는 것을 알 수 있다.

'皆', '盡', '擧', '都', '均', '俱', '幷', '並', '相' 등은 '모두', '다', '서로', '함께'의 의미를 가지고 있는데 이들은 부사로도 쓰이지만 대명사로 사용되는 경우가 많다.

7) 의무

① 每郡守新至 必親造其廬而禮之. <兩班傳>

② 大丈夫 當容人 無爲人所容.《明心寶鑑》<正己篇>

③ 欲量他人 先須自量.《明心寶鑑》<正己篇>

④ 衆惡之 必察焉 衆好之 必察焉.《論語》<衛靈公>

① 군수가 새로 이를 때마다 반드시 직접 그 집에 나가 예의를 표했다.

② 대장부는 마땅히 남을 용서할지언정 남에게 용서받지 말라.

③ 다른 사람을 헤아리려거든 먼저 반드시 자신을 헤아려라.

④ 많은 사람이 미워해도 반드시 그것을 직접 살피고, 많은 사람들이 좋아해도 반드시 살펴라.

'必', '當', '須', '宜', '要', '應', '該', '應當', '應該' 등은 앞의 조동사편에서 설명하였다(조동사편 참고). 이들은 한국어의 입장에서 보면 부사로 보아도 될 것 같다. 그러나 중국에서는 조동사로 분류하고 있다. 따라서 영어의 조동사 'must', 'should', 'ought to' 의 의미를 가진 것으로 보고 해석하면 이해하기 쉽다.

조동사와 부사의 공통점은, 모두가 동사 앞에 위치하여 동사에 영향을 주는 것이다(주조동목 : 주부동목). 이때 다른 점은, 조동사는 동사의 작용을 도와주고, 부사는 동사의 행위 형태를 나타내는 데 쓴다는 점이다.

大丈夫 當容人. A brave man **should** forgive other people.
조동사
大丈夫 常容人. A brave man **always** forgives other people.
부사

人必讀古今書, 上讀古書, 下讀今書.

사람은 반드시 고금의 서를 읽어야 한다. 위로는 고서를 읽고 아래로는 지금의 서를 읽어야 한다. '必'은 조동사. '上', '下'는 부사.

8) 장소

① 月出於東山之上 徘徊於斗牛之間. 蘇軾, <前赤壁賦>
② 鷄鳴狗吠相聞而達乎四境.《孟子》<公孫丑上>
③ 貧居鬧市無相識 富居深山有遠親.《明心寶鑑》<省心>

① 달이 동산 위에 떠올라 북두성과 견우성의 사이에서 배회한다.
② 닭 울음 개 짖는 소리 서로 들려 사방에까지 이른다.
③ 가난하면 사람이 버글거리는 시장에 살아도 아는 사람이 없고(없지만), 부자면 깊은 산골에 살아도 먼 곳의 친한 사람이 있다.

장소는 그 자체로 이름을 나타내는 명사이다. 그러나 문장에서 부사구를 이루는 경우가 많다. 시간과 장소는 명사로 문장의 주어나 목적어가 분명히 된다. 그러나 문장 중에 동작의 범위나 시간을 표시하는 부사로 개입할 때가 많다. 이점을 잘 살펴서 부사로 간주해야 할 것이다.

장소를 부사로 나타낼 때는 일반적으로 장소 앞에 전치사(개사)를 붙인다. 대표적인 전치사는 '於'이고 이와 같은 격으로 대체 가능한 것이 '乎'와 '于'이다. 그러나 이들 전치사가 생략되는 경우가 많다. 예문 끝번 같은 경우 '鬧市', '深山' 앞에 전치사 '於'자가 생략되어 있다.

동사 앞에 와서 방향이나 위치를 나타내는 부사가 있다. 대표적인 용어로 東, 西, 南, 北, 上, 下, 內, 外, 遠, 近, 左, 右, 前, 後 등은 위치를 나타낼 경우 동사 앞에 사용되어 부사가 된다(예: 東走 : 동으로 가다. 後退 : 뒤로 물러나다. 上報大王 : 위로 대왕에게 보고하다. 左衝右突 : 좌측으로 부딪치고 우측으로 부딪치다).

9) 결과

① 客竟不謝而去. <許生傳>

② 學則乃爲君子.《明心寶鑑》<勤學>

③ 海枯終見底 人死不知心.《明心寶鑑》<省心>

④ 公大悟 遂不復言人之長短. <芝峰類說>

① 손님은 마침내 인사도 하지 않고 가버렸다.

② 배우면 마침내 군자가 된다.

③ 바다가 마르면 마침내 바닥을 보지만 사람이 죽으면 마음을 알 수 없다.

④ 공이 크게 깨닫고 마침내 사람들의 장단점을 다시는 말하지 않았다.

기타 결과를 나타내는 부사 : '果', '卒' 등.

어떤 행위에 대한 귀결을 말할 때 결과를 나타내는 부사를 사용한다. 우리말로 '결국', '마침내', '드디어'와 같은 의미를 지닌 부사어들이다. 이들 바로 뒤에는 대개 동사가 오며 동사를 강조함은 물론 결과적인 내용까지 강조하는 기능을 가지고 있다.

※ 才·纔 : 겨우(비로소)

<詠雲詩> 李承休

一片纔從泥上生 구름 한 조각이 겨우 습지에서 생겨나더니

東西南北便縱橫 동서남북 두루 떠돌아 다니네

謂爲霖雨蘇群槁 소낙비가 되어 마른 초목들을 소생시키라 했더니

空掩中天日月明 공연히 하늘에 있는 해와 달빛만 가리고 있네

纔: 겨우 재. 才: 겨우(비로소)재.

이 밖에도 句文 앞에 사용하는 부사어로 아래와 같은 자들이 있다.

'蓋' : 대개, 일반적으로.

'庶' : 무릇, 거의, 바라건대.

'幾' : 거의, 바라건대, 어찌.

'或' : 혹시, 아마도.

'恐' : 아마도, 혹시.

'想' : 상상컨대, 예상컨대.

'期' : 기대컨대, 바라건대.

이상은 豫想을 나타내는 구문에 흔히 쓰이고, 謙恭의 뜻을 나타내는 구문에는 아래와 같은 단어들이 흔히 쓰인다.

'謹', '愼' : 삼가, 조심히.

'幸' : 다행히, 바라건대.

'辱' : 욕되이, 대단히 죄송스럽게, 죄송하지만 영광스럽게.

'伏願' : 엎드려 바라옵건대,

'伏以' : 엎드려 생각건대.

'竊' : 은밀히, 남몰래, 마음속으로.

10) 가정·조건·양보

① 富貴 如將智力求, 仲尼 年少合封侯.《明心寶鑑》

② 水至淸則無魚, 人至察則無徒.《明心寶鑑》

③ 家若貧, 不可因貧而廢學.《明心寶鑑》 <勤學>

④ 詩書無敎, 子孫愚.《明心寶鑑》 <訓子>

⑤ 一日行善 福雖未至, 禍自遠矣.《明心寶鑑》

⑥ 大廈千間, 夜臥八尺. 良田萬頃, 日食二升.《明心寶鑑》

⑦ 子雖賢 不敎 不明.《明心寶鑑》

① 부귀를 만약에 지력으로 구한다면 공자도 어려서 제후가 되었을 것이다.

② 물이 지극히 맑으면 고기가 없고, 사람이 지극히 살피면 따르는 무리가 없다.

③ 집안이 가난할지라도 가난으로 인하여 배움을 버려서는 안 된다.

④ 시와 서를 가르치지 않으면 자손이 어리석다.

⑤ 하루에 착한 일을 하면 복은 비록 이르지 않지만 재앙은 절로 멀어진다.

⑥ 큰 저택이 천간일지라도 밤에 여덟 자 범위에서 잠자고, 좋은 전

답이 만 두렁일지라도 하루에 두 되 곡식을 먹는다.

⑦ 자식이 비록 어지나 가르치지 않으면 (도리에) 밝지 못한다.

관용적인 가정 조건 양보절을 이루는 용어 :
'使', '假使', '一', '萬一', '儻', '若', '如', '若~則', '雖', '縱', '或', '苟' 등.

가정, 조건, 양보의 구문은 문장에서 부사절을 이룬다. 가정법이나 조건·양보절의 문장은 전후의 양분된 문맥을 형성하게 되는데 이때 전반부의 구문이 부사절이 된다(후반부는 귀결절). 대개 가정법이나 조건·양보의 문장은 관용적인 용어를 사용하여 나타내지만 관용어를 사용하지 않고도 표현하는 경우가 있다. 例) 一粒之食, 必分而食 : 한 알의 먹을 것이라도 반드시 나누어 먹어라.

11) 부사구와 절의 유형

① 人雖至愚 責人則明.《明心寶鑑》

② 爾曹 但當以責人之心 責己, 恕己之心 恕人, 則不患不到聖賢地位也.《明心寶鑑》

③ 天意於人 無厚薄.《明心寶鑑》<省心>

④ 見事不學用時悔. 主語: 人.《明心寶鑑》

⑤ 我若被人罵 佯聾不分說.《明心寶鑑》

⑥ 禮與其奢也 寧儉.《論語》<八佾>

① 사람이 비록 지극히 어리석으나 다른 사람을 꾸짖는 데는 밝다.

② 너희들은 다만 마땅히 다른 사람을 꾸짖는 마음으로 자기를 꾸짖고, 자신을 용서하는 마음으로 남을 용서하면, 성현의 지위에 오르지 못함을 걱정할 것이 없다.

③ 하늘의 뜻은 사람에게 후하고 박한 것이 없다.

④ 일을 보고 배우지 않으면 쓸 때에 후회한다. '人'이 주어.

⑤ 내가 만약에 다른 사람의 꾸짖는 욕설을 들으면 귀먹은 척하고 옳다 그르다 말하지 말라.

⑥ 예는 사치하는 것보다는 차라리 검소한 것이 낫다.

부사구와 부사절은 한 글자의 부사어가 아니라 두 글자 이상으로 표현되는 구문을 말한다. 이는 하나의 문장 내에서 내용의 일부분을 차지하는 조건 원인 이유 등 문장을 구성하는 요건이거나 상호 관계를 형성하는 관계사로 중요한 역할을 한다. 이들이 부사가 되는 것은 문장 내의 서술어에 직접 영향을 미치기 때문이다. 관용적으로 사용하는 숙어도 있지만 내용에 의해 얼마든지 만들어질 수 있다.

부사구나 부사절을 이루는 데는 대개 '若', '如', '假使', '雖' 등 가정이나 조건·양보절을 유도하는 어휘가 잘 사용되고, '以', '於' 등의 개사와 목적어로 이루어지는 어구와, '與甲 寧乙', '與其甲 莫如乙', '不但甲 而且乙' 등의 관용구문 및 의태어·의성어구 등이 부사구 · 절로 활용된다. 그리고 접속사 역할을 하는 '由此觀之', '繞是觀之', '是故', '於是' 등도 부사어로 볼 수 있다. 이밖에 관용어구를 배제하고 이루어지는 유형이 있는데 이는 문장의 내용에 따라 조건이나 가정과 같은 절을 만들고 여기에 상응하는 귀결절을 이루는 형식이다.

부사의 기능을 제대로 이해하지 못하고서는 한문의 문장을 정확히 볼 수가 없다. 문장의 내용에서 가장 결정적인 핵심어는 동사이다. 그런데 부사는 핵심어인 동사에 직접 영향을 미치며 동사의 성격을 변형시킬 수 있는 역할도 한다. 부사는 동사는 물론 형용사와 부사까지 수식하고 그 피수식어의 의미를 더욱 심도 있게 만들며, 문장의 구조나 내용 전반에 지대한 영향을 미친다. 문장의 형식을 이루는 데는 없어도 되는 것이지만 어떤 중요한 의미를 부여하려면 부사가 반드시 필요하게 되어있다. 문장에 개입하여 문장의 내용을 좌지우지할 수 있는 것이 부사이기 때문에 부사를 사용하여 작문하는 것은 당연한 일이다. 따라서 부사에 대한 이해는 한문의 문장을 정확히 해독하는 데 필수조건이라 할 수 있다.

한문의 구조는 '주어+술어', '주어+동사+목적어'의 구조가 기본형이다. 문장중의 부사어를 털어 내어 버리면 이상의 두 종류에 불과하다. 비록 반복되고 도치되는 경우가 많지만 기본문형을 보는 것은 어렵지 않다. 어려운 것은 수식어에 대한 이해인데 비교적 알기 쉬운 형용사보다 부사에 대한 이해가 어렵다. 따라서 부사의 용법과 작용에 대한 이해는 매우 중요하다. 문장 중에 부사를 정확하게 식별하여 그의 쓰임을 안다면 어느 문장도 쉽게 해독할 수 있을 것이다.

第二章

構文論

Ⅰ. 文章의 構成要素

1. 詞의 類型

문장을 구성하는 성분으로 작용하는 詞가 있다. 詞에는 문장구성과 내용의 중심이 되는 實詞가 있고 문장구성의 보조역할을 하는 虛詞가 있다. 실사는 각자가 문장에서 '山', '見', '美'처럼 의미와 品詞性을 가지고 쓰이지만, 허사는 그 단독으로는 쓰이지 못하고 실사와 더불어 구문을 이루면서 의미와 품사성을 지니게 된다('於', '以', '也' 등).

2. 單語와 그 構造

문장을 구성하는 최소단위는 單語이다. 字는 讀音상의 최소단위를 말하고 單語는 意味상의 최소단위를 말한다. 漢字는 글자마다 單語가 될 수 있다. 예를 들면, 人 · 山 · 學 · 情 · 眞 · 靑 등은 한 글자 한 音節에 각자의 뜻을 지닌 단어이다. 두 글자 이상으로 이루어지는 單語(複合語)도 있다. 두 글자 이상이 연합해서 이루어지는 單語의 구조를 살펴보면 아래와 같은 유형이 있다.

- 形容詞+名詞 構造 : 靑山 · 白雪 · 大川 · 漢文 · 校長 등
- 主語+述語 構造 : 日出 · 日沒 · 鷄鳴 · 獅子吼 등
- 動詞+賓語 構造 : 讀書 · 登山 · 貯金 · 作文 · 修業 등
- 副詞+動詞 構造 : 善導 · 固有 · 盛行 · 快走 · 反省 등
- 竝列構造 : 得失 · 學問 · 忠孝 · 父母 · 老少 · 奢侈 등

이들 구조에 대해서는 일상적이고 보편적인 관점으로 본 것이다. 서로 다른 구조로 대입하여 보면 다르게 볼 수도 있다. 예를 들어, '貯金'은 '돈을 모으다(동+빈)', '모은 돈(형+명)'으로, '盛行'은 '왕성하게 행동하다(부+동)', '왕성한 행동(형+명)'으로 각자 두 가지로 볼 수도 있고, '日出'은 '日出於東山' 이라고 하면 복합어가 되지 않고, '日'과 '出'은 각자의 단어가 되는 것이다. 그러나 일반적인 현상으로 볼 때 이상과 같은 구조로 복합어가 이루어지고 있다고 볼 수 있다. 세 글자 이상의 단어도 이상과 같은 구조로 이루어진다.(登龍門 : 動+賓. 萬里長城 : 形+名).

두 개 이상의 단어가 모여서 하나의 문장을 이루는데, 이루어진 문장 중에서 각 단어는 명사, 동사, 형용사, 부사, 허사 등 詞의 성격을 지니게 된다. 다시 말하면 각 단어는 품사의 성분을 가지고 문장의 구성원이 되는 것이다.

Ⅱ. 文의 種類

1. 平敍文

평서문은 가장 基本的이고 보편적인 文章의 형식이다. 이는 倒置나 省略이 되지 않고 正常的인 正置의 文을 말한다. 例文을 들면 대략 아래와 같은 유형이 있다.

1) 主語+動詞

○ 狗走. 개가 달린다.
○ 鳶飛. 솔개가 난다.
○ 天佑神助. 하늘이 도와주고, 신이 도와준다.

위 동사들은 목적어나 보어를 취하지 않는 완전자동사이다.

2) 主語+形容詞

○ 花美. 꽃이 아름답다.
○ 食少事煩. 먹을 것은 적고 일은 번거롭다. '少', '煩': 형용사.

형용사가 주어를 서술하는 형식이며, 이를 '형용사술어문'이라고 한다.

3) 主語+名詞

○ 金富軾, 高麗人也. 김부식은 고려 사람이다.

○ 項籍者, 下相人也. 其父項梁. 항적이란 자는 下相 사람이다. 그 아버지는 項梁이다.

이런 형식을 '명사술어문'이라고 한다. 명사가 주어에 대한 술어가 된 것이다.

4) 主語+動詞+補語

○ 勤爲無價之寶. 부지런함은 값을 헤아릴 수 없는 보배다.

○ 富與貴是人之所欲也. 부와 귀는 사람들이 바라는 것이다.

*'爲', '是'가 문장 중의 동사이다. 보어를 필요로 하는 불완전자동사로 쓰였다.

5) 主語+動詞+目的語

○ 仁者樂山. 어진 사람은 산을 좋아한다.

○ 君子畏天命. 군자는 천명을 두려워한다.

○ 力拔山兮氣蓋世. 힘은 산을 뽑아들고, 기운은 세상을 덮는다.

* '樂', '畏', '拔', '蓋'가 동사이다. 목적어를 취하는 타동사이다.

6) 主語+動詞+間接目的語+直接目的語

○ 狙公與狙芧.[1] 저공이 원숭이에게 도토리를 주다.

○ 王賜其人絹五匹. 왕이 그 사람에게 생사비단 다섯 필을 하사했다.

○ 后稷教民稼穡.[2] 후직이 사람들에게 농사짓는 법을 가르쳤다.

* '與', '賜', '教'가 동사이다.

7) 主語+動詞+目的語+目的格補語

○ 五色令人目盲. 오색은 사람의 눈을 멀게 한다. 盲: blind.

○ 五音令人耳聾. 오음은 사람의 귀를 어둡게 한다. 聾 : deaf.

* '令'이 동사이다.

---

1) 《列子, 皇帝》 <朝三暮四>: 狙公曰與若芧 朝三而暮四足乎. : 저공이 말하기를, 너희들에게 도토리를 주되 아침에 세 개 저녁에 네 개면 만족하겠는가? 與: 주다. 若(狙): 너희들(원숭이).

2) 《孟子》 <滕文公上>.

8) 主語+動詞+動詞+目的語

○ 孩提之童知愛其親.

어린아이도 그 부모 사랑할 줄을 안다.

○ 樂道善言, 樂聞善事.(主語省略)

좋은 말 이르기를 좋아하고, 좋은 일 듣기를 좋아하라.

○ 欲齊其家者, 先修其身.

그 집안을 잘 이끌어가고자 한 자는 먼저 그 몸을 닦는다.

* '知愛', '樂道', '樂聞', '欲齊'가 連動詞이다.

9) 主語+動詞+目的語+動詞+目的語

○ 天帝使我長百獸.(후반 使役文 참고).

하느님이 나로 하여금 모든 짐승들의 어른으로 삼았다.

○ 秦王請趙王鼓瑟.

진왕이 조왕에게 비파를 타도록 청했다.

○ 秦王擊缶爲秦聲.

秦王이 질장구를 두들겨 진나라 소리를 내다.

* '使(使役)', '長',/ '請', '鼓',/ '擊', '爲'가 동사이다.

이상은 實詞를 중심으로 이루어진 긍정문의 유형을 살펴보았다. 특별한 수사를 가하지 않은 기본적인 단문은 대략 이상의 유형이 있다고 할 수 있다.[3] 한문에는 동사 없이도 표현하는 형식이 있다. 위에

---

3) 한문은 영문처럼 규정된 형식(5형식)이 없다. 여기에 예시한 유형은 일반적으

서 예시한 2)번의 형용사술어문과, 3)번의 명사술어문이 그것이다. 이들은 해석을 하면 영문의 2형식과 거의 일치한다. 8)번의 '주+동+동+목'의 유형도 뒤의 동사를 준동사(to+v)로 보면 영문의 3형식에 해당한 유형으로 볼 수 있다.

대개 '한문의 문장은 매우 복잡하여 영문처럼(다섯 가지 형식) 규정할 수 없다'고 하지만, 사실 한문의 문장 형식은 매우 간단하다. 기본 문장을 구성하는 품사는 '명사', '동사', '형용사' 3요소일 뿐이고, 문장의 기본 형식은 '명사+동사', '명사+형용사', '명사+명사', '명사+동사+명사(목적어)', '명사+동사+명사+명사', '명사+동사+명사+형용사' 이들 여섯 가지 형식이 전부라고 할 수 있다. 어느 문장이건 이들 여섯 가지 중의 하나에 해당한 것이다. 이렇게 간단한데 복잡하게 만드는 것은 무엇인가? 이들 형식을 중복(반복)하여 표현하는 문장이 일반적이고, 도치와 생략이 빈번하며, 특히 부사어가 많기 때문이다. 도치와 생략이 없는 기본 평서문에서 중복을 하나의 같은 형식으로 보고, 또 문장중의 수식어(부사어)를 모두 털어버리면 그 골격은 '명사(주어)+동사', '명사+형용사(또는 명사)', '명사+동사+명사(목적어)' '명사+동사+명사+명사(또는 형용사)'의 네 가지 형식에 불과하다.

2. 疑問文

疑問文은 文章 첫 머리에 의문대명사 · 의문형용사 · 의문부사 등 의문사를 사용하고 문장 끝에 疑問助詞(語氣詞)를 붙이는 형이 있고, 문장 첫 머리에만 의문사를 붙이는 경우가 있고, 平敍文 끝에 疑

로 나타난 유형들을 제시한 것일 뿐이다.

問語氣詞를 사용하여 의문의 뜻을 나타내는 경우가 있다. 또한 간혹은 의문사가 없을지라도 敍述上의 感應으로 疑問文을 이룰 수도 있다.

文頭疑問詞 : 何 · 安 · 孰 · 誰 · 奚 · 曷 · 幾 · 豈 · 胡 · 烏 · 惡 · 焉 · 害 · 甚 · 寧 · 庸 · 詎 · 盍 등.

文尾疑問詞 : 乎 · 與 · 歟 · 耶 · 哉 · 邪 · 夫 · 否 · 不 · 無 · 未 등.

1) 文頭 疑問詞+文尾 疑問語氣詞

의문사는 동사 앞에 위치한다.

- ○ 豈能獨樂哉? 어찌 홀로 즐길 수 있겠습니까? '豈 ~ 哉'
- ○ 燕雀安知鴻鵠之志哉?[4] 제비와 참새가 어찌 큰 기러기 고니의 뜻을 알리오? '安 ~ 哉'
- ○ 奚暇治禮義哉[5]? 어느 겨를에 예의를 다룰 수 있겠습니까? '奚 ~ 哉'
- ○ 何故改前言乎?[6] 무슨 까닭으로 전에 했던 말을 바꿉니까? '何 ~ 乎'

'奚暇', '何故'의 '奚'와 '何'는 의문형용사로 쓰였다. 자연히 의문문을 이룬다.

---

4) 《史記》 <陳涉世家>

5) 《孟子》 <梁惠王上>: 民欲與之偕亡 雖有臺池鳥獸 豈能獨樂哉?/ 此惟救死而恐不贍 奚暇治禮義哉?

6) 金富軾, <溫達傳>: 今何故改前言乎? 匹夫猶不敢食言 況至尊乎?

2) 文頭 疑問詞

○ 吾何愛一牛?[7](何 : 副詞)

내가 어찌 한 마리의 소를 아끼겠는가?

○ 客何好?(何 : 目的語)

손님은 무엇을 좋아 합니까?

○ 何必曰利.(何 : 副詞)

어찌 꼭 利를 말합니까?

○ 沛公安在?[8](安 : 장소,副詞)

패공은 어디에 있는가?

○ 夫誰與王敵.(誰 : 代名詞)

무릇 누가 왕과 대적하겠습니까?

○ 子奚不爲政?[9](奚 : 副詞)

선생님은 어찌 정치를 하지 않습니까?

○ 此何聲也?(何 : 疑問形容詞)

이게 무슨 소리인가?

○ 孰能一之? (孰 : 代名詞)

누가 하나로 통일할 수 있을까요?

○ 誰能禦之?[10] (誰 : 代名詞)

누가 그걸 막을 수 있습니까?

---

7) 《孟子》 <梁惠王章句上>: 齊國雖褊小 吾何愛一牛?

8) 《史記》 <項羽本紀>: 項王 曰沛公安在?

9) 《論語》 <爲政>: 或謂孔子曰子 奚不爲政 子曰書云孝乎. 惟孝 友于兄弟 施於有政 是亦爲政 奚其爲爲政?

10) 《孟子》 <梁惠王章句上>: 孰能一之? 對曰不嗜殺人者 能一之./誠如是也 民歸之 由水之就下 沛然 誰能禦之?

○ 獨樂樂, 與人樂樂, 孰樂.(孰 : 代名詞;which)

홀로 음악을 즐기는 것과 사람들과 음악을 즐기는 것이 어느 것이 즐겁겠습니까?

○ 擇不處仁, 焉得知.(焉 : 疑問副詞)

선택하여 仁한 데에 處하지 않으면 어찌 지혜로운 사람이 될 수 있으리오?

○ 王欲行之則盍反其本矣?[11](盍=何不 : 疑問副詞)

왕께서 행하고자 하신다면 어찌 근본으로 돌아가지 않습니까?

○ 子 謂子貢曰女與回也, 孰愈, 對曰賜也, 何敢望回.(孰 : 代名詞. 何 : 副詞)

공자가 자공에게 이르기를, '너는 안회와 누가 나은가?' 대답하기를, '제가 어찌 감히 안회를 바라볼 수 있으리오.' 賜 : 子貢.

3) 文尾+疑問語氣詞 疑問文

○ 子見夫子乎? 그대는 선생을 보았는가?

○ 客亦知夫水與月乎? 객도 물과 달을 아는가?

○ 管仲非仁者與? 관중은 어진 자가 아닙니까?

○ 無懷氏之民歟? 葛天氏之民歟? 무회씨의 백성인가? 갈천씨의 백성인가?

○ 若寡人者, 可以保民乎哉. 나와 같은 자도 백성을 보호할 수 있을까요?

○ 而忘越人之殺而父耶? 너는 월나라 사람이 너의 아버지를 죽인 것을 잊었느냐? 而: 二人稱 너.

---

11)《孟子》<梁惠王章句上>: 王欲行之則盍反其本矣?

○ 齊宣王 問曰 湯放傑 武王伐紂 有諸? 孟子對曰 於傳有之. 제선왕이 묻기를 "탕왕이 자기 임금인 걸왕을 귀양 보내고 무왕이 주왕을 쳤다고 하는데, 그런 일이 있습니까? 맹자가 대답하기를 "전에 그런 말이 있습니다." 有諸=有之乎.

○ 李公大驚曰 : '奇哉! 眞有是否?'. 이공이 크게 놀라며 말하기를 '기이하도다! 정말로 그런 사람이 있는가?'

○ 薛總嘗入唐學, 未知然否.

설총이 일찍이 당나라에 들어가 배웠다고 하는데 '그랬었는지?'(그랬는지 안 그랬는지) 알 수 없다.

○ 君自故鄕來 應知故鄕事 來日綺窗前 寒梅著花未. 王維, <雜詩>
그대는 고향에서 왔으니, 응당 고향 일을 알겠지, 오는 날 비단으로 단장한 창문 앞에 매화가 꽃을 피웠던가?

○ 綠蟻新醅酒, 紅泥小火爐, 晩來天欲雪, 能飮一杯無. 白居易, <問劉十九>
녹의(綠蟻)의 새로 빚은 술이 있고, 붉은 질그릇의 작은 화로가 있는데, 날은 저물어 눈이 오려고 한데, 술 한 잔 마실 수 있겠는가? 綠蟻 : 酒名.

끝에 부정어를 사용한 의문문의 유형은 부정어 앞의 행위 동작에 대한 반문이다. 그러한 행위 동작에 대해 '했느냐? 안 했느냐?', '할 것인가? 안 할 것인가?'를 묻는 것인데, 부정어 뒤는 반복이 되므로 생략을 한 것이다. 즉 '寒梅著花未'는 '寒梅著花未著花(매화가 꽃을 피웠던가? 아직 꽃을 피우지 못했던가? : Did the flower bloom or not?)'를 줄여 쓴 표현이다. 대개 긍정과 부정을 連用해서 의문문을 만드는데, 오늘날 현대문에서도 이런 방법을 사용하고 있다. 你有沒有錢? : 너 돈 있니? 你看不看電影? : 너 영화 볼 거니?

4) 反語疑問文

反語文은 말하는 사람이 어떤 사실을 分明히 알고 있으면서, 이를 强調하기 위해 反問 형식을 취하는 文章으로, 肯定形의 反語는 否定이 되고, 否定形의 反語는 肯定이 된다.

(1) 疑問詞 反語文

○ 田園將蕪胡不歸? 전원이 황폐해진다 하니, 어찌 돌아가지 않으리오?

○ 子曰 盍各言爾志. 공자가 말하기를, 어찌 각자 너희들의 뜻을 말해보지 않겠느냐? 盍(합): 何不.

○ 吾何愛一牛? 내가 어찌 한 마리의 소를 아끼겠는가?

○ 未能事人, 焉能事鬼? 사람도 섬길 수 없는데, 어찌 귀신을 섬길 수 있겠는가?

○ 誰無父母? 누가 부모가 없으리오?

(2) 文尾 疑問語氣詞 反語文(乎·與(=歟) ·耶·哉·邪 등)

○ 不仁者, 可與言哉? 어질지 않은 자와 (어찌) 더불어 말할 수 있으리오?

○ 學而時習之, 不亦說乎? 배우고 수시로 익히면 또한 즐겁지 않은가?

○ 此非以賤爲本邪? 이는 천함을 본으로 삼은 것이 아닌가?

구문 중에 부정어(不·非 등)와 부합해서 이루어진 유형이다.

5) 文尾 疑問詞 疑問文

○ 定公 問君使臣 臣事君 如之何?

정공이 묻기를, 임금이 신하를 부리고 신하가 임금 섬기기를 어떻게 하면 되겠습니까? '如之何' : 그와 같은 걸 어떻지 해야 합니까?

○ 此心之所以合於王者, 何也? 이 마음이 왕노릇 하는 데에 부합되는 것은 어째서입니까?(무엇 때문입니까?)

○ 今, 恩足以及禽獸而功不至於百姓者, 獨何與? 지금 은혜는 족히 금수에 미치면서도 공은 백성에게 이르지 않은 것은 오직 어째서입니까?

○ 與百姓同之, 於王, 何有. 백성과 함께 하시면 왕느릇 하는 데에 무슨 어려움이 있으리오? 何有 : 何難之有.

6) 抑揚疑問文

抑揚疑問文은 원래 말하고자 하는 內容을 잠시 保留하고, 먼저 앞 文章에서 程度가 낮은 것부터 言及한 후, 뒤의 文章에서 그 말하고자 하는 內容을 强調하는 형식을 취한다.

<基本形>

A且(=猶, 猶且, 且猶, 尙)B, 況C乎! :

A조차 B하는데, 하물며 C에 있어서야!

且(=猶)不A, 安B(哉)! :

A조차 하지 않는데, 어찌 B하겠는가!

○ 死馬且買之五百金, 況生馬乎!

죽은 말도 오백 냥에 사는데, 하물며 살아있는 말이야!

○ 富貴則親戚懼之, 貧賤則輕易之, 況衆人乎!

부귀하게 되면 친척도 두려워하고, 빈천하면 업신여기는데, 하물며 일반사람들이야! (일반사람들은 얼마나 더 두려워하고 업신여기겠는가?).

※ 간혹은 의문사가 없을지라도 상대적 感應으로 疑問을 나타내기도 한다.

○ 子曰 賜也 爾愛其羊, 我愛其禮.[12]

공자가 말하기를, "사야, 너는 그 양을 아끼느냐? 나는 그 예를 좋아한다."

○ 子張 問十世 可知也.[13]

자장이 묻기를, "앞으로 十世를 알 수 있습니까?"

3. 使役文

사역동사 : 使 · 俾 · 令 · 命 · 遣 · 教 · 讓 · 叫 등

使役文은 使役이나 命令의 意味를 나타내는 사역동사를 使用하여, '~로 하여금 ~하게 하다'와 같이 누가(무엇이) 누구에게 어떤 動作을 行하게 만드는 形式을 취한다.

12) 《論語》 <八佾>: 子貢 欲去告朔之餼羊, 子曰 賜也 爾愛其羊, 我愛其禮.

13) 《論語》 <爲政>: 子張 問十世 可知也 子曰 殷因於夏禮 所損益 可知也…

○ 將使卑踰尊, 疏踰戚.

장차 낮은 신분(卑)으로 하여금 높은 신분(尊)을 넘어서게 하고, 관계가 먼 사람(疏)으로 하여금 친척(戚)을 넘어서게 하다(하는 일이다).

○ 使天下仕者, 皆欲立於王之朝.

천하의 벼슬하는 자들로 하여금 모두 왕의 조정에 서고 싶어 하도록 해야 한다.

○ 秦王與趙王會飮, 令趙王鼓瑟.

진왕이 조왕과 함께 술을 마시며 조왕으로 하여금 비파를 치게 하였다. 鼓,치다(동사).

○ 漢遣陸賈說項王.

한나라가 陸賈로 하여금 項王을 달래게 하였다.

○ 不教胡馬度陰山.

오랑캐 말로 하여금 음산을 넘지 않게 하였다. 度, 넘다.

○ 俾衆周知.

대중으로 하여금 두루 알게 하다.

使役文은 英語의 使役文과 거의 일치한다.

夫何使我至於此極也?《孟子》.

Why let me arrive at this distress?

夫何(Why)使(let)我(me)至(arrive)於(at)此(this)極(distress)也?

使役文의 構造는, '(主語)+使役動詞+被使目的語+動詞+目的語'의 형식이 일반 형식이다.

4. 受動文

受動文은 主體가 他人·他物에 依해 어떤 動作을 받는 표현형식인데 이를 被動文이라고도 한다. 일반적으로 수동문을 이루는 관용적인 표현이 있다. 이들을 중심으로 살펴보기로 한다.

1) 被動字에 依한 受動文

○ 擧世皆濁, 我獨淸, 衆人皆醉, 我獨醒, 是以見放.

온 세상이 다 흐린데 나 홀로 맑고, 모든 사람이 취했는데 나 홀로 깨어있다. 이 때문에 추방을 당했다. 見放 : be expelled, get exiled. 見 : 당하다.

○ 其次關木索, 被箠楚受辱. 司馬遷, <報任少卿書>

그 다음은 목판 오랏줄에 묶여 회초리를 맞으며 치욕을 받는 것이다.

被箠楚 : 회초리를 받다. 受辱 : 치욕·수모를 받다. 被, 受 : 당하다. 받다.

○ 信而見疑, 忠而被謗, 能無怨乎?

미덥게 해도 의심을 당하고 충성을 해도 비방을 당하니 원망이 없겠는가? 被謗 : be slandered, be abused.

○ 爲私鬪者, 各以輕重被刑.

사욕을 위해 싸우는 자는 각자 경중에 따라 형을 받는다. 被刑 : be sentenced (to), get convicted

○ 匹夫見辱, 拔劍而起.

일반인도 모욕을 당하면 칼을 빼고 일어난다. 見辱 : be insulted, be put to shame.

○ 當此之時. 이때에 당하여. 當選(被選) : 선거에 뽑히다. 선발되다.

2) 주어+動詞+於(于·乎) +賓語

○ 勞心者治人, 勞力者治於人.

마음을 쓰는 자는 사람을 다스리고, 힘을 쓰는 자는 다른 사람에게 다스림 받는다.

治於人 : be ruled by the other people.

○ 有備則制人, 無備則制於人.

갖춤이 있으면 사람들을 통제하고, 갖춘 것이 없으면 사람들에게 통제 받는다.

制於人 : be employed(controlled) by the other people.

○ 胥之父兄, 爲戮於楚.

胥의 부형이 초나라에서 살육되었다.

戮於楚 : be killed in Cho.

○ 梁惠王曰…及寡人之身, 東敗於齊… 南辱於楚, 寡人恥之.

양혜왕이 말하기를, "나의 몸에 이르러 동쪽으로 제나라에게 패배를 당하고… 남쪽으로는 초나라에게 치욕을 당하였으니, 나는 그걸 수치스럽게 여긴다."

3) '주어 爲A所B' 의 形式
(주어는 A에게 B의 행위를 당하다)

○ 欺人者, 却爲人所欺.

사람을 속인 자는 도리어 다른 사람에게 속임을 당한다.

○ 先則制人, 後則爲人所制.

앞서면 사람들을 통제하고, 뒤 처지면 다른 사람에게 제압 받는다.

○ 范睢爲須賈所讒.

범휴가 수고에게 비방당했다.

○ 溫達戰於阿且城之下, 爲流矢所中.

온달이 아차성 아래에서 싸우다가 날아 온 화살에 맞았다. 中, 맞다. 적중하다.

이상의 숙어로 쓰이는 형식이 아니라도 문장의 내용상으로 보아 수동(피동)으로 보아야 할 때가 있다.

5. 否定文

한문에는 부정문의 유형이 매우 많다.
대개 문장의 내용을 부정하는 詞는 다음과 같은 것들이 있다.

不 · 弗 · 非 · 匪 · 未 · 無 · 罕 · 微 · 鮮 · 叵 · 毋 · 勿 · 莫 · 靡 등.

否定文은 肯定文에 相反하는 文으로서 어떤 事物의 움직임이나 狀態에 대하여 否定의 意味를 나타내는 文章이다. 여기에는 여러 가지 否定詞가 쓰이는데 대부분 動詞와 形容詞에 영향을 줌으로 거의가 副詞에 속하며, 어느 字는 경우에 따라 動詞로 쓰일 때도 있다. 이들의 種類와 性格, 쓰이는 位置, 使用方法 등에 대해 알아보기로 한다.

1) '不(弗) '의 用例

○ 不仁者 不可以久處約.

어질지 못한 자는 오래도록 곤궁한 데에 있을 수 없다.

○ 知者不惑, 仁者不憂, 勇者不懼,

知者는 현혹되지 않고, 仁者는 걱정하지 않고, 勇者는 두려워하지 않는다.

○ 雖有嘉, 弗食, 不知其旨也.

비록 좋은 것이 있다고 할지라도 먹지 않으면 그 맛을 알 수 없다.

2) '無'의 用例

○ 邦無道, 富且貴焉, 恥也.

나라에 도가 없는데 부하고 귀한 것은 부끄러운 일이다.

○ 見義不爲, 無勇也.

의를 보고 행하지 않으면 용기가 없는 것이다.

○ 同舟者 皆愚民 故無有問其姓名邑里云.

배를 함께 탄 자들이 모두 어리석은 사람들이라 그의 성명과 읍리를 묻는 자가 없었다.

<無는 間或은 禁止詞 '毋'와 같이 씀>

無說己之長. 자기의 장점을 말하지 말라.

無道人之短. 남의 단점을 말하지 말라. 道: 말하다(동사).

'無'와 '不'의 일반적 용법의 차이점은, '無'는 뒤에 名詞가 오고, '不'

은 뒤에 形容詞와 動詞가 오는 점이다. 이 경우 '不'은 形容詞 · 動詞를 否定하는 副詞이고, '無'는 名詞를 目的語로 취하는 動詞이다. 그러므로 '不'은 性質 · 狀態 · 動作을 否定하고, '無'는 그 무엇인가를 소유하지 못한 것을 나타낸다.

3) '非'의 用例

○ 我非生而知之者.
나는 태어나면서 아는 사람이 아니다. 知之: 道理, 事理를 알다.

○ 寡人, 非能好先王之樂也.
과인이(내가) 능히 先王의 음악을 좋아한 것이 아니다.

○ 鳳凰非梧桐不棲.
봉황새는 오동나무가 아니면 서식하지 않는다.

○ 非禮勿視 非禮勿聽.
예가 아니면(예에 위배되면) 보지를 말고, 예가 아니면 듣지를 말라.

이상과 같이 '非'는 바로 뒤에 어떤 대상을 명사어로 설정하고 '그것이 아니다' 또는 '그것이 아니면'의 조건을 나타낼 때 쓴다. 이와 달리 아래와 같이 동사로 쓰여 ' ~ 을(를) 비방하다' 로도 쓰고, 또 형용사로 '잘못이다', '그릇된 것이다', '옳지 않다' 로 쓰기도 한다.

○ 人不得樂而非其上者, 非也. 사람이 그 즐거움을 얻지 못하여 윗사람을 비방하는 것도 잘못이다. 여기 '非其上'의 '非'는 '비방하다'로 동사이다.

○ 覺今是而昨非. 지금이 옳고 지난날이 그릇됨을 깨닫는다. 是非 : 옳다, 그르다. 잘하고 잘못하고.

4) '未'의 用例

○ 未有仁而遺其親者也.

어질면서 그 어버이를 버린 자는 아직 있지 않다.

○ 自古及今, 未嘗有兩而能精者也.

옛날부터 지금까지 일찍이 두 가지를 정통한 자는 있지 않다.

○ 不好犯上, 而好作亂者 未之有也.

윗사람에게 잘 못하기를 좋아하지 않고 作亂을 좋아하는 자는 아직 있지 않다.

○ 是以, 後世無傳焉. 未之聞也.

이런 까닭에 세상에 전한 것이 없으니, 그런 일에 대해 아직 들은 적이 없다.

부정어 '未'는 지금까지 그런 일이 없음을 나타낼 때 쓴다. 이는 아직까지(話者가 말하는 당시까지) 경험이나 행위를 해본 적이 없다는 내용으로 英文의 現在完了형의 부정형('未 + V' = 'have never + PP')과 같은 형식으로 볼 수 있다.

未之聞也 = I have never heard it. 代名詞(之, 我 등)가 否定語 '未', '不' 등과 함께 쓰면 동사와 倒置됨. 未聞之→未之聞. '未'가 사용된 구문은 '아직'이란 표현을 사용하고 부정하는 해석을 하면 좋다. '아직' 들어본 적이 없다.

5) '莫'의 用例

○ 吾盾之堅, 莫能陷也.

나의 방패의 견고함은 뚫을 수가 없다.

○ 治地, 莫善於助, 莫不善於貢.《孟子》

땅을 다스리는 데에는 助의 稅法보다 좋은 것이 없고, 貢의 稅法보다 안 좋은 것이 없다.

○ 子曰 莫我知也夫. 공자가 말하기를, 나를 알아주는 사람이 없도다!('莫我知'는 '莫知我'를 도치한 것임. 我가 대명사이므로 倒置됨. 否定詞+代名詞+動詞).

○ 後群臣皆畏高, 莫敢言其過. 후에 많은 신하들이 모두 趙高를 두려워하여 감히 그의 허물을 말하지 못했다.

○ 莫用衆人之議也.

대중들의 의논을 쓰지 말라.

'莫'은 否定하는 말로 使用되지만 용도가 多樣하다. 대개 形容詞나 動詞를 뒤에 同伴하며 그에 영향을 미친다. 動詞와 같이 쓸 때는 '不'字처럼 부정을 나타내기도 하고, '勿' · '毋'字 처럼 禁止를 나타내기도 한다.

形容詞를 뒤에 동반할 때는 比較級의 性格을 취하면서 意味上으로 最上의 뜻을 나타낸다. '莫大' : 그 보다 큰 것이 없다(莫大於是, 莫大焉). 莫重 : 그 보다 중요한 것이 없다(가장 중요하다). 莫强 : 그 보다 강한 것이 없다(가장 강하다). 이들은 '莫+形+於是', '莫+形+焉'의 비교형식이 생략된 유형으로 볼 수 있다.

6) '勿'·'毋'의 用例

○ 勿謂今日不學而有來日.

오늘 배우지 않아도 내일이 있다고 이르지 말라.

○ 己所不欲 勿施於人.

자기가 하고 싶지 않은 것을 남에게 시키지 말라.

○ 仁者無敵, 王請勿疑.

어진 자에겐 적이 없으니, 왕은 의심하지 마십시오.

○ 將軍毋失時. 장군은 때를 놓치지 말라.

○ 毋忘此仇. 이 원수를 잊지 말라.

'勿'·'毋'의 쓰임은 비교적 간단하다. 動詞를 否定하면서 대부분 禁止詞로 쓰인다. 白話文에서는 이들을 代替하여 '別'字를 주로 쓴다. 別去 : 가지 말라.

7) '不如'·'不若'·'莫如'·'莫若'의 用例

(이들은 비교를 나타내는 관용적인 표현들이다.)

○ 好之者不如樂之者.

좋아하는 자는 즐기는 자만 같지 못하다(좋아하는 자보다 즐기는 자가 낫다).

○ 天時不如地利, 地利不如人和.

천시는 지리만 같지 못하고, 지리는 인화만 같지 못하다(천시보다는 지리가 낫고, 지리보다는 인화가 낫다).

○ 此乃不祥之物也, 不若投諸江而忘之.

이는 좋지 않은 물건이니 강물에 던져버리고 잊어버리는 것만 같지 못하다(강물에 던져버리고 잊어버리는 것이 낫다).

○ 朝廷 莫如爵, 鄕黨 莫如齒, 輔世長民 莫如德.

조정에서는 벼슬만한 것이 없고(조정에서는 벼슬이 제일이고), 향당에서는 나이만한 것이 없고, 세상을 보필하고 백성을 기르는 데는 덕만한 것이 없다(德이 제일이다).

○ 如恥之, 莫若師文王.

그 점을 부끄럽게 여기신다면, 문왕을 스승으로 삼는 것만 같음이 없습니다(문왕을 스승으로 삼는 것이 제일이다).

'A不如B', 'A不若B'는 모두 같은 유형으로 'A는 B만 같지 못하다(A보다는 B가 낫다)'이다. 이는 相互 比較하는 용도로 쓰인다. 때로는 比較 아니고 순수하게 'A는 B와 같지 않다'로 쓰일 때도 있다.

'A莫如B'와 'A莫若B'는 같은 유형으로, 대개 'A는 B하는 것만 같음이 없다(B만 같은 것이 없다).'와 같은 표현으로 해석한다. 이는 比較의 형식이지만 內容으로는 最上의 뜻을 나타낸다. 즉, 어떤 행위(일)에서는 뒤의 B가 제일이라는 뜻이다.

8) 副詞의 介入(否定語+副詞+動詞)

○ 有朋自遠方來, 不亦樂乎. 亦: 부사

어떤 벗이 먼 곳으로부터 찾아오면 또한 즐겁지 아니한가?

○ 道也者, 不可須臾離也. 可: 조동사. 須臾: 부사

도란 것은 잠깐이라도 떠날 수 없다.

○ 材木, 不可勝用. 可: 조동사. 勝:부사

재목을 이겨(이루 다) 쓸 수 없다.

○ 寡人之民, 不加多, 何也. 加:부사

나의 백성이 더 많지 않은 것은 어째서입니까?

'不'字와 뒤의 動詞 · 形容詞 사이에 副詞가 삽입되어 있다. 動詞나 形容詞를 강조하기 위한 수단이다. '不'字의 기본적인 용도는 形容詞나 動詞를 否定하는 것이니, 이런 경우 파악을 잘 해야 한다. 물론 위의 例文의 경우; '不亦樂乎'를 '즐거움을 또 하지 않은가?' '不可須臾離也'를 '떠나는 것을 잠시도 할 수 없다.' '不可勝用'을 '사용을 이루 다 할 수 없다.' '不加多'를 '많음을 더 할 수 없다.'와 같이 해석해도 그 뜻은 통한다. 그러나 이럴 경우 앞의 對象을 目的語로 취하는 맨 뒤의 本 動詞(離, 用 등)가 名詞가 되어 버린다. 따라서 이는 副詞語가 介入된 것으로 보고, 副詞를 부사로 해석하고 本動詞를 동사로 풀이하는 것이 올바른 것이다. 不(亦)樂乎. 不可(須臾)離也.

9) '否'의 用例

○ 景子曰否, 非此之謂也.

경자가 말하기를, 아닙니다. 이것을 이른 것이 아닙니다.

○ 王曰否, 吾何快於是. 왕이 말하기를, "아닙니다. 내가 어찌 이것을 흔쾌히 여기겠습니까?"

○ 其本亂而末治者, 否矣. 그 本이 어지러우면서 末이 다스려지는

것은 (그러한 일은) 없다.

○ 否則誤事矣. 그렇지 않으면 일을 그르칠 것이다.

'否'는 어떤 말이나 대상에 대하여 부정할 때 쓴다.

10) 其他(微·靡·叵·鮮·罕·沒 등)

○ 微管仲, 吾其被髮左袵矣. 관중이 아니었다면, 내가 머리를 뒤집어쓰고 옷을 좌로 여미는 되놈이 되었으리라. 微: 無也, 非也. 與靡同.

○ 微斯人, 吾誰與歸. 范仲淹, <岳陽樓記>
이와 같은 사람들이 없다면 내가 누구에게 의지하며 살아갈 것인가?

○ 雖叵復見遠流, 其詳可得略說也.《說文解字敍》
비록 원류를 다시 볼 수는 없지만, 그 상세함을 대략 설명할 수 있다. 叵(파): 不可也.

○ 其爲人也孝弟, 而好犯上者 鮮矣.
그 사람됨이 孝弟하면서 윗사람에게 잘못하기를 좋아하는 자는 드물다.

○ 凡爲君者, 鮮不親近邪佞, 疎遠正直.
무릇 임금 된 자가 邪佞을 가까이 하고 正直을 멀리하지 않은 이가 드물다.

○ 雖雅相知, 罕得接見.
비록 평소에 서로 안다고 할지라도 접견할 수가 없었다.

○ 李廣出獵, 見草中石, 以爲虎而射之, 中石沒鏃, 視之石也.

이광이 사냥을 나아가 풀 속에 있는 바위를 보고는 호랑이인줄알고 쏘았다. 화살촉이 호랑이로 여긴 바위를 적중하여 속으로 들어가 버렸는데 살펴보니 바위였다(沒鏃 : 화살촉이 없어져 버리다).

'鮮', '罕' 등은 아주 적고 드문 수량을 나타내는 용어들이다. 간혹 完全否定으로 使用되기도 한데, 그러나 거의 없는, 아주 희박한 내용으로 볼 수 있다. 英語의 'few · seldom · little · rare · uncommon' 등과 相通한 用語들이라 할 수 있다. '沒'은 본래 物體가 물속에 빠져 사라진 것을 뜻하는 字인데, 여기서 引伸되어 '없다 · 사라지다' 등의 意味로 두루 쓰이게 되었다. 沒廉恥 : 염치가 없다. 沒人情 : 인정이 없다.

現代 白話文에서는 古文의 '無'자 대신 '沒'자를 주로 쓴다.

無有→沒有. 無用→沒用. 無關→沒關系 등.

11) 二重不定의 유형

이중부정의 표현은 내용상으로 부정문이 아니다. 오히려 강한 긍정을 요구하는 표현들이다.

내용으로는 부정이 아닌 긍정이지만 부정하는 詞를 사용한 구문이므로 아래에 예문을 들어보기로 한다.

(1) '無不'의 用例

○ 孩提之童, 無不知愛其親.

어린 아이도 자기 어버이 사랑할 줄을 알지 못함이 없다.

○ 禍福, 無不自己求之者.

재앙과 복은 자기로부터 부르지 않은 것이 없다.

'無不'은 二重否定으로 결국 강한 肯定을 나타내는 修辭法이다. 二重否定詞 '無不'을 빼버려도 뜻은 변하지 않고 통한다. 그런데도 이를 굳이 使用한 것은 甚히 强調하기 위한 修辭法이라 할 수 있다.

(2) '無~ 不~'

○ 無處不到. 곳마다 이르지 않은 곳이 없다.

○ 無遠不可至. 멀어도 이르지 못할 곳은 없다.

○ 無時不學. 수시로(어느 때나) 배우지 않음이 없다.

* 無識見不知義理. 식견이 없으면 의리를 알지 못한다.

이 역시 强調의 話法인데, 이때 '無'와 '不'자 사이에 놓인 字와 뒤의 動詞가 모두 强調되고 있다. 意味上 뒷 쪽에 위치할 것을 강조하기 위해서 倒置했다고 볼 수 있는 형식이다(無不到處).

한편 같은 구조라도 맨 끝의 例文처럼 '～이 없으면 ～할 수 없다'로 볼 수 있다. 위의 '處', '遠', '時'는 부사로 간주하여 풀이 한 것이고, '識見'은 명사로 보고 이것만을 '無'의 빈어로 본 것이다. '無不' 사이에 方向 · 場所 · 時間 등 副詞가 아닌 뚜렷한 名詞가 오는 경우인데, 文脈이나 前 · 後 단어의 相互關係를 살피고 事理를 분별하여 잘 풀이해야 할 것이다.

(3) '無~ 非~'

○ 無惻隱之心, 非人也.

측은한 마음이 없으면 인간이 아니다.

○ 無辭讓之心, 非人也.

사양하는 마음이 없으면 인간이 아니다.

'無~ 不~'의 표현과 차이점은 뒤의 '非'字이다. 일반적으로 '不'은 形容詞나 動詞에 영향을 미쳐서 狀態 · 動作을 否定하고, '非'는 뒤에 名詞가 와서 '~ (N)이 아니다'로 쓰인다. *동사로 쓰일 때는 '~을 그릇되이 여기다'(非之).

(4) '非~ 不~'의 用例

○ 我非堯舜之道, 不敢以陳於王前.

나는 요순의 도가 아니면 감히 왕 앞에 진언하지 않습니다.

○ 非其君不事, 非其民不使.

임금답지 않으면 섬기지 않고, 백성답지 않으면 부리지 않는다.

○ 非禮勿言, 非禮勿動.

예가 아니면 말하지 말고, 예가 아니면 행동하지 말라.

(5) '非不'의 用例

○ 城非不高也, 池非不深也.

성은 높지 않은 것이 아니요, 연못은 깊지 않은 것이 아니다.

(6) '莫非'의 用例

○ 尺地, 莫非其有也.

한 자의 땅도 그 소유 아님이 없다.

○ 一民, 莫非其臣也.

한 사람도 그 신하 아님이 없다.

(7) '不~ 不~'의 用例

○ 苟爲後義而先利, 不奪,不饜.

진실로 義를 뒤로하고 利慾을 앞세우면 빼앗지 않고서는 만족하지 않는다.

○ 不入虎穴, 不得虎子.

호랑이 굴에 들어가지 않으면 호랑이를 잡을 수 없다.

○ 故不登高山, 不知天之高也.

고로 높은 산에 오르지 않으면 하늘이 높은 줄을 알지 못한다.

○ 黎民不飢不寒, 然而不王者 未之有也.

백성을 굶주리지 않고 춥지 않게 하고, 그러고도 왕노릇 못한 자는 아직 있지 않습니다.

○ 君子不憂不懼.

군자는 걱정하지 않고 두려워하지 않는다.

(8) '莫不'의 用例

○ 南面而治天下, 莫不以敎化爲大務.

임금이 되어 천하를 다스림에 교화를 큰 임무로 삼지 않음이 없다.

南面 : 임금을 나타내는 말. 南向의 대궐에서 임금이 높은 자리 북쪽의 의자에 앉으면 南面을 하게 된데서 유래한 말.

○ 君仁, 莫不仁, 君義, 莫不義, 君正, 莫不正.

임금이 어질면 어질지 않음이 없을 것이요, 임금이 의로우면 의롭지 않음이 없을 것이요, 임금이 바르면 바르지 않음이 없을 것이다.

'莫不'은 '無不'과 같은 뜻으로 쓰이는데, '無不'보다 강한 뜻을 나타낸다. 二重否定形으로 내용상 강한 肯定의 强調用法이라 할 수 있다. '莫'은 最大 · 最高의 意味를 나타내는 데에 잘 쓰인다.

6. 時制

言語의 表現에서 時制는 매우 중요한 意味를 갖는다. 動作의 行爲가 現在인지 未來인지 過去인지를 나타내는 것은 意思傳達에 중요한 意味를 지니기 때문이다. 英語와 비교할 때 漢文은 時制의 表現이 까다롭지가 않다. 영어는 문장의 動詞에 時制를 나타낸다. 따라서 動詞를 보면 시제를 알 수 있다. 예를 들면 아래와 같다.

現在	過去	過去分詞
begin	began	begun
take	took	taken
know	knew	known

漢文은 때를 나타내는 副詞를 사용하여 時制를 나타낸다. 시제를 나타내는 부사어가 없으면 문장중의 행위동작이 이루어지는 당시의 과정과 상황, 그리고 생활의 일반적인 경험이나 이치로 추정해서 파악해야 한다.

1) 過去時制

過去의 時制를 나타내는 데 쓰는 詞는 대개 아래와 같은 것들이다.

嘗 · 已 · 旣 · 曾 · 昔 · 古 · 往 · 昨 · 向 · 嚮 · 曩 · 前 등.

이들 중 嘗·已·旣·曾 등은 動詞 앞에서 일반 副詞로 쓰이고, 昔·古·嚮·向·曩 등은 文頭나 句文 중에서 單詞나 合詞로 쓰기도 한데, 뒤에 '者'를 붙여 昔者·古者·嚮者·向者·曩者(曩日·曩時·曩歲·曩昔) 등의 독립구로 쓰일 때도 많다.

○ 金先生善談笑, 嘗訪友人家.

김선생은 우스운 이야기를 잘 하는데 일찍이 친구집을 방문하였다.

○ 蓋上世嘗有不葬其親者.

대개 옛날에 일찍이 그 어버이를 묻지 않은 자가 있었다.

○ 寡人已知將軍能用兵矣.

과인(나)은 이미 장군이 용병에 능하다는 걸 알았었다.

○ 旣往不咎.

이미 지나가버린 일이라 탓할 수도 없도다.

○ 昔, 黃相國喜, 微時行野, 息于路上.

옛날에 黃 相國 喜(황희정승)가 미천했을 때 들을 가다가 길가에서 쉬었다.

○ 昔者, 大王居邠, 狄人侵之, 去, 之岐山之下, 居焉.

옛날에 大王이 빈 땅에 살적에 오랑캐가 침략하거늘 그 곳을 떠나 기산 아래로 가서 살았었다.

○ 古之學者必有師.

옛날의 학자는 반드시 스승이 있었다.

○ 梁生, 突出而言曰 : 向者投狀, 爲何事也?

양생이 갑자기 나와 말하기를, 얼마 전에 글장을 던진 것은 무슨

일 때문이었는가?

○ 曏使宋人不聞君子之語則年穀未豐.

지난번에 宋人이 군자의 말을 듣지 않았다면 금년 곡식이 풍성하지 못했을 겁니다.

○ 曩者, 梵宮祈福, 佛殿燒香.

지난날 절에서 복을 기원하고 불전에서 향불을 피웠습니다.

○ 尹淮少時, 有鄕里之行, 暮投逆旅.

윤회가 젊은 시절에 鄕里를 가는 일이 있었는데, 날이 저물어 여관에 투숙하였다.(少時의 표현은 과거를 나타냄)

○ 巧言令色足恭, 左丘明, 恥之, 丘亦恥之.

말을 공교롭게 하고, 안색을 좋게 하려고 하고, 공손을 지나치게 함을 좌구명이 부끄럽게 여겼었는데(과거), 나(丘:공자)도 부끄럽게 여긴다(현재).

○ 齊人伐燕取之. 秦統合六國.(이미 이루어진 과거사실).

齊人이 燕나라를 정벌하여 취했다. 秦나라가 六國을 통합했다.

時間表示는 없어도 過去의 人物이나 過去의 歷史的 事實이면 자연히 過去時制가 된다. 이럴 때는 時間副詞를 쓰지 않는다. 이미 일어난 사실로 누구나 다 아는 사안에 대해 굳이 시제를 나타낼 필요가 없다고 본 것이다.

필요할 경우 時制를 나타내지만 일반적인 사안일 경우에는 讀者의 상식적인 판단에 맡긴 것으로 볼 수 있다.

2) 現在時制

(1) 現在狀況

현재의 상황을 그대로 나타내는 표현이다. 이는 現在 進行을 包含하는 內容일 수 있다.

我讀書. 나는 글을 읽는다.

我食飯. 나는 밥을 먹는다.

(2) 現在表示 副詞使用(今·時方·方今·方)

○ 大王常語汝必爲溫達之婦, 今何故改前言乎.

대왕께서 항시 '너는 반드시 온달의 아내가 될 것이다'라고 하시더니, 지금 어찌 전에 말을 바꾸십니까?

○ 今之衆人, 其下聖人也亦遠矣, 而恥學於師.

지금의 많은 사람들은 성인보다 낮음이 또한 심원한데도 스승에게 배우기를 부끄럽게 여긴다.

○ 蚌方出曝, 而鷸啄其肉.

조개가 방금 나와서 볕을 쬐고 있는데 물총새가 그 살점을 쪼았다.

(3) 習慣·禮節·教訓·風俗·不變의 眞理·一般規則

교훈이나 진리 등은 생활에 언제나 적용되는 말이기 때문에 특정한 시간을 나타내는 시간 부사어를 사용하지 않는다.

○ 盡人事, 待天命.

사람으로 할 수 있는 일을 다하고 천명을 기다린다.

○ 德不孤, 必有隣.

덕있는 자는 외롭지 않다. 반드시 이웃이 있다.

○ 仁者不憂, 勇者不懼.

어진 자는 근심하지 않고, 용기있는 자는 두려워하지 않는다.

○ 己所不欲, 勿施於人.

자기가 하고싶지 않은 일을 남에게 베풀지 말라.

○ 人皆好生惡死.

사람들은 살기를 좋아하고 죽기를 싫어한다.

○ 日月出於東而沒於西.

해와 달은 동쪽에서 떠서 서쪽으로 진다.

(4) 現在完了否定(未)

○ 小學而大遺, 吾未見其明也.

작은 것을 배우고 큰 것을 놓치니, 나는 아직 그의 현명함을 보지 못했다. 吾未見其明也 = I have never seen his wisdom.

○ 黎民不飢不寒, 然而不王者, 未之有也.

백성들이 굶주리지 않고 춥지도 않고 그렇게 하면서 왕노릇 못한 자는 아직 있지 않습니다.

○ 聞誅一夫紂矣, 未聞弑君也.

한 졸개인 紂를 죽였다는 말은 들었어도 임금을 죽였다는 말은 듣지 못했다.

未聞弑君也 = I have never heard the story that a minister killed his king.

구문에서 '未'는 '아직'의 표현을 사용하여 해석하면 좋다. '아직 ~하지 못했다'. '아직 ~한 적이 없다'. 부정을 나타내는 것으로 말하는 자가 지금까지 해보지 못한 경험을 나타낼 때 주로 사용한다.

3) 未來時制

未來時制는 現在를 基準으로 하여 이후의 行爲 · 動作을 나타내는 표현형식을 말한다. 대개 未來時制에 쓰는 용어는, 將 · 且 · 將來 · 來 · 明日(年) · 後 · 後日 · 後世 등 현재이후를 나타내는 시간부사어 이다.

○ 後之覽者, 亦將有感於斯文.
　후세에 보는 자도 또한 장차 이 글에 느낌이 있을 것이다.

○ 趙且伐燕, (蘇代爲燕, 謂惠王曰, 漁父之利).
　조나라가 장차 연나라를 치려고 하자, (蘇代가 연나라를 위하여 혜왕에게 일러주며, 어부지리를 말했다).

○ 吾何快於是, 將以求吾所大欲也.
　내가 어찌 이에 흔쾌히 여기리오, 장차 나의 크게 바라는 바를 구하려고 합니다.

○ 農民明年又耕田收穀.
　농민은 다음 해에 또 밭을 갈아 곡식을 수확할 것이다.

가정이나 조건문 같은 구문도 대부분 내용상 未來이다.

○ 若使天下兼相愛, 猶有不孝者乎.
　만약에 천하의 사람들이 아울러 서로 사랑한다면, 그런데도 불효자가 있겠는가?

○ 其如是, 孰能禦之.
　그것이 이와 같다면 누가 막을 수 있겠는가?

4) 進行形

漢文(古文)에서 進行形의 特別한 형식은 없다. 다만 前後의 文脈으로 進行이란 狀況을 把握할 수 있을 뿐이다.

○ 溫達戰於阿且城之下, 爲流矢所中. <溫達傳>
온달이 아차성 아래에서 싸우다가 날아 온 화살에 맞았다.

○ 秦王與趙王會飮, 令趙王鼓瑟. <史記>
진왕이 조왕과 함께 술을 마시며 조왕으로 하여금 비파를 치게 하였다.

위 문장의 내용을 보면 행위의 진행형임을 알 수 있다. 온달이 싸움을 진행하는 중에 화살을 맞았고, 진왕은 음주를 진행하는 중에 비파를 타게 한 것이다.

漢文에서 時制는 사실상 時間表示 副詞에 달려있다고 볼 수 있다. 英語처럼 動作의 發生時期를 動詞를 통해 뚜렷하게 표시하지 않고 過去, 現在, 未來를 나타내는 용어를 사용하여 包括的으로 말한다. 다만 動作의 完了 · 進行 · 持續 등의 表現이 必要할 경우 적절한 用語로 表示한다. 또 內容의 狀況을 讀者가 알 수 있을 것으로 미루어 確然한 時制의 표현을 하지 않기도 한다.

現代 白話文에서는 진행형을 나타내는 데 動詞 앞에 '在(正在)'를 놓는 방법을 취하여 통용하고 있다. (他在看電視: 그는 TV를 보고 있는 중이다. 他在吃飯 : 그는 밥을 먹고 있는 중이다).

7. 漢文과 英文의 文章形式 對比

한문과 영문은 문법적으로 相通한 구조를 많이 지니고 있으며, 각자는 東西양을 대표하는 글이라 할 수 있다. 영어는 다수의 국가가 사용하게 되어 오늘날 세계의 공통어가 되었고, 한문(漢語)은 지구상에서 가장 많은 인구가 사용하고 있다. 한문과 영문은 사용지역과 사용인구가 많을 뿐만 아니라 동서를 대표하는 언어이기 때문에 세계화 시대에 필수 학습의 대상이 되었다. 지구촌에서 활동하려면 이 두 언어의 학습은 꼭 필요하지만 특히 한국인은 지역의 특성이나 우리말의 어원적 입장에서 볼 때 한문을 더 중시하지 않을 수가 없다.

일반적으로 漢文과 英文은 구조적으로 비슷한 점이 많다고 말한다. 그렇다면 어느 한 쪽의 문법을 잘 이해하면 다른 하나도 이미 터득한 문법의 원리를 활용하여 보다 효과적으로 학습 할 수 있을 것이다. 새로운 외국어를 배울 때에 이미 배운 언어의 어법과의 대비학습은 지극히 좋은 방법이다. 오늘날 한국인은 영문학습에 치중하여 그 문법을 이해하고 있기 때문에 이를 한문학습에 활용하면 많은 도움이 되리라 믿는다. 한문을 이해하면 영문학습 또한 같은 방법으로 할 수 있을 것이다.

영문의 종류는 모두 5가지의 형식으로 분류한다. 한문에서 영문의 5가지 형식에 부합한 문형을 찾아 상호 대비하여 살펴보고, 아울러 영어의 5형식에 비하여 한문의 형식은 얼마나 다른 형식이 있는지 살펴보고자 한다.

1) 平敍文

漢文은 英文처럼 몇 가지 形式으로 規定하여 말할 수는 없지만 英文의 五形式에 相應하는 형식은 있다. 英文과 比較할 때 약간의 차이점이 있는 곳도 있지만 완전히 일치하는 유형이 많다. 일반 평서문의 例文을 들어 英文의 五形式과 對比해 보기로 한다.

(1) 主語+動詞 = 영문 1형식(S+V)

○ 月出. The moon rises.

○ 鳥鳴. A bird chirps(Birds chirp).

○ 狗走. A dog runs(Dogs run).

○ 日沒. The sun sets(sinks).

○ 雲滅. The clouds fade away.

○ 秋來, 樹葉黃落. When autumn has come, the leaves wither and fall down.

'주어+술어'의 구조로 볼 때 한문과 영문의 어순형식이 완전히 일치한다. 다만 영어는 주어 앞에 관형어가 와서 주어의 성격을 제한해 주고, 술어동사는 삼인칭(사물) 단수 현재시제에 따라 동사 뒤에 's'를 붙이기도 한다. 이는 영어의 세밀한 분별적 언어습관에서 온 것이다. 한문의 '鳥鳴' 과 '狗走'에서 '鳥'와 '狗'는 그들 족속을 지칭한 표현이다. 대표 단수나 복수형을 사용하지 않은 표현이기에 한 마리일 수도 있고 여러 마리일 수도 있다. 語尾 복수형 '輩', '等', '群' 등이 있으나 보통 사용하지 않는다. 특별히 마리 수를 밝힐 경우 앞에 숫자를 붙인다(예: 二鳥). 영어는 단어마다 단수 복수의 표시를 분명하게 한다.

한문은 영어처럼 자동사 타동사를 엄격하게 분류해 놓고 사용하지 않는다. 위에서 비교되듯이 주어나 동사의 쓰임이 한문은 포괄적이고 영어는 단수 복수 시제 등에 따라 세밀하게 나타내는 차이점이 있다. 동양인과 서양인의 생활습관이 언어상에 반영된 결과임을 알 수 있다.

단·복수 시제에 따른 문제는 별도로 치고 가장 기본적인 '주어+술어' 구조의 문장형식에서 한문과 영문이 어순상 일치하고 있다.

(2) 主語+形容詞述語 = 영문 2형식(S+V+C)

○ 樹葉靑. The leaves are green.

○ 山高水長. The mountain is high, and the river is long.

○ 菉竹猗猗.[14] The green bamboos are beautiful.

○ 唯人最貴.[15] Only human beings are the most precious.

○ 虎睿聖文武.[16] The tiger is sharp, holy, beautiful and courageous.

(3) 主語+名詞述語 = 영문 2형식(S+V+C)

○ 南昌故郡, 洪都新府.[17] Nam-chang is an old county, (while) Hong-do is a new district.

○ 孟軻鄒人也.[18] Maeng-Ga was a man of Thu country.

○ 孫順者 牟梁里人, 父鶴山.[19] Son-soon is a man of Mo-ryang vil-

---

14)《詩經》<衛風,淇澳篇>: 瞻彼淇澳 菉竹猗猗 有斐君子...

15)《童蒙先習抄》:天地間 萬物之衆 有人最貴 所貴乎人者...

16) 朴趾源, <虎叱>: 虎睿聖文武 慈孝智仁 雄勇壯猛 天下無敵.

17) 王勃, <滕王閣序>: 南昌故郡 洪都新府. 星分翼軫 地接衡廬.

18)《孟子》<序說>: 史記列傳 曰孟軻鄒人也.

19)《三國遺事》<孫順埋兒>

lage, and his father is Hak san(father'name is Hak san).

○ 勤儉治家之本, 和順齊家之本.[20] The industry and thrift is the source of making a home, and the harmony and favorableness is that of managing a home.

○ 酒中不語眞君子.[21] A man who doesn't make a noise over drinking is a true (virtuous) gentleman.

單語가 둘 이상 모여 文章을 이룬다. 漢文은 두 글자만으로도 文章이 잘 成立된다. 이들 主+述 構造는 가장 기본적인 문형이라 할 수 있다.

文章의 構造를 살펴보면, 主語+動詞, 主語+形容詞, 主語+名詞로 이루어져 있다. 英語의 경우는 動詞가 없으면 原則的으로 文章이 成立되지 않는다. 英語 五形式의 構造에 動詞 없는 유형은 없다. 그러나 漢文에서는 動詞 없이도 文章이 성립된다. 이는 文章內에서 形容詞와 名詞가 述語가 될 수 있기 때문이다.

上記 例文 (2)번의 경우 青·高·長·猗猗·最貴·睿·聖·文·武 들은 모두 形容詞로서 主語를 敍述하고, 예문 (3)번의 故郡·新府·鄒人·牟梁里人·鶴山·治家之本 등은 모두 名詞·名詞句인데, 이들 또한 主語를 敍述하고 있다.

말하자면 漢文에서는 動詞·形容詞·名詞가 述語가 될 수 있다. 形容詞가 述語가 될 경우 形容詞述語文, 名詞가 述語가 될 경우 名詞述語文이라 한다. 이들 形容詞述語文과 名詞述語文은 비록 동사는 없지만 英文의 2형식(S+V+C)과 內容的으로 일치한다.

---

20) 《明心寶鑑》 <立教篇>

21) 《明心寶鑑》 <正己篇>: 酒中不語眞君子 財上分明大丈夫.

이들의 文章을 英文法을 基準으로 하여 동사가 省略되었다고 볼 수는 없다. 古代로부터 漢文에는 이처럼 동사가 없는 文章도 있어 왔다(현대 중국어에서도 활용됨). 이런 점이 漢文과 英文의 표현법상의 차이점이다.

(4) 主語+動詞+補語 = 英文 2형식(S+V+C)

英文 2형식에 완전 일치하는 한문의 문형이 있다. 앞에서 살핀 '주어+형용사' 와 '주어+명사'의 형에 동사가 삽입된 형으로 영문 2형식과 형식상 일치한다. 이 때 述語動詞는 대개 '爲' · '是' 가 대표적으로 사용된다.

○ 林悌爲平安都事.[22] Lim-je became Pyung-An provincial governor.

○ 勤爲無價之寶, The industry is a treasure which can not fix the price.

○ 愼是護身之符.[23] The prudence is the warrant of protecting body.

○ 李生後化鶴. Mr. Lee finally became a crane.

○ 我非生而知之者.[24] I am not the man who knows everything from the birth.

○ 其人成佛. The man became a Buddhist saint.

'主語+動詞+補語(S+V+C)'의 形式이 英文의 2형식 基本型이다. 여기에 해당한 한문의 형식은 세 종류를 들 수 있다. 형식상으로 완

22) 柳夢寅,《於于野譚》<眞伊>: 今松都大路邊 有眞伊墓 林悌爲平安都事 過松都 爲文祭于其墓.

23)《明心寶鑑》<正己篇>

24)《論語》

전 일치한 '主語+動詞+補語(S+V+C)'의 형이 있고, 내용적으로 영문 2형식과 완전히 부합한 '主語+形容詞述語文'과 '主語+名詞形述語文'이 있다. 이점은 의사전달을 위한 수사형식으로 漢文의 유형이 英文보다 多樣함을 볼 수 있는 부분이다.

'爲'·'是' 이 외의 자도 경우에 따라 불완전자동사로 쓰여 영문 2형식에 해당하는 문형을 이루는 경우가 있다. '成', '作', '化爲' 등.

※ 이상의 영어와 한문에 나타난 큰 차이점은 형용사의 쓰임이다. 영어는 형용사가 앞에서 뿐만 아니라 뒤에서도 명사를 수식한다. 그러나 한문은 뒤에서 앞의 명사를 수식하지 않는다. 한문에서 형용사는 명사 앞에만 온다. 명사 뒤에 형용사가 오면 이것은 앞의 명사를 풀이하는 서술어가 될 뿐 관형격처럼 수식은 하지 않는다(앞의 형용사술어문 참고). 아래의 유형과 같은 것이다.

勤爲無價之寶. The industry is a treasure which can not fix the price.

我非生而知之者. I am not the man who knows everything from the birth.

'無價之寶'는 '無價之'가 앞에서 뒤의 '寶'를 수식한다
(값을 매길 수 없는 보물).
'生而知之者'는 '生而知之'가 앞에서 뒤의 '者'를 수식한다
(태어나면서부터 아는 사람).

이상에 나타난 바와 같이 영어는 관계대명사절, 부사절, 분사구문,

전치사구문 등 길고 다양한 수식어가 뒤에 붙어서 앞의 명사를 수식한다. 영어도 단순한 형용사는 앞에 위치하여 뒤의 명사를 수식한다{a green bamboo(綠竹), a beautiful flower(美花)}. 그러나 많고 긴 형용사는 모두 명사 뒤에 위치하여 앞의 명사(선행사)를 수식한다(관계부사절도 같음). 漢文(古文)과 오늘날 中國語에는 이와 같은 용법이 없다. 이점이 한문과 영어의 가장 큰 차이점이다.

(5) 主語+動詞+目的語 = 영문 3형식(S+V+O)

한문이 영문의 형식과 일치감을 갖게 하는 가장 핵심적인 유형이 '주어+동사+목적어(3형식)'의 형식이다. '동사+목적어'(약칭 '동목')의 어순은 한문과 영문의 핵심적인 구형이며 가장 많이 활용되는 대표적인 표현 형식이라 할 수 있다. 漢文은 영문과 달리 主語가 省略된 경우가 매우 많다. 동사의 주어가 일반 사람에 해당하면 주어를 생략한다. 한문에서 주어가 없는 '動詞+目的語'의 형식들은 모두 영문 3형식들이라고 볼 수 있다.

○ 智者樂水, 仁者樂山.[25] A wise man loves water, and a benevolent person loves mountain.

○ 寡人有疾, 好貨好色.[26] I have an incurable habit, and like property and sex.

○ 賜也, 爾愛其羊, 我愛其禮.[27] Sha! do you love the sheep? I love the code of ceremonies.

---

25) 《論語》 <雍也>: 知者樂水, 仁者樂山, 知者動, 仁者靜, 知者樂, 仁者壽.

26) 《孟子》 <梁惠王章句下>: 王如善之則何爲不行, 王曰寡人有疾寡人好貨...

27) 《論語》 <八佾>: 子貢 欲去告朔之餼羊 子 曰賜也, 爾愛其羊, 我愛其禮.

○ 我殿下創製正音二十八字.[28] Our king originated a real sound; 28 phonic alphabets.

○ 大塊假我以文章.[29] The great landscape provides me with writing sources.

○ 先生 不慕榮利, 好讀書.[30] The teacher doesn't pursue honor and profit, but enjoys reading books.

○ 先漢 親賢臣, 遠小人. The former Han dynasty liked wise ministers, and eschewed petty persons(officials).

○ 陛下 親之信之.[31] King loves them and trusts them. (King loves and trusts them).

한문이나 영문이나 기본 어순은 동사부터 말하고 목적어를 말한다.

한문의 문구는 일반인을 대상으로 말할 경우 주어를 보통 생략한다('緣木求魚' '溫故知新'). 그러나 영문은 형식상 구색을 맞추기 위해서라도 주어를 꼭 붙인다.

한문에는 동사가 연이어 사용되는 연동사의 문형이 있다. 이런 형식은 영문의 3형식과 같은 유형으로 볼 수 있다. 아래와 같은 유형이다.

○ 孩提之童知愛其親.《孟子》A baby knows loving his parents.

○ 樂道善言, 樂聞善事.《明心寶鑑》Like saying good words! Enjoy hearing good events! 道: say.

28) 鄭麟趾, <訓民正音序>

29) 李白, <春夜宴桃李園序>: 春召我以煙景, 大塊假我以文章.

30) 陶淵明, <五柳先生傳>: 先生不知何許人… 不慕榮利, 好讀書, 不求甚解.

31) 諸葛亮, <出師表>: 親賢臣遠小人 此先漢所以興隆也… 侍中尙書長史叅軍 此悉貞亮死節之臣 願陛下親之信之...

한문의 連動詞 구문인데, 영문은 원칙상 동사를 연접(連接)하여 표현하지 않는다. 즉, 구분을 분명히 하기 위해서 뒤의 동사를 부정사 또는 동명사(준동사)의 형태로 만들어 구별을 기한다. 따라서 한문에 연동사가 있는 문장을 볼 때는 뒤의 동사를 'To+V'(부정사) 또는 'V+ing'(동명사)의 형으로 보면 해석하기가 쉽다.

(6) 主語+動詞+間接目的語+直接目的語 = 영문4형식 (S+V+IO+DO)

이는 授與동사를 사용한 문장의 전형적인 형이다. 영어에서는 'give' 의 증여동사가 대표적으로 사용되는데 한문에서도 'give' 와 같은 의미를 가진 字가 영문과 똑같은 문형을 이루면서 사용된다.

- ○ 美人贈我金錯刀.[32] A beautiful woman gave me a golden knife.
- ○ 日本人贈薛聰詩序.[33] A Japanese man gave Mr. Seol-chong a poetry preface.
- ○ 與之庾! 冉子與之粟五秉.[34] Give him sixteen mals of grain! Yum-ja gave him five byungs of grain.
- ○ 我與若芧.[35] I (will) give you some acorns.
- ○ 乙支文德與隋將于仲文詩. Euljimundeok gave Soo general, Woojungmun a poem.

---

32) 張衡, <四愁詩 其一>: 美人贈我金錯刀. 何以報之英瓊瑤.

33) 薛聰, <花王戒>: 世傳日本國眞人 贈新羅使薛判官詩序云

34) 《論語》 <雍也>: 子華 使於齊 冉子 爲其母請粟 子 曰與之釜 請益 曰與之庾 冉子與之粟五秉...

35) 《列子》 <黃帝篇>: 宋有狙公者, 愛狙… 先誑之曰, 與若芧, 朝三而暮四 足乎. 若: 너. 당신.

○ 王乃賜(孫順)屋一區, The king finally gave Son-soon a house,

○ 歲給(之)粳五十石.[36] and every year, gave him fifty bags of rice.

○ 居, 吾語若友.[37] Have a seat! I will tell you a friendship(a story about friendship).

○ 眞德女王遣唐太宗五言古詩. Queen Jin-Duk sent Dang tae-jong an Oeon(五言) classical poem.

○ 后稷教民稼穡.[38] Hu-jik taught people how to cultivate cereals.

例示한 문형들은 영문의 4형식 문형과 語順上으로 같다. 특히 漢文에서 授與動詞를 사용한 文은 英語에서 授與動詞(give)를 사용한 文과 흡사함을 살필 수 있다. 이들 4형식의 文은 英文에서처럼 語順을 바꾸어 쓸 수도 있다. 즉, 뒤의 直接目的語를 앞으로 倒置하고 間接目的語 앞에 前置詞를 붙여 뒤쪽으로 놓는 方法이니, 'S + V + IO + DO'의 형식을 'S + V + DO + to + IO'의 3형식으로 바꾸어 쓸 수 있다. 예를 들면 아래와 같다.

美人贈我金錯刀 → 美人贈金錯刀於我.

A beautiful woman gave a golden knife to me. '於 = to'

乙支文德與隋將于仲文詩 → 乙支文德與詩於隋將于仲文.

Euljimundeok gave a poem to Soo general, Woojungmun.

王賜孫順屋一區 → 王賜屋一區於孫順.

The king gave a house to Son-soon.

---

36) 《三國遺事》 <孫順埋兒>: 王曰昔…乃賜屋一區, 歲給粳五十石 以尙純孝焉.

37) 朴趾源, <穢德先生傳>: 蟬橘子笑曰 居 吾語若友 里諺有之...

38) 《孟子》 <滕文公上>

漢文에서는 4형식 構文에서 動詞 뒤에 間接目的語(IO)가 省略되는 경우가 많다. 앞에 그 대상이 나와 있을 경우에 보통 생략한다. 예문 '王乃賜(孫順)屋一區, 歲給(之)粳五十石'에서 간접목적어는 '孫順:之'이며 어순상 (之)에 해당한다. 영문은 이처럼 생략하지 않는다. 주어나 목적 대상이 정해지거나 알 수 있으면 생략하는 것이 한문의 표현 방식이고, 문의 형식을 갖추기 위해 제 모양의 격식을 취하는 것이 영문의 표현 방식임을 알 수 있다.

(7) 主語+動詞+目的語+補語 = 영문 5형식(S+V+O+C)

한문에도 英文의 5형식과 어순이 같고 수식구조가 일치하는 문형이 있다. 이 구조는 주어 동사 뒤에 목적어와 목적격보어로 이루어진 형식인데, 이런 성격의 구조를 갖는 형식은 대부분 영문 5형식에 해당하는 문형으로 알아볼 수 있다.

○ 五色令人目盲, Various colors make people's eyes blind,

○ 五音令人耳聾.[39] Various sounds make people's ears deaf.

○ 百姓之謂我愛也.[40] People may think(call) me a miser.

○ 孰謂微生高直.[41] Who thinks(calls) Mi-sanggo honest?

○ 何其使斯民飢而死也?[42] Why do you make these people hungry and die?

○ 余助苗長矣.[43] I made the plants tall.(I helped the plants grow.=3형식).

---

39) 《老子》 <十二章>

40) 《孟子》 <梁惠王章句上>: 我非愛其財而易之以羊也 宜乎百姓之謂我愛也.

41) 《論語》 <公冶長>: 子 曰孰謂微生高直 或乞醯焉 乞諸其隣而與之.

42) 《孟子》 <梁惠王章句上>

43) 《孟子》 <公孫丑上>

○ 楚王發見其人無罪. Cho nation's king found him innocent.

○ 我未聞他罵人. I have never heard him speak ill of others.

漢文에서 英文 5형식에 相當한 文의 構造는 대부분 '主語+(知覺 · 使役)動詞+目的格+形容詞(名詞)'나 '主語+(知覺 · 使役)動詞+目的格+動詞+目的語'의 형식이라 할 수 있다.

이는 目的格 뒤의 形容詞(名詞)나 動詞+目的語가 目的格補語가 될 수 있기 때문이다.

한편 漢文에서는 위에서 例示한 '主語+(知覺 · 使役)動詞+目的格+動詞+目的語'의 형식을 3형식으로 볼 수도 있다. 왜냐하면 目的格을 主格으로 보면 그 이하가 名詞節이 되기 때문이다.

예를 들면, 例文 '我未聞他罵人'에서 '他罵人'의 부분을 上記의 見解와 달리 목적격(他)을 주격으로 여겨 '主語+動詞+目的語' 관계로 보면, 'I have never heard that he spoke ill of others'로 볼 수 있고, '楚王發見其人無罪'의 '其人無罪' 부분 역시 그렇게 볼 때, 'Cho nation's king found that the man was innocent(had no guilt)'로 볼 수 있으니, 이럴 경우 3형식 문장이 된다. 그러나 意味上으로 보면 知覺 · 使役動詞의 뒤에 目的語+形容詞나 目的語+動詞+目的語의 構造[44]는 目的格과 補語의 意味를 지니기 때문에 英文의 5형식 구조로 볼 수 있는 것이다.

'主語+(知覺 · 使役)動詞+目的格+形容詞(名詞)'의 형식이 英文 5형식과 완전 一致하는데, 이 역시 뒤 '目的格+形容詞' 부분을 '主語+述語' 관계로 보면 3형식이 될 수 있다. 漢文은 形容詞述語文이 있

44) '주어+지각 · 사역동사+목적어+동사+목적어'의 형식은 뒤의 동사가 'to'가 생략된 원형부정사의 구조임.

기 때문에 그렇게 볼 수도 있는 것이다. 그러나 목적격 뒤에 형용사가 올 경우는 文의 형식이나 內容面에서 볼 때 英文의 5형식에 잘 맞는 유형이라 할 수 있다.

이렇게 兩面으로 볼 수 있는 이유는, 英語는 主格(He) 目的格(Him)의 形態가 분명히 있는데 반해 漢文은 主格(他) 目的格(他)의 語形變化가 없기 때문이다(主格形=目的格形).

이상 英文의 基本形式에 따라 漢文의 문형을 살펴보았는데, 英文形式으로 漢文의 모든 문형을 상세히 說明할 수는 없다. 省略과 倒置가 수없이 이루어지고, 句節의 變化가 많은 것이 漢文 文章의 특징이기 때문이다. 그러나 漢文과 英文은 基本的으로 語順이나 文의 構造上 공통점이 매우 많다고 할 수 있다.

이상은 평서문을 중심으로 한문과 영문의 형식을 대비하여 살펴보았다. 이밖에도 사역문, 감탄문, 명령문의 표현형식이 상호 유사하다. 아래에서 그 유사점을 살펴볼 수 있다.

2) 使役文

한문의 사역동사는 使 · 令 · 命 · 遣 · 敎 · 俾 등이 잘 쓰이며, 이밖에도 명령이나 훈계하는 유형의 동사들이 사역동사로 사용되기도 한다. 영어는 'Let', 'make', 'have' 들이 대표적인 사역동사이다. 사역문의 구조는 '주체가 객체로 하여금 ~ 하게 하다'와 같은 형이 일반적이다.

○ 使我爲盜.[45] Let me commit a theft(Let me be a thief).

45) 朴趾源, <兩班傳>: 富人中其券, 而吐舌 曰已之已之! 孟浪哉! 將使我爲盜耶!

○ 使天下仕者, 皆欲立於王之朝.《孟子》Let all of officials want to participate in your administration.

○ 夫何使我至於此極也?[46] Why let me arrive at this distress?

○ 令趙王鼓瑟.[47] Let the king of Cho-state play the lute.

使役文은 英語의 使役文과 형식상 완전 일치한다.

令趙王鼓瑟 = 令(Let)趙王(the king)鼓(play)瑟(the lute).

夫何使我至於此極也?= 何(Why)使(let)我(me)至(arrive)於(at)此(this)極(distress)也?

영어의 사역동사는 'let', 'make', 'have' 로 한정되면서 'let'를 대표적으로 쓰지만 한문의 사역동사는 약간 많은 편이다.

漢文이나 英文나 使役文의 構造는, '(使役人)+使役動詞+被使役目的語+動詞+目的語'의 형식이 일반 형식이다. 英文의 경우 앞에 사역동사가 오면 뒤쪽의 동사는 반드시 原形動詞를 쓰는 원칙이 있다. 한문이나 영문이나 專用 使役動詞를 사용하지 않고도 내용상 使役文을 이루는 경우도 있다.

3) 感歎文

○ 嗚呼! 勝地不常….[48] Ah! A scenic spot is not eternal…

○ 惡! 是何言也.[49] Oh!, What does it mean?

46)《孟子》<梁惠王章句>

47)《史記》<廉頗藺相如列傳>: 秦王與趙王會飮, 令趙王鼓瑟.

48) <滕王閣序>: 嗚呼! 勝地不常 盛筵難再 蘭亭已矣 梓澤丘墟.

49)《孟子》<公孫丑上>: 惡! 是何言也!

○ 噫! 天喪予! 天喪予![50] Ah! Heaven hinders me! Heaven hinders me!

○ 孝哉! 閔子騫![51] Oh, dutiful! Min Ja-gun!(How dutiful he is!)

예문에서 살펴본 바와 같이 한문과 영문의 감탄문은 어순이 대략 일치한다. 탄사를 앞에 쓰고 뒤에 감탄요인을 서술하는 형식이다.

4) 命令文

○ 勿謂今日不學而有來日.[52] Don't say "Although(If) I do not study today, I have an opportunity to study tomorrow."

○ 施恩勿求報.[53] If you bestow a favor on a person, don't think(demand) any repayment.

○ 疑人莫用.[54] If you distrust a man, don't employ him.

○ 已之已之! 孟浪哉![55] Stop it, stop it(Don't mention it)! That's too bad!

○ 居! 吾語若友.[56] Have a seat! I will tell you a friendship.

○ 不患人之不己知 患不知人也. Don't care that people do not ap-

---

50)《論語》: 顔淵死, 子曰: 噫! 天喪予! 天喪予!

51)《論語》<先進>: 孝哉! 閔子騫 人不間於其父母昆弟之言.

52)《明心寶鑑》<勤學篇>: 勿謂今日不學而有來日, 勿謂今年不學而有來年.

53)《上揭書》<存心篇>: 施恩勿求報 與人勿追悔.

54)《上揭書》<省心篇>: 疑人莫用 用人勿疑.

55) 朴趾源, <兩班傳>: 富人中其券, 而吐舌曰 : 已之已之! 孟浪哉! 將使我爲盜耶!

56) 朴趾源, <穢德先生傳>: 蟬橘子笑曰 居 吾語若友 里諺有之...

preciate me, but (care) that I do not appreciate people.

○ 與之釜.[57] Give him a Bu of rice(grain).

명령문은 한문과 영문이 거의 동일한 형태를 취한다. 동사(命令詞)가 앞에 오고 被命者를 생략하는 것이나 금지를 명할 때는 禁止詞를 문두에 사용하는 것까지 모두 일치한다.

금지를 명할 때는 영어에서 보통 본동사 앞에 'Do not(Don't)'을 붙이는데, 한문에서도 이와 같은 의미를 지닌 '勿', '莫', '毋', '不' 등의 자를 동사 앞에 사용한다.

이상에서 한문과 영문의 표현 형식상 유사한 점을 대비하여 보았다. 상호 다른 점도 많은데, 한문은 영어처럼 기본 형식은 갖추고 있지만 字句의 생략, 도치, 평측, 압운, 대우 등 수사법이 다양하고 단어, 어휘 사용에도 융통성이 많다. 영문에는 문장에 허사가 없는데 반해 한문에는 접두어 접속어 접미어 등 허사를 많이 쓴다. 접두어는 영문에서도 부사형식을 빌어 종종 나타내고 접속어는 잘 쓰기도 하지만 접미어(語氣詞)는 사용하지 않는다.

영문은 마침표, 쉼표, 느낌표, 의문표 등 부호를 사용하여 문장의 단위를 구분하고, 한문은 내용의 단위를 중심으로 하지만 형식면에서 押韻, 對偶, 字句 맞춤, 對等句, 接續詞(連詞), 語尾助詞(語氣詞) 등으로 문장의 단위를 구분한다. 결국 두 문형이 기본형식은 유사한 점이 있지만 표현 기교의 다양성 면에서는 차이가 있다고 하겠다.

영어의 어법은 지나칠 정도로 세부적인 규율을 요구하므로 배우기

---

57) 《論語》 <雍也>: 子華-使於齊 冉子-爲其母請粟 子曰 與之釜 請益 曰 與之庾...

에 까다로운 점이 있지만 알고 나면 정확히 분석할 수 있어서 알아보기가 쉽고, 한문은 영어에 비해 규율적용이 까다롭지 않아서 누구나 쉬운 듯 배우지만 간간이 애매한 입장에 처하게 되어 정확한 분별력이 요구되는 때가 있다. 법칙과 규율을 세워 원칙적으로 문법을 지키며 사용하는 것이 영어이고, 법칙은 있지만 언어적 交感을 바탕으로 생략하거나 도치하는 등 다양한 융통성을 구사하는 것이 한문이다.

영어는 단어를 용도별로 구분하여 사용한다. 예를 들어 전치사를 보아도 'on', 'in', 'at', 'to', 'between', 'among', 'under', 'over' 등 적재적소에 맞는 전치사를 쓰지만 한문은 그와 달리 '於'로 거의 모두를 표현할 수가 있다. 의문사도 영어는 세부적으로 나누어 사용하지만 한문은 轉用의 융통성이 있다(what, why, how = 何).

영문은 한문보다 용어나 문법이 세부적으로 규정화 되고 준칙을 요구한다. 그러나 작문을 하려면 영문은 법칙만 따르면 됨으로 쉽게 할 수가 있고, 한문은 선택의 폭이 넓어서 오히려 어려운 점이 있다.

언어 문장 속에는 그 민족의 특징이 반영되어 있는 것 같다. 서양인은 치밀, 엄격, 준칙, 명확성이 돋보이고 동양인은 통합, 융통, 편리, 다양성이 돋보이는데 양자는 상대적으로 이와 반대되는 면에 단점이 있다고 볼 수 있다. 민족의 성격과 생활 의식이 언어 속에 반영된 결과라 할 수 있다.

第三章
虛詞論

한문문법을 논할 때 흔히 虛詞를 말한다. 虛詞는 實詞에 상대되는 표현으로 의미상 문장에서 없어도 될 詞인 것 같지만 그것은 아니다. 문장을 이루는 데에 공식적으로 사용하는 詞들이므로 이들도 문장구성에 필요한 사이다. 문장에서 實詞는 그 뜻을 아는 것이 중요하지만 虛詞는 그 用法을 아는 것이 중요하다. 한자·한자어를 아무리 많이 알아도 허사의 용법을 모르면 한문의 문장을 제대로 해석할 수가 없다. 때문에 문법적으로도 매우 중요하게 다루는 것이 허사의 용법이다.

허사는 그 단독으로는 쓰이지 못하고 실사와 더불어 구절이나 문장을 구성하여 여기에 의미를 부여하는 중요한 역할을 한다. 문장구성의 고리역할을 할뿐만 아니라 구문의 의미까지 만들어주므로 한문 학습자가 반드시 우선 알아야 할 대상들이다.

Ⅰ. 連詞類

連詞(接續詞)[1]는 前後의 구문을 이어주는 역할을 한다. 이는 獨立的으로는 句나 文章의 성분을 이루지 못하고, 구문을 형성하는 보조작용을 할 뿐이다. 이는 實詞, 詞組, 分句 등을 聯關시켜 句 · 節 · 文을 이루게 하고, 또 文章과 文章을 이어주는 역할도 한다.

※ 虛詞의 쓰임을 비롯하여 제반 구문 접속의 구조를 알아보기로 한다.

1. 竝列(等位)

주로 사용되는 접속사는, 與 · 而 · 及 · 且 · 又 · 以 · 亦 · 若 · 曁 등이 있다.

○ 富與貴, 是人之所欲也.《論語》<里仁>
부와 귀는 사람들이 바라는 바이다.

1) 한국에서 '接續詞'를 중국어법에서는 '連詞'로 칭함.

○ 弟子 入則孝 出則弟 謹而愼.《論語》<學而>

애들아 집에 들어가면 부모에게 효하고 밖에 나가면 윗사람들 잘 모시며 몸가짐을 조심히 하고 신중하게 하라.

○ 此地有崇山峻嶺 茂林修竹, 又有淸流激湍 映帶左右. 王羲之, <蘭亭集序>

이곳에는 높은 산 험준한 산봉우리들이 있고 무성한 숲과 길게 자란 대나무들이 있으며, 또 맑은 물의 여울이 있어 빛과 경치가 좌우 서로 비치고 어우러져 있다.

○ 予及汝偕亡.《孟子》<梁惠王章句上>

나는 너와 함께 망하겠다. 予及汝: 나와 너.

○ 若有作姦犯科 及爲忠善者, 宜付有司 論其刑賞 以昭陛下平明之理. <出師表>. 及: 및.

만약에 간악한 일을 하거나 법에 저촉하는 행위를 하는 자 및 충성하고 착한 일을 하는 자가 있으면, 마땅히 담당관에게 맡겨 벌을 주어야 할지 상을 주어야 할지를 가려서 처리토록 하여 임금님의 공평하고 현명한 다스림을 드러내야 합니다.

○ 治世之音 安以樂.[2]

잘 다스려진 세상의 음악 소리는 편안하고 즐겁다. '以'의 용법 참고.

○ 先生不知何許人 亦不詳其姓字.[3] 陶潛, <五柳先生傳>

선생은 어떤 사람인지 알 수 없고, 또한 그 이름도 자세하지가 않다.

---

2) <毛詩序> : 治世之音 安以樂 其政和, 亂世之音 怨以怒 其政乖, 亡國之音 哀以思 其民困.

3) 何許人의 '許'는 '쯤', '정도'를 나타내는 뜻이다. 쯤 허, 정도 허.

○ 凡子厚名氏與仕與年暨行己之大方，有退之之誌若祭文在.[4] 劉禹錫, <柳子厚文集序>

무릇 자후(柳宗元)의 이름과 벼슬과 나이 및 행세했던 대략적인 내용은 한퇴지가 쓴 묘지와 제문에 기록되어 있다. '與'·'暨'·'若' : and.

2. 順接

대개 순접으로 사용되는 접속사로는, '而' · '則' · '乃' · '遂' · '仍' 과 같은 종류가 있다.

○ 敏於事而愼於言.《論語》<學而>

일에 부지런하고 말하는 데에 조심한다.

○ 不遠千里而來.《孟子》<梁惠王章句上>.

천리를 멀게 여기지 않고 오다.

○ 屈原放逐, 乃賦離騷. 司馬遷, <報任少卿書>.

굴원은 쫓겨나서 마침내 이소(<離騷>)를 지었다.

○ 孟母曰 此眞可以居子矣, 遂居之.《史記》

맹자 어머니가 "이곳이 정말 자식을 기를만한 곳이다"라고 하고, 마침내 그 곳에서 살았다.

※ 順接의 역할을 하는 '則'은 한문에서 매우 자주 사용된다. 이에 대한 전반적인 사용례를 살펴보기로 한다.

4) 楊伯峻 著, 윤화중 옮김,《중국문언문법》, 청년사, 142面 再引用.

1) 條件·假定

○ 若得遊於陛下之造化爐錘間 而刮垢磨光 則其資質 當漸露矣[5].

만약에 임금님의 조화노추간에서 놀게 되어 때를 벗고 빛을 낸다면 그 자질이 점차 드러나게 될 것입니다.

○ 以責人之心責己則寡過, 以恕己之心恕人則全交.《明心寶鑑》

남을 책망하는 마음으로 자기를 책망한다면 허물이 적을 것이요, 자기를 용서하는 마음으로 남을 용서한다면 교제를 완전하게 할 것이다.

○ 形不勞則怠惰易弊, 心不憂則荒淫不定.《明心寶鑑》

몸체가 수고롭지 않으면 게을러져서 허물어지기 쉽고, 마음은 걱정을 하지 않으면 (행동이) 거칠고 음탕해져서 안정되지 않는다.

○ 學而不思則罔, 思而不學則殆.《論語》

배우기만 하고 생각하지 않으면 망하고(自得한 것이 없고), 생각만 하고 先覺者에게 배우지 않으면 (그 방향 · 결과가) 위태롭다.

○ 哀公 問曰何爲則民服, 孔子 對曰擧直錯諸枉則民服, 擧枉錯諸直則民不服.《論語》

애공이 물어 말하기를 "어떻게 하면 백성들이 복종을 할까요?" 공자가 대답하여 말하기를 "直을 擧하고 諸枉을 錯하면 民이 服하고, 枉을 擧하고 諸直을 錯하면 民이 不服합니다. 註) 服: 따르다. 복종하다. 擧: 들어 쓰다. 기용하다. 直: 정직한 사람. 錯: 물리치다. 쓰지 않다. 枉: 그릇된 사람. 諸枉: 여러(모든) 그릇된 사람들.

---

5) 林 椿, <孔方傳>: 相工熟視良久曰 山野之質 雖蕪苴不可用 若得遊於陛下之造化爐錘間 而刮垢磨光 則其資質 當漸露矣. 造化爐錘間: 형체를 새로 만드는 대장간. 임금님의 영향을 받는 사이(위치)를 말함.

대개 가정법이나 조건절 구문의 文頭에는 '若' · '如' · '苟' · '使' · '假使' · '假令' 과 같은 접두사가 흔히 사용된다.

2) 日常的 習慣·眞理

○ 入則孝, 出則弟. 집에 들어오면 부모에게 잘하고, 밖에 나가면 윗사람에게 잘 해야 한다.

○ 月滿則虧, 物盛則衰. 달이 차면 기울고, 사물도 성하면 쇠한다.

이는 조건문이나 가정문과 같은 성격을 지니고 있다고 볼 수 있다.

3) 說明의 對象(名詞+則)

○ 他植者則不然. 다른 식목자들은 그렇게 하지 않는다. 柳宗元<種樹郭橐駝傳>.

○ 今則非也. 지금은 그렇지 않다. <花王戒>.

○ 中心則瞍然. 속마음은 밝았다. <溫達傳>.

○ 魯則重禮敎. 노나라는 예교를 중시하였다. <論語註>.

○ 此則寡人之罪也. 이것은 나의 잘못이다.《孟子》.

이는 어떤 對象을 지목하여 설명을 할 경우이다. '則' 앞에 설명하고자 하는 대상을 설정하고 뒤에서 설명을 하는 형식이다(名詞+則+述語).

4) 動作의 完了

○ 公主對曰: "古人言 '一斗粟猶可舂, 一尺布猶可縫', 則苟爲同心, 何必富貴然後可共乎." <溫達傳>

공주가 대답하며 말하기를, "옛날 사람들이 말하기를 '한 말의 곡식도 방아 찧을 수 있고, 한 자의 베도 바느질할 수 있다'고 했으니, 진실로 같은 마음을 가진다면 어찌 부귀한 뒤에만 함께 할 수 있습니까?"

○ 賢者 與民竝耕而食 饔飧而治, 今也 滕有倉廩府庫 則是厲民而以自養也 惡得賢.《孟子》<滕文公章句上>

어진 임금은 백성들과 더불어 함께 농사를 지어 먹고 밥을 해먹으며 정치를 하는 것인데, 지금 등나라에는 곡식을 저장하는 창고가 있으니, 이는 백성들을 힘들게 하여 자신(임금)을 봉양함이니, 어찌 어질다 할 수 있으리오?

○ 往而見之, 則其人已滅矣.

가서 보니, 그 사람은 이미 없어졌다.

이 경우는 動作의 完了나 過去時制로서, 가정 · 조건문에서 '則' 앞의 '~면', '~이면'의 懸吐나, 대상을 설명할 경우 '則' 앞의 '~은(는)' 의 懸吐와는 달리 '~하니' 의 吐가 사용됨을 알 수 있다.

3. 逆接

○ 貧而無諂, 富而無驕.《論語》

가난해도 아첨하는 일이 없고, 부자라도 교만부리는 행위가 없다.

○ 百里, 小國也. 然 能行仁政, 則天下之民, 歸之矣.《孟子集註》<梁惠王上>

백리규모의 땅은 작은 나라이다. 그러나 어진 정치를 행한다면 천하의 사람들이 그곳으로 돌아갈 것이다. 然 : 그러나(그렇다 할지라도).

대개 역접으로 사용되는 접속사로는, '而'·'抑'·'却'·'然'·'然而' 등의 종류가 있다.

'而'字 自體에 英文의 順接 'and'와 逆接 'but'의 뜻이 들어 있는 것은 아니다. '而'字는 前後의 句文을 이어주기만 할 뿐이다. 다만 구문 前後의 內容이 같은 性格이면 順接關係가 되고, 內容의 性格이 相反되면 逆接關係가 된다. 그 자체가 뜻을 지니고 있지 않기 때문에 어떤 경우는 順接이나 逆接으로 表現해도 모두 通하는 경우가 있다.

重要한 것은 前後 句文의 내용이 一脈相通한 것만을 이어준다는 사실이다. 때문에 '而' 접속사 전후는 그렇게 보아야 한다. 예를 들어, "지구는 태양을 돈다" 而(그러나 · 그리고) "이순신은 영웅이다"라는 식의 內容에다 接詞로 쓰지 않는다. 당연히 "지구는 태양을 돈다" 이후에, "그러나(而:but) 천천히 돈다"라든지, "그리고(而:and) 自轉도 한다"라든지 앞 內容과 相通한 關係를 가져야 한다. 이렇게 볼 때 '而'는 문장중의 쉼표(,)와 같은 성격으로 보면 오히려 쉽게 보일 때가 많다.

英語의 'and', 'but' 또한 이와 同一한 意味를 지니고 있다. 다만 漢文은 한 字(而)로 兼用하고 英語는 두 單語(and · but)로 細分되었을 뿐이다. 'and', 'but'도 알고 보면 相互 同質性이다.

4. 漸層

○ 匹夫猶不欲食言, 況至尊乎. <溫達傳>

보통 사람도 헛말을 하지 않으려고 한데, 하물며 왕의 입장에서야!

○ 古人秉燭夜遊, 良有以也, 況陽春召我以煙景, 大塊假我以文章. 李白, <春夜宴桃李園序>. 옛날 사람들이 불을 들고 밤에까지 놀았던 것은 진실로 까닭이 있었다. 하물며 따뜻한 봄이 아름다운 경치로 나를 부르고 자연의 대지가 나에게 문장을 하라고 하는 데 있어서야!(나가 즐기지 않을 수 있겠는가?)

○ 是故 聖益聖 愚益愚. 韓愈, <師說>

이런 까닭에 성인은 더욱 성인답게 되고 어리석은 이는 더욱 어리석게 된다.

○ 此山旣高又大 : 此山旣高且大 : 이 산은 높고 또 크다(높은데다가 크기까지 하다).

旣A又(且)B : A한데다 B까지 하다.

점층적인 접속사로는, 且(게다가 또), 而況 · 況(하물며 ~하는데야!), 加 · 益 · 更(더욱 · 더), 旣~ 又~ (~ 한데다 ~ 까지 하다), 愈~ 愈~ · 越~ 越~ (~ 하면 할수록 더 ~ 하다) 같은 종류가 있다.

5. 因果

○ 宅邊有五柳樹, 因以爲號焉. 陶潛, <五柳先生傳>

집 주변에 다섯 그루의 버드나무가 있는데, 그로 인하여 그렇게(오류선생이라고) 부르게 되었다.

○ 王者不却衆庶, 故能明其德, 是以地無四方 民無界國. 李斯, <諫逐客書>

왕 하는 자는 사람들을 물리치지 않으니, 그러므로 그 덕을 밝힐 수 있습니다. 이런 까닭에 왕의 지역은 사방의 한계가 없고, 백성은 나라를 경계로 함이 없는 것입니다.

○ 家貧衣百結 故人號謂東里百結先生. <東史綱目>

집이 가난하여 옷을 백여 곳이나 기워 입었다. 그러므로 사람들이 동리 백결선생이라 불렀다.

○ 孔子曰三人行 則必有我師 是故 弟子不必不如師 師不必賢於弟子. <師說>

공자가 말하기를, "세 사람이 가는 데에 반드시 나의 스승이 있다"라고 하였으니, 이런 까닭에 제자라고해서 반드시 스승보다 못한 것이 아니고, 스승이라고 해서 꼭 제자보다 어진 것만은 아니다.

○ 墨者 儉而難遵, 是以其事不可徧循, 然其彊本節用 不可廢也.《史記》<太史公自序>. 墨家가 주장하는 것은 검약하여 준수하기가 어렵다. 이런 까닭에 해야 할 일을 두루 다 좇아 해낼 수가 없다. 그러나 그 근본을 굳게 따르며 아끼면서 낭비를 절제하는 점은 버릴 수 없는 것이다.

대개 인과로 사용되는 접속사는 '因' · '由' · '以' · '故' 와 같은 종류가 있다. '是以', '是故'는 虛詞로 볼 수 없고, 관용적인 접속사 숙어이다.

6. 讓步

雖·雖然·然則·縱·若·只使·雖~亦(而)

- 父母敎而不學 是子不愛其身也. 雖學而不勤 是亦不愛其身也.《古文眞寶》<勸學>

  부모가 가르침을 베풀어 주는데도 배우지 않으면 이는 자식이 자신을 아끼지 않는 것이다. 비록 배울지라도 부지런히 배우지 않으면 이 또한 그 자신을 사랑하지 않는 것이다.

- 事雖小 不作不成.《明心寶鑑》<訓子篇>

  일이 비록 작을지라도 하지 않으면 이루지 못한다.

- 國一日被攻, 雖欲事秦. 不可得也.

  나라가 하루아침에 공격을 당하였으니, 비록 진나라를 섬기고 싶어도 할 수가 없다.

- 家若貧 不可因貧而廢學.《古文眞寶》<勸學>

  집이 가난할지라도 가난 때문에 배움을 그만두어서는 안된다.

양보를 나타내는 표현은 대개 "비록~한다 할지라도"의 양보절을 나타내고 이후에 귀결절을 나타내는 형식이다. 영문의 'Though', 'Although', 'if' 가 유도하는 양보절과 같은 유형이다. 한문에서는 '雖'가 가장 많이 사용된다.

반드시 양보를 나타내는 어휘를 사용하여 양보절을 만드는 것은 아니다. '雖', '若' 등의 양보에 사용하는 어휘를 생략하고도 양보구문을 나타내기도 한다. 例) 終身行善 善猶不足, 一日行惡 惡自有餘. 종신토록 선을 행할지라도 선은 오히려 부족하고, 단 하루 악을 행할지라도 악은 스스로 남음이 있다.《明心寶鑑》

7. 選擇

○ 南方之强與? 北方之强與? 抑而强與?·《中庸》

남방의 强인가? 북방의 강인가? 아니면 너(而)의 강인가?

○ 或是或非. 옳은 것 같기도 하고 그른 것 같기도 하다. 어떤 것은 옳고 어떤 것은 그르다. 어떤 사람은 옳다하고 어떤 사람은 그르다 한다.[6]

選擇(決擇) 접속사는 대개 '抑'·'或'·'還'(or, otherwise) 같은 종류가 사용된다.

이상 例示한 접속사들은 각자 대등 순접 역접 등 여러 가지로 분류 예시하였지만 서로 通用되는 경우가 많다. 接續詞는 그 自體的으로 文章 구실을 하지는 못하지만 文章을 이루고 文의 秩序를 잡는데 중요한 역할을 하는 것이다. 이는 마치 구슬을 꿰는 끈의 역할을 하는 것이라 할 수 있다.

※ 接續詞의 慣用的인 熟語

虛詞가 아닌 관용적인 접속사의 숙어가 있다. 아래의 몇 가지 표현은 문장 중에 잘 쓰는 접속사의 일종이므로 알아둘 필요가 있다.

○ 詩云雨我公田 遂及我私, 惟助 爲有公田, 由此觀之, 雖周 亦助也.《孟子》<滕文公章句上>.

6) 民衆書林,《漢韓大字典》叅考. '或'은 或時(때), 或(사람), 或(사물), 或(또는:or) 등을 나타낸다. '또는(or)'이 허사에 속한다고 할 수 있다.

시경에 이르기를, "우리 公田에 비가 내리고 드디어 우리 私田에도 미치게 하옵소서" 하니, 오직 助法에만 공전이 있으니, '이로 말미암아 보면' 비록 주나라라도 助法이었습니다(조법을 썼던 것이다).

○ 天下宗周 彼二子 乃獨恥食其粟 餓死而不顧 繇(繞)是而言 夫豈有求而爲哉. 韓愈, <伯夷頌>

천하 사람들이 주나라를 종주로 삼는데도 저 백이숙제 두 사람은 마침내 홀로 그(주나라) 곡식 먹는 것을 부끄럽게 여기고 굶어 죽어 가면서도 돌아보지 않으니, '이로 말미암아 말한다면' 어찌 추구하는 것이 있어서 그렇게 하겠는가?

由此觀之, 由是觀之, 繞(繇)是觀之(이로 말미암아 관찰해 본다면), 由此言之(이로 말미암아 말한다면), 是以·是故(이런 까닭으로, 이런 까닭에, 그러므로). 이들은 허사가 아니고 관용적인 접속사들이다.

○ 乳母不良, 非惟敗亂家法, 兼令所飼子類之.[7]《小學》

유모가 불량하면 가법을 패란시킬 뿐만 아니라 아울러 보살펴 기르는 아이도 그와 같게 만든다. If a nurse is not good, she not only disturbs the family etiquettes, but also makes the child(whom she nurses) bad like her.

○ 助之長者 揠苗者也 非徒無益 而又害之.《孟子》<公孫丑章句上>

그 성장을 조장한 자는 싹을 뽑아 올린 자이니, 무익할 뿐만 아니라 또한 그것(싹)을 해치는 것이다.

○ 不惟擧之於其口 而又筆之於其書. 韓愈, <原道>

---

7) 《小學》<立敎> : 內則曰生子擇於諸母與可者…<集說> : 司馬溫公曰乳母不良 非惟敗亂家法 兼令所飼子類之.

그들의 입에 거론할 뿐만 아니라 또한 그들의 책에다 쓰기도 한다.

非但(不但) A 而且 B : not only A but also B
非僅(不僅) A 而亦 B : 〃
非徒(不徒) A 而又 B : 〃
非唯(不唯) A 兼亦 B : 〃
非惟(不惟) A 兼 B : 〃
非獨(不獨) A 又 B : 〃
非特(不特) A 亦 B : 〃
非啻(不啻) A 且 B : 〃

위와 같은 표현이 하나의 숙어 구문으로 쓰인다. 영문에서 잘 사용하는 "not only A but also B"의 형식과 일치한다.

'非'와 '不'은 'not'에 해당하며, '但 · 僅 · 唯 · 惟 · 徒 · 獨 · 特 · 啻'는 모두 'only'에 해당하고, '而且 · 而亦 · 兼亦 · 而 · 又 · 且 · 亦'은 모두 'but also'에 해당한다. not(非·不) only(但 · 僅 · 唯 · 惟 · 徒 · 獨 · 特 · 啻) but also(而且 · 而亦 · 兼亦 · 而 · 又 · 且 · 亦). 여기에서 때로는 앞부분만 사용하는 경우도 있다.

例) 徐居正,《東人詩話》金守溫序: 歷三國高麗氏至于今作者 不啻數百家. 三國과 고려를 거쳐 지금에 이르기까지 작자가 수백가일 뿐만이 아니다.

Ⅱ. 代詞類

1. '其'의 用法

'其'는 보통 字句의 앞에 쓰이며 冠詞(the)나 指示代名詞(it, it's, he, his, they, their)로 사용된다. 이밖에도 몇 가지 용법이 있다. ※ 代詞(中國) ↔ 代名詞(韓國).

1) 指示詞

○ 言寡尤, 行寡悔, 祿在其中矣.《論語》

말에 허물이 적고 행동에 후회가 적으면 祿은 그 가운데에 들어 있다.

○ 形於上者 謂之天 形於下者 謂之地 命於其兩間者 謂之人. 韓愈, <原人>

위에서 형상을 이룬 것을 하늘이라 하고, 아래에서 모양을 이룬 것을 땅이라 하고, 그 두 사이에서 생명을 가진 자를 사람이라 이른다.

2) 一般 代名詞

○ 君子之於禽獸也, 見其生, 不忍見其死.《孟子》<梁惠王章句>

군자가 짐승에 대해서 그가(그 짐승이) 살아가는 것을 보고서는 차마 그가 죽는 것을 볼 수 없는 것이다.

○ 視其所以, 觀其所由, 察其所安, 人焉廋哉, 人焉廋哉.《論語》<爲政>

그가 하는 것을 보고, 그가(그 사람이) 왜 그 일을 하는 가를 보고, 그가 마음으로 즐겨 하는 바까지 살펴본다면, 사람이 사람됨을 어떻게 숨길 수 있으리오, 어떻게 숨길 수 있으리오. 焉: how.

○ 今天下, 地醜德齊, 莫能相尙, 無他. 好臣其所教,而不好臣其所受教.《孟子》<公孫丑下>.

지금 천하의 제후들이 처지가 같고 덕도 비슷하여 더 나은 사람이 없는 것은 다른 이유가 없다. 그가(제후가) 가르칠 스 있는 사람을 신하삼기를 좋아하고, 그가 가르침을 받을 수 있는 사람을 신하로 삼기를 좋아하지 않기 때문이다. 其: 제후.

○ 管仲 以其君覇, 晏子 以其君顯.《孟子》<公孫丑上>

관중은 그의 임금을 도와 諸侯를 制覇하게 하였고, 안자는 그의 임금을 세상에 드러나게 하였다.

○ 父母養其子而不教 是不愛其子也.《古文眞寶》<勸學>

부모가 그의 자녀를 기르면서 가르치지 않으면 이는 그의 자녀를 사랑하지 않는 것이다. 其子: their children.

3) 其中

○ 子曰 三人行 必有我師焉 擇其善者而從之 其不善者而改之. 《論語》

공자가 말하기를, 세 사람이 가는 데에 반드시 나의 스승이 있으니, 그중에 善한 사람을 가려서 따르고, 그 중에 善하지 않은 사람을 보고 나의 잘못을 고쳐야 한다.

○ 其善鳴者, 鶯也. 其善飛者, 鳶也. 지시대명사

그 중 잘 우는 것은 꾀꼬리요, 그 중 잘 나는 것은 솔개이다.

○ 其大者, 長三尺也, 其小者, 長一尺也. 지시대명사

그 중에 큰 것은 길이가 三尺이요, 그 중에 작은 것은 길이가 一尺이다.

「其~者」가 多數의 範圍 내에서 분명한 限界를 指定하지 않고 不定稱代名詞로 쓰일 경우에는 部類中에 指摘받는 小數의 대상이 된다. 其와 者의 사이에는 대부분 形容詞나 動詞가 오게 된다. 이런 전제하에서, '其高者'는 '그 중 높은 자', '其走者'는 '그 중 뛰는 자'로 풀이할 수 있다.

4) 술어동사 앞에서 부사로 작용

① 君子, 無所爭, 必也射乎, 揖讓而升, 下而飮, 其爭也 君子.[8]

군자는 다투는 바가 없지만, 반드시 활 쏘는 경우에는 다툰다. 다

8) 《論語》 <八佾> : 子曰 君子 無所爭, 必也射乎, 揖讓而升, 下而飮, 其爭也 君子

투는 방법은 단상에 오를 적에 상대방에게 서로 먼저 오르라고 揖하고 양보하다가 올라가서 쏘고 내려와서 승자가 패자에게 술을 권하여 마시게 하니, 그렇게 다투는 것이 군자이다.

② 昭王卽以孟嘗君爲秦相 人或說秦昭王曰 孟嘗君賢而又齊族也 今相秦 必先齊而後秦 秦其危矣. <史記, 孟嘗君傳>

소왕이 곧 맹상군을 진나라 재상으로 삼으니, 사람들 중에 어떤 사람이 진나라 소왕을 달래며 이르기를 "맹상군은 어질기는 하지만 또한 齊나라 족속입니다. 지금 (맹상군이) 秦나라에서 재상을 하면 반드시 제나라를 먼저 위하고 진나라를 뒤로 할 것이니, 진나라는 그러면(그렇게 되면, 그마 만큼) 위험하게 될 것입니다."라고 하였다.

①번 문장 끝 부분 '其爭也 君子'의 '其'는 뒤의 동사 '爭'에 영향을 주는 부사이다. 문장의 주어는 '군자'이며 동사는 '爭'인데 '其'는 동사 앞에서 지시부사(그렇게)로 쓰이고 있음을 알 수 있다.

②번의 끝부분 '秦其危矣'의 문장 구조는 '秦'이 주어이고 '危'는 술어이다. 그 사이에 위치한 '其'는 술어(형용사) '危'를 수식하는 부사이다.

문장에서 동사, 형용사, 부사를 수식하는 것이 부사이다. '其'는 문장 중에서 동사와 형용사를 수식하는 지시부사로 쓰이기도 한다.

5) 진정 본연의 그것을 나타냄

○ 子曰 富與貴, 是人之所欲也, 不以其道得之, 不處也.《論語》<里仁>

공자가 말하기를, "부와 귀는 사람들이 바라는 바이지만 정당한 도리로써 얻어진 것이 아니라면 거기에 처하지 않아야 한다." 其道 : 정당한 도리.

○ 子曰 吾 自衛反魯然後, 樂正, 雅頌 各得其所.《論語》<子罕>

공자가 말하기를, "내가 위나라로부터 노나라로 돌아온 뒤에 樂이 바로잡혀서 雅와 頌이 각자 본래의 자리를 잡게 되었다. 其所 : 당연히 있어야할 자리.

○ 翁聞而解之曰 人人吾 吾不喜, 人不人吾 吾不懼, 不如其人人吾 而其不人不人吾.[9]

무시옹이 그 말을 듣고 풀어서 말하기를 : "뭇 사람들이 나를 사람으로 봐주면 나는 기쁘지 않고, 사람들이 나를 사람으로 여겨주지 않아도 나는 두렵지 않으니, 이런 경우보다는 진정 사람다운 사람이 나를 사람으로 봐주고, 진정 사람답지 않은 사람이 나를 사람으로 여겨주지 않는 것이 낫다."

※ '人吾'의 '人'은 모두 동사(나를 사람으로 보다. 사람으로 여기다).

문장 중에 '其人'은 '진정 사람다운 사람' · '인간다운 사람'을, '其不人'은 '정말로 사람답지 않은 사람' · '인간답지 않은 사람'을 말한다.

6) 其他

(詩云 迨天之未陰雨, 徹彼桑土, 綢繆牖戶, 今此下民, 或敢侮予).

---

9) 李達衷, <愛惡箴>: 有非子造無是翁曰 "日有羣議人物者,人有人翁者, 人有不人翁者, 翁何或人於人, 或不人於人乎" 翁聞而解之曰:

○ 孔子曰 爲此詩者 其知道乎. 能治其國家 誰敢侮之.[10]

공자가 말하기를, "이 시를 지은 사람은 아마도 도를 아는 사람이리라. 능히 그 국가를 제대로 다스리면 누가 감히 업신여기리오" .라고 하였다. '其' : '아마도' 추측.

○ 子曰 天生德於予, 桓魋 其如予何.《論語》

공자가 말하기를, "하늘이 나에게 덕을 지니고 태어나게 하였으니, 환퇴가 나 같은 사람을 어떻게 하리오?"

여기서 '其'는 여러 가지로 볼 수도 있지만, '其'를 꼭 풀이하지 않아도 내용에는 상관이 없는 것이다. 이처럼 억지로 해석하지 않아도 되는 경우가 있다.

이 밖에 '其'는 發語辭로도 쓰이고, 語勢를 고르게 하기위하여 文句 끝에 첨가하는 助詞로도 쓰이고(夜如何其《詩經》), 무의미한 조사로도 사용된다.[11]

2. '者'의 用法

'者'는 詞나 句文의 끝에 붙여 쓴다.

어떤 사물의 대상을 지적할 때 사용하고, 또 어떤 성질이나 행위

10) 《孟子》 <公孫丑上>: 詩云 迨天之未陰雨, 徹彼桑土, 綢繆牖戶, 今此下民, 或敢侮予. 孔子曰 爲此詩者 其知道乎. 能治其國家 誰敢侮之. 시경에 이르기를, "날씨가 흐려 아직 비가오지 않을 적에 저 뽕나무 껍질을 벗겨다가 창문을 얽어 매어두면, 지금 저 아래 백성들이 감히 나를 업신여기겠는가"라고 하거늘, 공자가 말하기를,…

11) 民衆書林, 《漢韓大字典》.

동작을 名詞의 구문으로 만드는 데에 사용한다. 이런 점에서 名詞化 語氣詞라고 할 수 있으며, 사물에 대한 指稱이나, 사람에 대한 지칭으로 잘 쓰는 성격을 지니므로 이를 대명사로 보는 것이다.

1) 事物 및 범위 대상에 대한 指稱

○ 德者本也, 財者末也. 外本內末 爭民施奪.《大學》

덕은 근본이요, 재물은 말단이니, 본을 외면하고 말을 안으로 받아들이면 백성을 다투게 하여 탈취를 하게 한 것이다.

○ 天 : 天者 蒼蒼在上 輕淸而至高 日月星辰繫焉./

○ 地 : 地者 茫茫在下 博厚而至大 山川草木載焉. <學語集>

天이라. 天(하늘)이란 것은 푸르고 푸르러 위에 있으며, 가볍고 맑고 지극히 높으니, 해와 달과 별이 매달려 있다. / 地라. 地란 것은 아득히 아래에 있어 넓고 두텁고 지극히 크니, 산과 내와 초목이 실려 있다.

○ 天者日月星辰之主也. 地者草木山川之主也. 韓愈, <原人>

하늘은 日 月 星辰의 주인이요. 땅은 草 木 山 川의 주인이다.

○ 致中和 天地位焉 萬物育焉.《中庸》

註) <u>位者</u> 安其所也. <u>育者</u> 遂其生也.

中과 和를 이루면 천지가 제자리를 잡고, 모든 것이 제대로 육성되는 것이다.

註) '位'는 그 자리를 편안히 한다는 것이요. '育'은 그 생육을 이루는 것이다.

○ 子曰 見賢思齊焉 見不賢而內自省也.《論語》

註) 思齊者 冀己亦有是善, 內自省者 恐己亦有是惡.

공자가 말하기를 "다른 사람의 賢함을 보면 그와 같이 할 것을 생각하고, 不賢함을 보면 마음속으로 나도 그런 점이 있는가를 살펴보아야 한다."

註) '思齊'란 말은 자기도 그러한 善이 있기를 바라는 것이요, '內自省'이란 말은 자기도 그러한 惡이 있는가? 두려워하란 말이다.

어떤 사물이나 글자, 그리고 어느 구문을 지적할 때 그 뒤에 '者'를 붙이고 그에 대한 성질이나 본의를 설명할 때가 많다. 특히 經書의 본문에 대한 주석에서 많이 발견할 수 있다.

2) 사람에 대한 指稱

○ 仁者樂山, 智者樂水.《論語》

어진 사람은 산을 좋아하고, 지혜로운 사람은 물을 좋아 한다.

○ 道之不行也 我知之矣, 智者 過之, 愚者不及也. 道之不明也 我知之矣, 賢者 過之, 不肖者 不及也.《中庸》

도가 행해지지 않는 이유를 내가 알았으니, 지혜로운 사람은 지나치고 어리석은 사람은 미치지 못하기 때문이다. 도가 밝혀지지 않는 이유를 내가 알았으니, 어진 사람은 지나치고 어질지 못한 사람은 不及하기 때문이다.

○ 順天者存, 逆天者亡.《明心寶鑑》

천명을 따르는 사람은 생존하고, 천명을 거스르는 사람은 망한다.

○ 欲齊其家者 先修其身, 欲修其身者 先正其心.《大學》

집안을 잘 이끌고자 하는 사람은 먼저 그 자신을 닦고, 그 자신을 닦고자 하는 사람은 먼저 그 마음을 바르게 한다.

○ 未有仁而遺其親者也, 未有義而後其君者也.《孟子》

어질면서 그 부모를 버리는 사람은 있지 않으며, 의로우면서 그 임금을 뒤로 한 사람은 있지 않다.

3) 시간에 대한 慣用的 표현

今者(지금), 近者(근래에), 古者(옛날에), 昔者(옛날에), 嚮者(저번에, 지난날에), 向者(지난번에, 이전에), 曩者(이전에) 등.

○ 古者富貴而名磨滅 不可勝記, 唯倜儻非常之人稱焉. <報任少卿書>

옛날에 부귀했어도 이름이 사라진 사람은 이루 다 기록할 수가 없지만 오직 빼어나고 보통이 아닌 사람은 일컬어지고 있다.

○ 昔者 齊景公 問於晏子曰 吾欲觀於轉附朝儛 遵海而南 放於琅邪, 吾何修而可以比於先王觀也.《孟子》<梁惠王章句上>

옛날에 제경공이 안자에게 묻기를, 내가 전부와 조무를 관찰하고 바다를 따라 남으로 가서 琅邪山에까지 이르고자 하노니, 내가 어떻게 잘 修行을 해서 선왕들의 관찰에 비교할만하게 되겠습니까?

'者'는 마치 영어의 不定稱代名詞 'one'와 같은 성격을 지니고 있다. 대명사는 그 앞에 수식어(형용사)를 쓰지 않는데 유일하게 'one'만은 앞에서 수식을 할 수가 있다. 大者(큰 것): big one. 小

者: small one. /someone, everyone.

3. '所'의 用法

'所'는 詞와 句·節을 명사형으로 만드는 데 사용한다. '所'를 '명사 구문 접두사'라고 칭하면 이해하기 쉬울 것 같다.

'所'와 이어지는 구문은 영어의 선행사를 포함한 'what'의 관계대명사 구문과 상응한 점이 있다. 아래에서 알아볼 수 있다.

○ 見 : see. 所見 : what to see : 보는 것(보는 바).

○ 食 : eat. 所食 : what to eat : 먹는 것(먹는 바).

○ 好 : like. 所好 : what to like(what you like).

○ 汝所見 : what you see.(Something that you see).

○ 己所不欲 : what I do not want. 勿施於人 : don't give it to someone.

○ 我知王之所欲.《孟子》

나는 왕이 바라는 것을 압니다.

I know what you(king) want.

○ 所學所知, 一切依古書.

배우는 것과 아는 것은 모두 옛 책에 의존한다.

What I learn and know wholly depends on ancient books.

○ 幼而不學 老無所知, 春若不耕 秋無所望.《明心寶鑑》

어려서 배우지 않으면 늙어서 아는 것이 없고, 봄에 밭 갈지 않으면 가을에 바랄 것이 없다.

○ 其所謂德, 其所德, 非吾所謂德也. 韓愈, <原道>

그들이 덕이라고 이른 것은 그들이 덕으로 여기는 것이지 우리가 덕이라고 이르는 것이 아니다. '所德': 덕으로 여기는 것('所' 바로 뒤는 동사이기 때문에 동사로 풀이하여 명사형으로 매듭지어야 함).

○ 所惡於上 毋以使下, 所惡於下 毋以事上, 所惡於前 毋以先後.《大學》

윗사람에게서 싫은 것으로 아랫사람을 부리지 말고, 아랫사람에게서 싫은 것으로 윗사람을 섬기지 말고, 앞 사람한테서 싫어한 것으로 뒷사람에게 먼저 하지 말라.

○ 親賢臣, 遠小人, 此先漢所以興隆也. 親小人, 遠賢臣, 此後漢所以傾頹也. <出師表>

어진 신하를 친히 하고 소인을 멀리해야 하니, 이는 선한이 그렇게 해서 흥융했던 것이요. 소인을 친히 하고 어진 신하를 멀리 하니, 이는 후한이 그렇게 해서 무너졌던 것입니다.

英語에서 부정사(to+v)와 동명사(v+ing)가 形容詞 역할을 하는 것처럼 '所+동사(所V)'는 漢文에서도 形容詞 역할을 한다(다만 영어는 뒤에서 앞의 명사를 수식하고, 한문은 앞에서 뒤의 명사를 수식한다). 이 때 수식받는 名詞와의 사이에 介詞 '之'가 일반적으로 쓰인다. 아래와 같다.

○ 四者無一遂, 苟合取容, 無所短長之效, 可見於此矣. <報任少卿書>

네 가지 중에 하나도 이룬 것이 없으니, 나는 구차하게 합류하고 포용되어 작거나 큰 공효도 없다는 것을 여기에서 알 수 있다. / '所短長'이 수식어, '效'가 피수식어이다.

所短長之效: 所短之效, 所長之效: (나라를 위해) 작게 이룬 공과(效)나 크게 잘한 공과.
所眠之子. 잠자는 아이. Sleeping baby.
所食之饌. 먹는 음식(반찬). Food to eat.

'所'는 구문 끝에 '者'와 연계해서 표현되는 경우가 많다. '者'는 명사 뒤에 접미사로 붙는 경우가 많고, 또 형용사나 동사 뒤에 쓰여 수식을 받는 대명사 성격을 가지고 있으므로 '所'가 이끄는 구문에 잘 쓰인다.

○ 夫所謂先王之教者, 何也. 韓愈, <原道>
무릇 선왕의 가르침이라고 일컫는 것은 무엇인가? ; 先王之教라고 謂한 바(所) 자(者)는 何也오?

○ 萬物之衆 惟人 最貴, 所貴乎人者, 以其有五倫也.《童蒙先習》
만물의 무리 중에 오직 사람이 가장 귀하니, 사람을 귀하게 여긴 것은 오륜이 있기 때문이다.

※ '所'는 동사 앞에 붙여 쓰기 때문에 '所' 바로 뒤의 자는 동사로 보아야 한다. 기본적으로 '所' 뒤에는 동사나 형용사를 사용하지만, 혹시 일반 명사를 사용할지라도 반드시 동사로 풀이를 해야 한다.
所人 : 사람으로 여기는 것. 所業 : 업으로 삼는 일. 所天民之國 : 백성을 하늘로 여기는 나라.

'所+동사'의 사이에 아래와 같이 부사나 조동사가 개입되는 경우도 있다.

○ 此情之所必趨, 勢之所必至, 非峻法嚴刑之所能禁也.[12]

이것은 정이 반드시 추구하는 것이며, 세력이 반드시 이르는 것이니, 준엄한 법과 엄한 형벌로 금할 수 있는 것이 아니다. '所必趨' : '所趨'./ '所必至' : '所至'./ '所能禁' : '所禁'.

所'는 '之', '者', '焉'등과 함께 소품사로 분류하여 설명하기도 하지만, 이는 대명사 성격을 띠므로 여기에서 설명하였다.

이상의 예와는 달리 '所'가 어휘의 뒤에 붙을 때는 장소를 나타낸다. 研究所, 出張所, 託兒所, 登記所, 理髮所 등.

4. '之'의 用法

한문의 문구에서 '之'는 그 사용빈도가 매우 높다. 이는 介詞, 대명사, 동사, 조사 등 다양하게 사용되기 때문이다. 介詞이지만 대명사로 사용되는 경우가 많으므로 여기 代詞類 편에서 설명하기로 한다.

'之'는 한문에서 그 쓰임을 분명하게 알아두어야 하는 글자이므로 여기에서 그의 전반적 용법에 대해서 알아보기로 한다.

1) 所有格

○ 鄰國之民 : 이웃나라의 백성.

12) 洪寅杓 著,《漢文文法》205쪽 例文.

○ 先王之道 : 선왕의 도.

○ 吾師之弟子[13] : 우리 스승의 제자.

이들의 構造는 名詞와 名詞 사이에 '之'를 넣는다. 즉, 'N + 之 + N'의 구조를 취하며, 앞이 所有의 主體이고 뒤가 客體가 된다.

2) 冠形格

① 侍衛之臣 不懈於內, 忠諫之士 忘身於外. <出師表>
모시고 호위하는 신하들이 안에서 게을리 하지 않고, 충성으로 간언하는 선비들이 밖에서 자신(몸)을 돌보지 않는다.

② 農之家一而食粟之家六, 工之家一而用器之家六. <原道>
농사짓는 집은 하나인데 곡식을 먹는 집은 여섯이고, 공예를 하는 집은 하나인데 그릇을 사용하는 집은 여섯이다.

①의 '侍衛之臣', '忠諫之士' ②의 '農之家', '食粟之家', '工之家', '用器之家'의 구문들은 앞에서 피수식어 '臣', '士', '家'를 수식하고 있다.

이들의 구조는 '형용사+之+명사', '동사+之+명사', '동사+목적어+之+명사(用器之家)'의 구조가 온다. '之'는 형용격(관형격) 개사로 볼 수 있다.

13) 《孟子》 <梁惠王章句>: 鄰國之民. / 韓愈, <原道>: 先王之道. 吾師之弟子.

3) 目的格 代名詞

'之'는 1), 2)와 같이 介詞로 사용되기도 하고, 이하의 例示文에 나타난 바와 같이 대명사이면서 목적어, 동사, 조사 등으로 사용되기도 한다.

① 巧言令色足恭, 左丘明恥之, 丘亦恥之.《論語》

말을 공교롭게 하고 낯빛을 좋게 하려하며 공손을 지나치게 함을 좌구명이 '그 점'을 수치스럽게 여겼는데, 丘(나:공자)도 또한 '그 점'을 수치스럽게 여기노라.

'左丘明恥之'와 '丘亦恥之'의 '之'는 '巧言令色足恭'을 가리키는 대명사(it).

② 侍中 尙書 長史 叅軍 此悉貞亮 死節之臣 願陛下親之信之 則漢室之隆 可計日而待也. <出師表>

시중·상서(陳震)와 장사(張裔)와 참군(蔣琬), 이들은 모두가 성품이 곧고 바르며, 절개를 위해 목숨을 바칠 신하들이니, 왕께서 그들을 친히 하고 믿으시면 한 왕실의 흥륭을 날짜를 세어 기대할 수 있습니다. '親之信之'의 '之'는 : 侍中 尙書 長史 叅軍.

③ 孔子之作春秋也, 諸侯用夷禮則夷之, 夷而進於中國則中國之. <原道>

공자가《춘추》를 지음에 제후가 오랑캐의 예를 사용하면 그를 오랑캐로 여기고, 오랑캐라도 중국으로 나오면 그를 중국인으로 여겼다. '夷之'의 '之'는 '諸侯', '中國之'의 '之'는 '夷'를 指稱함. '中國'은 합성어 동사.

④ 孟子見梁襄王 出語人曰望之不似人君 就之而不見所畏焉. 《孟子》

맹자가 양양왕을 만나보고 나와서 다른 사람에게 말하기를, "그를 바라보니 임금 같지도 않고, 그에게 가까이 나아가도 무서운 것이 보이지 않았다. '之': 梁襄王.

① ② ③ ④의 문장 중에 '左丘明恥之', '丘亦恥之', '願陛下親之信之', '諸侯用夷禮則夷之', '夷而進於中國則中國之', '望之不似人君' '就之而不見所畏焉'에 사용된 '之'는 모두 목적격 대명사로 동사의 목적어로 사용되었다. 이는 '之'의 용법으로 매우 많이 사용되는 유형이며, 이는 英語의 'it', 'them', 'him', 'her' 등에 該當한다고 할 수 있다(단수 복수 포괄). 해석상으로는 '之'(代名詞)에 대한 구체적 事物 · 事件이 앞에 있기 때문에 '그를(그것을)' 하고 지적하여 말하지 않아도 통한다.

句文의 끝에 '之'가 있으면 (이는 앞에 나온 것을 대명사 · 목적어로 지칭한 것이니) 바로 앞의 자는 動詞로 보면 대부분 통한다. ④와 같은 구문은 '之'의 쓰임을 잘 식별해야 한다.

⑤ 其服麻絲 其居宮室 其食粟米蔬果魚肉 其爲道易明 而其爲教易行也. 是故 以之爲己則順而從 以之爲人則愛而公 以之爲心則和而平. 韓愈, <原道>

그 의복은 삼과 실이고, 그 거소는 궁실이고, 그 식품은 곡식 쌀 채소 과일 어육이니, 그 살아가는 방법은 알기 쉽고, 그 가르침은 행하기 쉽다. 이런 까닭에 그것으로 자기를 위하면 쉽게 따를 수 있고, 그것으로 다른 사람을 위하면 사랑하고 공정하게 할 수 있으며, 그것으로 마음을 위하면 화평할 수 있다. '以之'의 '之' : 其爲道

其爲教(=儒道). 살아가는 법과 가르치는 것.

⑤는 '之'가 대명사로 개사 '以'의 목적어가 되어 있다.

4) 指示詞(대명사)

① 之子于歸, 宜其家室.《大學》

이 아가씨의 시집감이여, 그 집안사람들을 마땅(和睦)하게 하리라.

② 天佑下民 作之君 作之師 惟其克相上帝 寵綏四方.《書經》<周書, 泰誓>

하늘은 아래의 백성을 도우니, 그의(백성의) 임금을 만들고 그의(백성의) 스승을 만듦은 오직 그(君師)가 능히 상제를 도와서 사방의 백성을 사랑하고 편안하게 하라는 것이다.

③ 古之時 人之害 多矣. 有聖人者立 然後 教之以相生養之道 爲之君爲之師 驅其蟲蛇禽獸 而處其中土 寒然後 爲之衣 飢然後 爲之食…爲之工 以贍其器用 爲之賈 以通其有無. <原道>

옛날의 시대에 사람들의 피해가 많았다. 이에 성인이 나오게 되었고 그런 뒤에 사람들에게 서로 살아가는 방법을 가르쳤으니, 그들의(사람들의) 임금을 만들고 그들의 스승을 만들어 사람에게 해로운 벌레나 짐승을 몰아내고 좋은 땅에 처하게 하였다. 추우니까 그들의 옷을 만들어 입게 하고, 배가 고프니 그들의 먹을 것을 찾아 먹게 해주었다.… 그들에게 기술을 알게 하여 도구 사용을 넉넉하게 하였고, 그들의 거래하는 방법을 만들어 물건을 가진 자와 없는 자가 교환하게 하였다.

'古之時', '人之害', '養之道'의 '之'외에 '之'는 모두 앞의 '人之害'에 있는 '人(사람들)'을 가리키는 대명사이다. 爲之君 爲之師 爲之衣 =

爲人君 爲人師 爲人衣. 爲=作.

5) 動詞 (동사일 때는 虛詞가 아니고 實詞이다)

① 蘇秦之楚三日, 乃得見乎王.《戰國策》

소진이 초나라에 간지 삼일 만에 왕을 만나볼 수 있게 되었다.

② 許生 出門而去, 無識者, 直之雲從街, 問市中人曰, 漢陽中誰最富? <許生傳>

허생은 집 문을 나섰는데, 아는 자가 없자, 곧 운종가로 가서 시장 사람들에게 "한양에서 누가 가장 부자요?" 하고 물었다.

③ 或之東方, 或之西方.

어떤 이는 동쪽으로 가고, 어떤 이는 서쪽으로 간다.

'之'가 동사 '가다(go)'로 쓰일 경우 主語가 앞에 오고 '之' 뒤에는 반드시 方向 및 場所가 오게 된다. 형식상으로 앞에서 설명한 名詞와 名詞 사이에 '之'를 쓰는 所有格의 構造(N+之+N)와 같으나, 所有格의 경우는 '之' 뒤에 所有의 對象物이 오고, 動詞로 쓰일 때는 '之' 뒤에 場所가 온다. 때로는 文章의 前後 내용으로 介詞인지 動詞인지를 분별해야 할 경우도 있다. 예를 들면, '我之學校'는 '나의 학교'도 되고, '내가 학교에 간다'도 될 수 있기 때문이다.

6) 主格助詞

主語 뒤에 '之'가 오고, '之' 뒤에 動詞가 오는 구조이다. 동사 그 뒤

에는 目的語가 온다.(S + 之 + V + O)

① 天地之生萬物, 聖人之應萬事, 直而已矣.
천지가 만물을 낳고 성인이 만사를 바라보는 것은 정직할 뿐이다.

② 老子之小仁義 非毁之也 其見者 小也. <原道>
노자가 인의를 시시하게 보는 것은 그걸 훼손하는 것이 아니라 그 보는 견해가 작기 때문이다.

③ 後之視今 亦猶今之視昔. <蘭亭記>
후세 사람들이 지금 사람 보는 것이 또한 지금 사람들이 옛날 사람 보는 것과 같다.

④ 人之視己, 如見肺肝然, 則何益矣.《大學》
다른 사람들이 자기를 보는 것이 뱃속을 들여다보듯 할 것이니 무슨 소용이 있겠는가?

⑤ 古人之於聲音, 亦有以柳絮比之者矣.《東人詩話》
옛날 사람이 聲音에도 버드나무 꽃으로 비유한 자가 있었다.

상기의 예문에 나타난 '之'를 주격조사라고 단정할 수 없다. 그러나 나타난 바와 같이 우리말로 표현할 때 ' ~이', ' ~가'의 주격조사로 처리하여 보면 해석하기가 쉽다.

7) 동사의 목적어를 앞으로 도치할 때 개사로

① 孟武伯 問孝, 子 曰父母 唯其疾之憂.《論語》<爲政>
맹무백이 효를 물으니, 공자가 말하기를, "부모는 오직 (그 자식이)

병날 것을 근심한다." 其疾之憂 = 憂其疾.

② 詩云他人有心, 予忖度之, 夫子之謂也.《孟子》<梁惠王章句上>

시경에 "다른 사람 마음가짐을 내가 헤아린다"고 하였는데, 부자를 이르는 말입니다(선생을 두고 하는 말입니다). 夫子之謂也 = 謂夫子也

③ 句讀之不知, 惑之不解, 或師焉, 或不焉. 韓愈, <師說>

글귀를 알지 못하고 의심을 풀지 못함에, 혹 스승 삼기도 하고, 혹 스승 삼지 않기도 한다. 句讀之不知, 惑之不解, = 不知句讀, 不解惑,

'其疾之憂' : 憂其疾 : 其疾을 憂한다. '夫子之謂' : 謂夫子 : 夫子를 이른다. '句讀之不知' : 不知句讀: 句讀(구두)를 不知하다. '惑之不解' : 不解惑 : 惑을 不解하다.

목적어를 앞으로 놓고 동사를 뒤로하여 그 사이에 '之'를 넣었다. 其水之飲 : 飲其水 : 그 물을 마심.

8) 多數 + 之 + 少數 : '~중에'

① 人之賢者. 사람들 중에 어진 자.

'人之賢者'와 같은 경우 내용상 多數中 少數의 意味를 지닌 것으로 사람들 중에 어진 자가 된다(A wise man of people).

② '民之貧者': 사람들 중에 가난한 자(The poor of people). 民이 모두가 貧者는 아니다. 獸之大者. 다수+之+소수. 百分之十.

9) 其他.

① 人 之其所親愛而辟焉, 之其所賤惡而辟焉.《大學》

사람들이 친애하는 데에 편벽되고, 그 천하게 여기고 미워하는 데에 편벽되는 것이다. 여기의 '之'는 개사 '於'와 같다. '之, 猶於也'.

② 無意味한 助詞 : 久之 : 오랜만에. 頃之 : 잠깐만에. 孟之反《論語》: 성과 이름사이 無意味한 助詞. 孟之反 : 孟反.

③ '與'와 같은 뜻 : 惟有司之牧夫. 오직 有司와 牧夫.《書經》

④ '끼치다' : 之後世君子. 후세 군자에게 끼침.

⑤ '쓰다, 사용함' : 之其所短. 그 짧은 것을 쓰다.

5. '諸'의 용법

'諸'는 兼詞로 쓰인다. 이는 '之'와 '於'를 겸한 '之於'를 나타내며, 또 '之'와 '乎'를 겸하여 '之乎'를 나타내기도 한다. 개사로 작용할 경우 독음은 '저(之+於=저)'로 읽는다. '之'를 중심으로 보면 대명사로, '於'를 중심으로 보면 介詞로, '乎'를 중심으로 보면 어기사로 볼 수 있다.

① 詩云刑于寡妻 至于兄弟 以御于家邦. 言擧斯心 加諸彼而已.《孟子》<梁惠王章句上>

시경에 이르기를, "나의 아내에게 모범이 되어 형제에게 이르러 가고, 그로써 나라도 다스린다고 하였으니", 이것은 나의 이 마음을 들어 다른 사람(彼)에게 더할 뿐이란 것을 말한 것입니다. '諸' : '之於'. '加諸彼而已' : '加之於彼而已'. '之'는 '斯心'으로 볼 수 있다. '加斯心於彼而已'.

② 答曰 吾平日愛兄篤, 今而分金, 忽萌忌兄之心, 此乃不祥之物也, 不若投諸江而忘之. 兄曰 汝言誠是 亦投金於水.[14]

동생이 대답하며 말하기를, "내가 평일에 형님을 사랑함이 돈독했는데, 지금 금덩이를 나누어 가지니, 홀연히 형님을 싫어하는 마음이 생겨납니다. (그러므로) 이 금덩이는 좋지 않은 물건이니 강물에 던져버리고 잊어버리는 것이 낫겠습니다."라고 하니, 형이 말하기를, "너의 말이 참으로 옳다"하고, 역시 물에다 금덩이를 던져버렸다. 投諸江而忘之 : 投之於江而忘之. 之=金. : 投金於江而忘之.

③ 齊宣王 問曰文王之囿 方七十里, 有諸. 孟子 對曰於傳有之. 《孟子》<梁惠王章句下>

제선왕이 물어 말하기를, "문왕의 동산은 규모가 칠십리라 하니, 그런 사실이 있습니까?" 맹자가 대답하여 말하기를, "전에 그런 사실이 있습니다". '諸' : '之乎'. '有諸' : '有之乎'.

④ 齊宣王 問曰人皆謂我毁明堂 毁諸 已乎.《孟子》<梁惠王章句下>

제선왕이 물어 말하기를, 사람들이 모두 나에게 明堂을 헐어버리라고 하는데, 헐어버릴까요 말까요? '諸' : '之乎'. '毁諸' : '毁之乎'.

'諸'가 '모두', '여러'의 뜻으로 쓰일 경우는 명사 앞에 위치하여 '諸國(모든 나라)', '諸位(여러분)' 와 같이 사용된다.

---

14) 高麗恭愍王時, 有民兄弟偕行, 弟得黃金二錠, 以其一與兄, 至孔岩津, 同舟而濟, 弟忽投金於水, 兄怪而問之, 答曰 吾平日愛兄篤, 今而分金 忽萌忌兄之心, 此乃不祥之物也, 不若投諸江而忘之. 兄曰 汝言誠是, 亦投金於水. <新增東國輿地勝覽>

Ⅲ. 介詞類

名詞 또는 名詞句·節 등의 앞에 쓰이어 그들과 어울려서 動作과 行爲의 原因 · 比較 · 方向 · 對象 · 場所 · 材料 · 時間 등을 表示하는 品詞를 介詞라 한다. 이는 獨立的으로 작용하지는 않고 語法上 補助作用을 한다.

1. '於(于· 乎)'의 用法

장소와 범위 대상을 나타내는 데에 '於', '于', '乎'의 介詞를 사용한다. 장소 범위 대상 앞에 가장 흔히 사용하는 개사는 '於'인데, 이는 영어에서 사용하는 전치사의 용법과 같다. 다만 영어의 경우는 대상에 따라 세분화되어 필요한 곳에 알맞은 전치사를 사용해야 하지만 한문에서는 '於' 하나로 모두를 나타낼 수 있다. 즉, 영어에서 *in, on, at, to, by, during, under, over, beneath, between, among, around, within, about, for, against, from* 등을 사용할 곳에 한문에서는 '於' 하나로 나타낼 수 있다.

① 伯牙遊於泰山之陰 卒逢暴雨 止於巖下.《列子》<知音>

백아가 태산의 북쪽에서 유람하다가 갑자기 소나기를 만나 바위

아래에 머물렀다.

② 臣本布衣 躬耕於南陽 苟全性命於亂世 不求聞達於諸侯. 諸葛亮, <出師表>

저(臣)는 본래 평민으로 몸소 남양에서 밭갈이 하며 진실로 혼란한 세상에 생명을 안전하게 하고 제후에게 벼슬을 구하려고 하지 않았습니다.

③ 憂生於多慾, 禍生於多貪.《明心寶鑑》<正己篇>

근심은 욕심이 많은 데서 생겨나고, 재앙은 탐욕이 많은 데서 생겨난다.

④ 河內凶則移其民於河東, 移其粟於河內, 河東凶亦然.《孟子》<梁惠王章句上>

하내가 흉년이 들면 하동으로 백성을 이주시키고 하내로 곡식을 보내주며, 하동이 흉년이 들면 또 그와 같이 한다(移民於河內, 移粟於河東).

장소와 시간 사람 등의 앞에 '於'가 사용되고 있다. 살펴보면 ①"遊於泰山之陰"의 '於'는 영어의 'around'로 볼 수 있고, "止於巖下"의 '於'는 'under'로, ②"耕於南陽"의 '於'는 'in'으로, "全性命於亂世"의 '於'는 'during'으로, "不求聞達於諸侯"와 ③"憂生於多慾, 禍生於多貪"의 '於'는 'from'으로, 그리고 마지막 ④"移其民於河東, 移其粟於河內"의 '於'는 'to'로 볼 수 있다.

⑤ 苟志於仁矣, 無惡也.《論語》<里仁>

진실로 仁하는 일에 뜻을 두고 있으면 惡을 범하는 일은 없다.

⑥ 君子 喩於義, 小人 喩於利.《論語》<里仁>

군자는 의리에 밝고 소인은 이욕에 밝다.

⑦ 於我善者 我亦善之, 於我惡者 我亦善之. 我旣於人 無惡, 人能於我 無惡哉.《明心寶鑑》<繼善篇>

나에게 착하게 한 자에게 나 또한 착하게 대하고, 나에게 악하게 한 자에게도 나 또한 착하게 대해야 한다. 내가 이미 다른 사람에게 악함이 없으면 다른 사람이 나에게 악한 일이 없을 것이다.

위의 ⑤ ⑥ ⑦ 예문 중에 사용한 전치사(介詞) '於'는 영어의 전치사 'for' 에 상응하는 성격을 가지고 있다.

⑧ 其言道德仁義者, 不入于楊 則入于墨, 不入于老 則入于佛. <原道>

그 도덕 인의를 말한 자(儒者)들이 양주(楊朱) 쪽에 들어가지 않으면 묵적(墨翟) 편에 들어가고, 노장(老莊)으로 들어가지 않으면 불가(佛家)로 들어간다. 여기의 '于'는 'into' 로 볼 수 있다.

負者歌于途, 行者休于樹. 歐陽修, <醉翁亭記>

짐을 진 자는 길에서 노래하고, 걷는 자는 나무아래에서 쉰다.

于途의 '于'는 'on'. 于樹의 '于'는 'under'.

⑨ 曾子曰 戒之戒之, 出乎爾者, 反乎爾者也.《孟子》<梁惠王章句下>

증자가 말하기를, "경계하고 경계하라, 너에게서 나온 것이 너에게로 되돌아간다."고 하였다. '出乎爾者'의 '乎'는 'from'. '反乎爾者'의 '乎'는 'to'.

'于'와 '乎'는 '於'보다 사용빈도가 많지 않다. 이들은 개사로 쓰일 경우 '於'와 같은 용법으로 보면 된다. 그러나 '於我善者, 我亦善之'와 같이 '於'를 문두에 사용하는 경우는 종종 보이나 '於' 대신 '乎'나

'于'를 문두에 사용하여 '乎我善者 · 于我善者, 我亦善之'와 같은 표현은 발견할 수 없다.

※ '於'의 생략

"君子 欲訥於言而敏於行(군자는 말은 어눌하게 하면서 행동은 민첩하게 하려고 한다. 論語 里仁)"과 같은 구문은 '於'를 생략하고 "訥言敏行(言을 訥하게 하고 行을 敏하게 한다)"으로 보아도 되는 경우가 있는가 하면, 생략되는 경우가 많아서 넣고 보아야 할 경우도 있다. 예를 들면, "屈原旣放 遊於江潭 行吟澤畔(굴원이 추방되어 강담가를 돌아다니고 택반을 거닐며 시를 읊조리다. <漁父辭>)"에서 "行吟澤畔"은 "澤畔" 앞에 '於'가 생략되었다고 볼 필요가 있다(行吟於澤畔). "遊於江潭"도 "行吟澤畔"과 같이 "遊吟江潭"으로 표현할 수 있으며, 만약에 이럴 경우에는 "遊吟於江潭"으로 놓고 보아야 한다. "蓬生麻中, 不扶自正(쑥이 삼밭 가운데서 자라면 붙들어주지 않아도 저절로 곧게 자란다<四字小學>)"에서 "蓬生麻中"은 "蓬生於麻中"으로 '於'를 장소 "麻中" 앞에 넣고 보아야 한다. 대개 앞뒤의 구문과 같은 글자 수(四字)를 맞추기 위하여 장소나 어떤 대상 앞에 '於'를 (넣기도 하고) 생략하고 표현하는 경우가 많다.

'於'는 介詞로 작용하는 것 외에, '依 : 의지하다', '在 : 있다', '於(오) : 감탄사'의 뜻도 지니고 있다.

2. '自'·'由'·'從'의 用法

한문에서 자유종(自·由·從)은 영어의 'from'과 같은 용법으로 사용되는 경우가 있다.

1) 自

○ 有朋 自遠方來 不亦樂乎.《論語》

어떤 벗이 먼 지방(遠方)에서 찾아오면 또한 즐겁지 않은가?

○ 有爲神農之言者, 許行, 自楚之滕.《孟子》

신농씨의 이론을 따르는 사람 허행이 초나라로부터 등나라로 가다.

○ 自王公以下 至於庶人之子弟, 皆入小學.《大學章句序》

왕공으로부터 아래로 서인의 자제에 이르기까지 모두 소학교에 입학했다.

○ 春香 出自南原. 춘향은 남원에서 태어났다.

2) 由

○ 由湯至於武丁.《孟子》

탕 임금으로부터 무정에 이르기까지. 由, 從也.

○ 夷子 曰儒者之道, 古之人, 若保赤子, 此言何謂也, 之則以爲愛無差等, 施由親始. 徐子以告孟子, 孟子曰…

夷子가 말하기를 "유가자의 道에도 '옛적 사람이 갓난애를 보호

하듯 한다' 하였으니, 이 말은 무슨 말인가? 之(夷子의 名이 之, 自身을 지칭)는 생각하기를, 사랑은 차등이 없고 베풀기는 親으로부터 시작하라는 것으로 본다." 서자가 이 말을 맹자에게 고한대, 맹자가 말하기를…[15].

3) 從

○ 從漢陽到北京. 한양에서 북경까지.

○ 從古來今 : 옛날부터 지금에 이르기까지.

○ 一片纔從泥上生.[16] (구름) 한 조각이 겨우 젖은 진흙에서 생겨나다.

○ 字, 從子在宀下.《說文解字》
'字'라는 글자는 아들(子)이 집 아래(宀下)에 있는 모양에서 나온 글자이다. 字: 새끼 번식할 자. 사랑할 자. 字.[17]

15)《孟子》<滕文公章句上>

16) 李承休, <詠雲詩>: 一片纔從泥上生 東西南北便縱橫 謂爲霖雨蘇群槁 空掩中天日月明.

17) 文字는 원칙상 文과 字인데, 文은 單獨體인 象形과 指事의 文이고, 字는 單獨體가 두 개 이상 합쳐짐에 의해 수많은 새끼로 번식된 會意字와 形聲字를 말한다. 이들을 총칭하여 일반적으로 文字라고 한 것이다.

3. '爲'의 用法

1) ~을 위하여, ~때문에(for·because)

○ 爲人謀而不忠乎.《論語》
사람들을 위하여 꾀함에 충성스럽지 못했는가?

○ 爲國獻身 : 나라를 위하여 몸을 바치다.

○ 十餘萬人皆入睢水, 睢水爲之不流.《史記》<項羽本紀>
십여만 명이 모두 휴수로 들어가니, 휴수가 그 때문에 흐르지 못했다.

○ 爲肥甘不足於口與.《孟子》<梁惠王章句>
맛있는 음식이 입에 부족하기 때문입니까?

○ 吾仕非爲貧也.
내가 벼슬한 것은 가난한 것 때문이 아니다.

한문에서 '爲'는 모든 동사를 대신하는 대동사로 쓰인다. 그러나 영어의 전치사 'for(~을 위하여.~때문에)'와 같은 용법으로 쓰일 때가 있다. 이러한 경우에 동사로 보지 않고 介詞로 보는 것이다. 이는 문장의 내용으로 분별해야 한다. 대개 사안이 좋은 방향이나 미래에 관한 것이면 ' ~ 위하여'가 되고, 어떤 행위에 대한 이유, 원인, 결과를 밝혀야 할 경우는 '~ 때문'으로 볼 수 있다.

'위하여'와 '때문에'는 의미상 같은 점이 있어서 두 가지 다 통하는 경우가 있다.

例) 吾所以耕田者, 爲家族. 내가 밭갈이를 했던 것은 가족을 위해서였다(=가족 때문이었다).

2) 개사 외에 '爲'의 일반적 용법

(1) 'be', 'become' 같은 動詞로 쓰인다.

○ 善事父母爲孝, 善事兄長爲弟.

부모를 잘 섬기는 것이 효이고, 윗 사람을 잘 섬기는 것이 弟이다.

○ 君爲臣綱, 父爲子綱, 夫爲婦綱.

임금은 신하의 벼리요(벼리가 되고), 아버지는 자식의 벼리요, 남편은 부인의 벼리이다.

○ 勤爲無價之寶 愼是護身之符.

부지런함은 값을 매길 수 없는 보배요, 신중함은 몸을 보호하는 부적이다.

○ 爲鷄口無爲牛後.

닭의 머리가 될지언정 소의 꼬리는 되지 말라.

(2) 代動詞로 쓰인다. (영어의 do와 같은 성격)

① 爲政以德.《論語》

덕으로 정치를 하다.

② 爲善者 天報之以福 爲不善者 天報之以禍.《明心寶鑑》

착한 일을 하는 자는 하늘이 복으로 보답해주고, 착하지 않은 일을 하는 자는 하늘이 재앙으로 보답한다.

③ 王之諸臣, 皆足以供之, 而王豈爲是哉.《孟子》

왕의 모든 신하들이 모두 족히 공급해 주는데, 왕은 어찌 이런 일을 합니까?

④ 女爲周南召南矣乎.《論語》

너는 주남 소남을 배웠느냐?

⑤ 百姓皆以王爲愛也.《孟子》

백성들은 왕을 인색하다고 생각한다.

⑥ 此中人語云, 不足爲外人道也. 陶潛, <桃花源記>

이 곳 사람들이 말하기를 '외부인에게 말할 것이 못된다.'

漢文에서 '爲'는 英語에서 代動詞 'do'와 같은 작용을 한다. 그러므로 뒤의 目的語의 性質에 따라 그 뜻에 알맞게 적절히 해석할 수 있다. 예시문 ①의 '爲政'은 '行政', ②의 '爲善', '爲不善'은 '行善', '行不善', ③의 '爲是'는 '作是' · '行是', ④의 '爲周南召南'의 '爲'는 '學', ⑤의 '爲愛'의 '爲'는 '思', ⑥의 '爲外人'의 '爲'는 '向' 으로 볼 수 있다.

한문에서 '爲' 동사는 대동사로 폭넓게 사용되므로 뒤에 오는 목적어와 부합된 해석을 해야 할 뿐만 아니라 구문의 의미에 맞게 풀이해야 한다.

爲國=治國. 爲政=行政. 爲文=作文. 爲農=營農. 등

4. '以'의 用法

한문의 문장 중에 자주 사용한 介詞 '以'의 용법을 알면 한문이 쉽게 보인다. '以'의 용법을 제대로 이해하지 못하고서는 한문의 문장을 제대로 해석하고 작문 할 수가 없다.

개사 '以'는 文章中에서 關係詞로 쓰인다. '以'는 英語의 前置詞 중에 'with'나 'by'의 쓰임과 상응한 면이 많다고 볼 수 있는데, 그 自體的으로는 구실을 못하고 賓語(目的語)를 취하여 動詞와 聯合해서 하나의 文을 이루어 주는 역할을 한다.

'以' 개사의 용법을 사람마다 다르게 설명하는 경우가 많다. 근본 원리는 하나인데 용법을 달리 말한 것이다. 그 근본 원리를 분명하게 이해할 필요가 있다. 한문에서 '以' 介詞를 동반한 다양한 구문을 예시하여 그 용례를 알아보기로 한다.

1) 一般用法

(1) '以+賓語+動詞+賓語'의 문형

가. 名詞를 賓語로 취하는 유형

① 以衣溫我, 以食活我. <四字小學>

(부모가) 옷으로 나를 따뜻하게 해주시고, 음식으로 나를 길러주셨다.

② 以德報怨…以直報怨, 以德報德.[18]

덕으로 원한을 갚다… 정직함으로 원한을 갚고, 덕으로 덕을 갚는다.

③ 夏月 以練囊 盛數十螢. <螢雪之功>

여름철에 망사 주머니로 수십 마리의 반딧불을 담았다.

介詞 '以'가 직접 빈어를 취하는 구조는 그 빈어가 명사이다(以衣, 以食, 以德, 以練囊). 그러나 '動詞+賓語'의 구조로 이루어진 짧은 어휘가 빈어로 쓰일 때도 있다. 예를 들면 아래와 같은 경우이다.

---

18) 《論語》<憲問>: 或 曰以德報怨 如何. 子 曰何以報德, 以直報怨 以德報德

나. 動賓(動詞+賓語)구조를 직접 빈어로 취하는 유형

① 而吾以捕蛇獨存. 柳宗元 <捕蛇者說>

나는 뱀을 잡는 것 때문에(덕분에) 홀로 생존하게 되었다.

문장구조를 살펴보면: '以' 개사가 바로 뒤에 '동사(捕)+빈어(蛇)'의 형식을 빈어로 취하였다. 그리고 전체 문장의 동사는 '存'이다. '以'의 빈어 '捕蛇'를 하나의 어휘(名詞)로 여기고 표현한 것이다: '뱀 잡는 일'; '뱀 잡는 것'. 이는 원칙적으로 '吾 捕蛇以獨存'이라고 표기해야 한데, '捕蛇'를 하나의 명사로 여기거나, 또 누가 보아도 쉽게 파악할 수 있다고 보고 그렇게 표현했다고 할 수 있다. 아래에 예시한 구문도 같은 유형이다.

② 大凡君子與君子 以同道爲朋 小人與小人 以同利爲朋. 歐陽修 <朋黨論>

대개 군자와 군자는 道를 함께 함(나눔)으로 벗을 하고, 소인과 소인은 이익을 함께 하는 행위로 벗을 삼는다.

②번 '以'의 빈어 '同道', '同利'는 모두 명사어로 처리해야 한다. 이처럼 '以' 개사 뒤에 따른 빈어는 '동사+목적어'의 문장형식이라도 명사구절로 처리하고 구문중의 관련동사와 연계하여 해석해야 한다. '修己以安百姓[19](몸을 닦아서 백성을 편안히 한다)'와 같이 '同道以爲朋'의 표현이 일반적이다.

---

19) 《論語》 <憲問>: 子路 問君子 子曰 修己以敬 曰 如斯而已乎 曰 修己以安人 曰 如斯而已乎 曰 修己以安百姓 修己以安百姓 堯舜其猶病諸.

(2) '動詞+賓語+以+賓語'의 문형

① 使民以時./ 爲政以德./ 君使臣以禮, 臣事君以忠.[20]

백성을 부리기를 때로서 하다(때에 맞추어 백성을 부리다)./ 정치를 하되 덕으로 하다./ 임금이 신하를 부리되 禮로서 하고, 신하가 임금 섬기기를 忠으로 하다.

② 敎人以灑掃應對進退之節,愛親敬長隆師親友之道[21]

사람을 가르치되 물 뿌리고 쓸고 응대하고 나가고 물러나는 절차와 어버이를 사랑하고 어른을 공경하고 스승을 높이고 벗과 친히 하는 방법을 가지고 하였다.

이와 같이 '動賓'이 앞에 위치하고 '介賓(以賓)'구조가 뒤에 위치할 경우에는 '以'의 빈어가 실체사로만 쓰인다. 앞에서 예시한 '以+賓語(名詞)+動詞+賓語'의 형이나 '動詞+賓語+以+賓語'의 형이나 나타내는 내용은 같은데 도치된 형태이다. 앞부분을 강조하기 위해서 또는 분명히 하기 위해서 그렇게 표기한 것으로 볼 수 있다. 두 가지 중 어느 유형이 기본형인지 애매하다. 왜냐하면 후세에는 앞의 유형(以德爲政)이 많이 사용되고 있지만 古書인《論語》에 나타난 형식을 보면 '動詞+賓語+以+賓語(爲政以德)'의 유형이 더 많이 사용되고 있음을 발견할 수 있기 때문이다.

동사가 자동사일 경우 아래와 같이 동사의 빈어가 생략되기도 한다.

---

20)《論語》<學而>: 子曰 道千乘之國 敬事而信 節用而愛人 使民以時. / <爲政>: 子曰 爲政以德. / <八佾>: 孔子 對曰君使臣以禮 臣事君以忠.

21)《小學》<書題>: 古者小學 敎人以灑掃應對進退之節,愛親敬長隆師親友之道.

③ 樂以天下, 憂以天下[22].

즐기기를 천하로써 하고(천하인과 더불어 즐기고), 근심하기를 천하로써 한다.

이 구문은 '以天下樂, 以天下憂'로도 나타낼 수 있다.

(3) '以'의 賓語가 名詞로 앞에 오는 문형

① 竹本固, 固以樹德… 竹性直, 直以立身… 竹心空, 空以體道… 竹節貞, 貞以立志.《古文眞寶》白居易,<養竹記>

대나무의 뿌리는 견고하니, 견고함으로 덕을 세운다… 대나무의 성질은 곧으니, 곧음(直)으로 몸을 세운다… 대나무의 마음(속)은 비우니, 비움으로 도를 체득한다… 대나무의 절개(마디)는 곧으니, 곧음(貞)으로 뜻을 세운다.

'固', '直', '空', '貞'이 '以'의 빈어인데, 빈어가 개사 '以' 앞에 위치하여 있다. 介賓(以賓)이 도치된 형태이다.[23]

○ 大凡文字之學 淸以喩濁 近以喩遠 輕以喩重 淺以喩深 雙擧以胥發之 則兩義俱通. 丁若鏞 <千文評>.

대개 문자를 배우는 법은, 淸으로 濁을 喩하고, 近으로 遠을 喩하고, 輕으로 重을 喩하고, 淺으로 深을 喩하니(淸자를 배우며 濁자를 깨닫게 하고, 近자를 배우며 遠자를 깨닫게 하고, 輕자를 배우며 重자를 알게 하고, 淺자를 배우며 深자를 알게 해야 하니), 두 글자를 거론하여 서로 배우게 하면 두 글자의 뜻을 함께 알 수 있다.

---

22) 《孟子》<梁惠王章句下>: 樂以天下 憂以天下 然而不王者 未之有也.

23) 固以樹德, 直以立身, 空以體道, 貞以立志. = 以固樹德, 以直立身, 以空體道, 以貞立志.

위 문장 중의 "淸以喩濁, 近以喩遠, 輕以喩重, 淺以喩深"의 표기도 '빈어(淸,近,輕,淺)'가 개사 '以'의 앞에 위치하였다. 이들은 "以淸喩濁, 以近喩遠, 以輕喩重, 以淺喩深" 과 같은 내용이며, 바꾸어 표기할 수 있다.

이와 같이 '賓語+以+動詞+賓語'로 붙여서 표현하는 기본형이 있지만, 개사 '以'의 빈어를 분리하여 앞으로 위치하는 경우도 많다. 이럴 경우 그 빈어를 잘 찾아볼 필요가 있다. 아래에서 살펴보기로 한다.

② 舊令尹之政, 必以告新令尹[24]. 옛 영윤의 정책을 반드시 새로 온 영윤에게 알린다.

'以'의 賓語(舊令尹之政)가 명사어로 '以'와 분리되어 앞에 놓였다. 위의 문장을 '以'의 賓語를 직접 취하여 나타내면: '必以舊令尹之政告新令尹' 으로 표기할 수 있다. '以' 개사의 구문을 볼 때에 유념해야 할 것은 먼저 '以'의 목적어를 찾고, 이것을 관련된 동사와 연결하여 해석하는 것이다.

아래와 같이 '以'의 賓語가 멀리 앞쪽에 떨어져 있는 경우도 있다.

③ 齊宣王 問曰文王之囿 方七十里 有諸. 孟子 對曰於傳有之 曰若是其大乎. 曰 民猶以爲小也.《孟子》<梁惠王章句下> 諸=之乎. 有諸 : 有之乎.

제선왕이 물어 말하기를 '문왕의 동산은 사방으로 넓이가 칠십리라 하는데 그런 사실이 있습니까?' 孟子가 대답하여 말하기를 '傳에 그런 말이 있습니다.' 제선왕이 말하기를 '그와 같이 거대합니

24)《論語》<公冶長>: 子張 問曰令尹子文 三仕爲令尹 … 舊令尹之政, 必以告新令尹 何如 子曰 忠矣.

까?' 孟子가 이르기를 '백성들이 오히려 그것(문왕의 동산)을 작다고 여깁니다.'

여기에서 '以'의 賓語는 앞에 나온 '文王之囿'이다. '以'의 賓語를 직접 취하여 나타낸다면 '民猶以文王之囿爲小也' 로 표현할 수 있다. '文王之囿' 대신 대명사(之)를 써서 '民猶以之爲小也' 라고 표현할 법도 하지만 그렇게 하지 않고 대명사를 생략하고 표현한다. '以'의 기본은 賓語를 취하는 것이고, 賓語는 앞에 분명히 나와 있기 때문에 굳이 '以' 뒤에 다시 붙여서 쓰지를 않는다. 이와 같이 쓰는 것이 통상적이다.

'以'는 賓語를 취하는 것이 기본이다. 賓語를 취하여 문장의 내용을 구성하는 데 역할을 한다. 대개 '以賓'구는 문장중의 동사와 관계를 갖게 되므로 부사(狀語)구의 성격을 갖는다.

(4) 앞의 문장을 뒤에서 '以'의 賓語로 취하는 문형

'以'가 행위를 賓語로 취할 경우에는 대부분 '以'의 賓語가 앞쪽에 위치한다. 이 때 그 행위를 나타내는 문형은 '動賓(動詞+賓語)'구조를 이루는 하나의 문장이다. 이 動賓구조 문장의 내용은 대개 수단이나 방법을 나타내는 행위인데, 이를 뒤에 오는 '以'가 賓語로 취하여 바로 뒤에 오는 動詞와 연계해서 하나의 문장을 이룬다.

표현의 구조는 일반적으로〔문장(행위), 以+動詞+賓語〕의 형태이다. 쉽게 구별하는 방법은 '以' 개사 바로 뒤에 동사가 오는 '以動賓'의 형식을 보면 그러한 유형임을 쉽게 알 수 있다. 이때 '以'의 빈어는 앞에서 말하는 그 내용(행위)으로 보면 된다. 그 예를 들어 보기로 한다.

① 克明俊德 以親九族[25] 능히 큰 덕을 밝혀 구족을 친히 하다.

'以'의 賓語는 앞에 있는 '克明俊德'이다. '以' 뒤에 동사 '親'이 오고 그 뒤에 賓語(九族)가 왔다. 앞에 오는 '克明俊德'은 動賓구조를 이루는 문장이다(主語는 堯, 사람). 이 내용을 뒤에 오는 개사 '以'가 빈어로 취하여 바로 뒤에 오는 동사(親)와 연계하여 전체의 문장을 이룬다.

'克明俊德'을 대명사(之)로 지칭하여 표기하면 '克明俊德', '以(之)親九族'으로 볼 수 있다. 능히 큰 덕을 밝히고, 그 덕을 가지고 구족을 친히 한다는 말이다(修身을 잘 하여 그 자격으로 齊家를 한다는 말). 이처럼 앞 문장의 동작행위의 내용을 賓語로 취할 경우에는 대개가 수단이나 방법이 '以'의 賓語가 된다. '克明俊德'은 짧은 문장이지만, 긴 문장이나 여러 문장이 나타낸 종합적인 내용을 빈어로 취할 때도 많다.

② 甚者, 爪其膚 以驗其生枯, 搖其本 以觀其疏密, 而木之性 日以離矣. 柳宗元<種樹郭橐駝傳> 심한 자는 그 나무껍질을 손톱으로 긁어서 그 나무가 살아있는가 말랐는가를 증험해보고, 그 뿌리를 흔들어서 그 나무가 잘못 심어졌는가 잘 심어졌는가를 관찰하니, 나무의 본성이 날로 그로 인하여(그 때문에) 사라지는 것이다.

'以驗其生枯'의 '以'는 앞의 '爪其膚'를, '以觀其疏密'의 '以'는 '搖

25)《書經》<虞書, 堯典>: 克明俊德 以親九族 九族既睦 平章百姓 百姓昭明 協和萬邦 黎民 於變時雍. 九族은 高祖부터 玄孫까지의 親族임. 克明俊德은 修身을, 以親九族은 齊家를 말함.

其本'을 賓語로 취하고 있다. 끝부분 '日以離矣'의 '以'는 '而木之性' 앞의 모든 행위가 賓語가 된다. 그런 행위 때문에 '木之性'이 離한 것이다.

③ 子曰 溫故而知新 可以爲師矣.《論語》<爲政>
옛날에 배운 것을 잘 온습하고 여기에 새로운 것을 더 알게 되면 사람들을 가르치는 스승이 될 수 있다.

여기에서 '以'의 賓語는 앞에서 말한 '溫故而知新'이다. 다시 말하면 溫故而知新의 방법으로 師가 될 수 있다는 말이다. 이는 '可以(溫故而知新)爲師矣'의 뜻이다.

④ 樂琴書以消憂.<歸去來辭> 거문고와 책을 즐기면서 근심을 해소한다.

문장의 앞부분 '樂琴書'가 뒤에 오는 '以'의 賓語이다. '樂琴書'는 動賓구조이다. 이것이 '以'의 賓語라 해서 '以樂琴書消憂'로 표현하면 같은 뜻의 문장이 될 수 없다. 왜냐하면 '以'에 직접 붙는 목적어는 名詞라는 원칙에 따라 "음악과 거문고와 책으로 근심을 해소한다"고 볼 수 있기 때문이다. '以'의 賓語 '樂琴書'를 동명사구로 풀이하여 "琴書를 즐기는 것", 또는 "琴書를 즐김"으로 볼 수도 있지만 오해하기 쉬우므로, '以'가 직접 빈어를 취하는 '介賓' 구조일 때 빈어는 대부분 實體詞(명사)를 취한다.

☆ 실체사를 취하지 않는 경우의 例: 앞의 '吾以捕蛇獨存' 설명 참고.

⑤ 앞에서 언급한 긴 말의 내용을 '以'의 賓語로 취하는 경우도 있다.

孟子 去齊 尹士 語人曰不識王之不可以爲湯武則是 不明也. 識其不可 然且至則是 干澤也. 千里而見王 不遇故 去 三宿 而後出晝 是何濡滯也. 士則玆不悅. 高子 以告 曰夫尹士惡知予哉. 《孟子》<公孫丑章句下>

孟子가 제나라를 떠날 때에 윤사가 사람들에게 말하기를 "孟子가 만약 제나라 왕이 탕왕이나 무왕처럼 훌륭한 임금이 될 수 없다는 것을 모르고 왔다면 이것은 현명하지 못한 것이요, 그렇게 될 수 없음을 알고 그러고도 왔다면 이는 은택을 구하려는 것이다. 천리 먼 길을 와서 왕을 만나보고 뜻이 맞지 않아 떠나가면서 사흘 저녁이나 넘기고 난 뒤에 겨우 주읍을 나서니 이 어찌 그렇게 머뭇거리는고? 윤사(나)는 이점이 좋게 생각되지 않는다." 고자가 윤사가 한 이 말을 孟子에게 告한대 孟子가 말하기를 "윤사가 어찌 나를 알겠느냐?"

위의 문장에서 '以告'의 '以'는 앞에서 尹士가 한 "말 전부"를 빈어로 취한 것이다. 윤사가 한 말 전부를 '之'로 指稱하고 끝부분의 '以告'부분을 모두 나타내면 다음과 같이 나타낼 수 있다: 高子 以之告於孟子, 孟子 曰夫尹士惡知予哉.

이와 같은 방법으로 '以'가 앞문장의 내용을 빈어로 취하여 뒤의 동사와 연관하여 하나의 문장을 이루는 형식이 매우 많다. '以'가 앞의 문장내용을 빈어로 취하여 뒤의 동사와 연계해서 문장을 이루는 용례는 《周易》에서도 많이 발견할 수 있다. 아래에 예를 들어 본다. 이해를 돕기 위하여 조선시대 成均館에서 한글로 懸吐한 문장을 예로 들어본다.

* 象曰山下出泉이 蒙이니 君子ㅣ 以하야 果行하며 育德하나니

라.《周易》<蒙卦>

“象을 말하노니, 산의 아래 샘이 나는 것이 몽의 형상이니, 군자가 이 象으로(이 상을 체득하여) 물처럼 행하기를 과감하게 하고 산처럼 든든한 덕을 기르는 것이다.”

* 象曰地上有水ㅣ比니 先王이 以하야 建萬國하고 親諸侯하니라.《周易》<比卦>[26]

“상을 말하노니, 땅위에 물이 있음이 比卦의 형상이니, 선왕이 이로써 만국을 봉건해 주고 제후와 친히 하는 것이다.”

위의 예시문에서 한글 현토(懸吐)를 보면 쉽게 그 쓰임을 알 수 있다. 《周易》에서 간혹 발견할 수 있는 ‘以’뒤의 현토인데 문장 중에 ‘以하야’의 의미는 ‘앞에서 말한 괘의 형상을 취하여(취해가지고)’라는 뜻이다. 앞의 내용을 賓語로 여기고 그렇게 표현한 것이다. 여기의 懸吐‘하야’를 없애고 ‘以建萬國’으로 표기할 수 있는데 ‘以’뒤에 현토를 하였다. ‘以’는 ‘用’의 뜻으로 보면 잘 통할 때가 많다. 그러나 ‘以’는 구문에서 연결하는 介詞로 연관성을 지니고 있다.

(5) 動賓구조와 介賓구조가 분리되어 있는 문형

① 見冕者與瞽者 雖褻 必以貌.《論語》<鄕黨>

면류관을 쓴 사람과 눈이 먼 사람을 만나면, 비록 사사로운 자리일지라도 반드시 禮貌로 만나보았다.

② (子曰) 其事也, 如有政 雖不吾以, 吾其與聞之.《論語》<子路>

그게 家事였으리라, 만약에 國政이었다면 비록 나를 써주지 않는다해도 내가 참여하여 들을 수 있었을 것이다.

---

26) 原本集註《周易》, 明文堂.

③ 父母之年 不可不知. 一則以喜, 一則以懼.《論語》<里仁>

부모님의 나이는 알지 않을 수 없다. 하나는 기쁘기 때문이요, 하나는 두렵기 때문이다.

①번에서 '以'의 賓語는 '貌'이고, 이 '介賓'구와 관계되는 동사는 앞에 있는 '見'이다. 핵심구문을 표기한다면, '以貌見冕者與瞽者' : '以貌見之' 이다.

②번의 '如有政 雖不吾以'의 구문을 알기 쉽게 나타내면 '如雖不以吾有政(비록 '왕이' 나를 정치를 갖게 하지는 않지만)'이다. 부정어(不)와 대명사(吾)가 함께 쓰일 경우 도치되는 경우이다. 따라서 '吾以'는 '以吾'로 보고 이것과 관계하는 동사는 '有'이므로 그렇게 볼 수 있다.

③번 문장의 동사는 '不可不知(知)'이다. '不可不'은 '知'를 강조하는 부사어이므로 빼고 나면 동사는 '知'로 볼 수 있다. '以'와 빈어는 '以喜'와 '以懼'이다. 내용을 핵심어로 나타낸다면 '知年以喜, 知年以懼'이다. 이를 어법적으로 '以喜知年, 以懼知年'으로 도치할 수 있다. 나이를 알아야만 하는 것은 두 가지 이유이다. 오래 살면 기쁘기 때문이고, 나이가 많으면 돌아가실까 두렵기 때문이다(돌아가실까 두려움을 느끼면 효를 더 하므로 알아야 한다는 뜻). 不可不知父母之年者 以喜與懼. 必知父母之年者 以喜與懼也. 반드시 부모의 나이를 알아야 하는 것은 기쁨과 두려움 때문이다.

① ② ③번 모두가 '動賓'구문이 분리되어 앞에 위치하고, 聯關된 개사(以)와 빈어는 뒤에 있다.

(6) 理由·原因을 나타내는 문형

'以'는 介詞로 작용할 때 賓語를 취하여 문장중의 동사와 관계를 맺어준다. 근본은 이런 원리인데 표현은 다양하게 나타낸다. 강조하는 내용을 먼저 말하고 '以'뒤에 이유를 다는 형식도 있다. 예문을 보기로 한다.

① 天下匈匈數歲者, 徒以吾兩人耳.《史記》<項羽本記>
천하가 여러 해 동안 떠들썩한 것은 오직 우리 두 사람 때문이다.

'以'의 賓語는 '吾兩人(우리 두 사람)'이며 동사는 '匈匈'이다(以吾兩人凶凶天下).

강조하려는 내용을 앞에 기술하고 여기에 구문의 내용을 확실하게 하기 위하여 名詞化 어미조사 '者'를 붙인 다음 뒤에서 '以'의 賓語로 요인을 말한 것이다. 人愛仁義者, 以其性也. 사람이 仁義를 좋아한 것은 人性 때문이다. =以人性愛仁義.

② 所貴乎人者, 以其有五倫也. <童蒙先習>
사람을 귀하게 여긴 것은 그가 오륜을 지니고 있기 때문이다.

위 구조는 '動詞+賓語+以+賓語'의 형식을 활용하였다. 핵심어로 표기하면 '貴人以其有五倫'의 뜻이다.

어떤 행위에 대한 요인 · 이유를 아래와 같이 앞에 밝히는 경우도 있다.

③ 臣以供養無主 辭不赴. 李密<陳情表>

저는 어머니를 공양하는 일을 맡을 자가 없기 때문에 사양하고 나가지 않았습니다. '以'의 빈어는 '供養無主' 핵심동사는 '不赴'.

④ 以其有似於賢 而人猶愛惜之. 白居易<養竹記>

대나무는 어진 사람과 흡사한 점을 가지고 있기 때문에 사람들이 그것을 좋아하고 아낀다. '以'의 빈어는 '其有似於賢' 핵심동사는 '愛惜'.

위 ③번은 도치하여 뒤의 '辭不赴' 뒤에 어기사 '者'를 붙이면 앞에서 살펴본 ① ②번의 문형과 같은 유형이 된다; 臣,辭不赴者, 以供養無主: 제가(臣) 사양하고 나가지 않은 것은 어머니를 공양하는 일을 맡을 자가 없기 때문입니다. ④번도 마찬가지이다(人愛惜之者 以其有似於賢).

이상의 문장들은 개사 '以'로 인하여 이유 원인을 나타내는 것이 아니고 그러한 요인을 '以'가 목적어로 취하고 있는 것이다.

※ '以' 개사를 활용한 대표적인 표현의 문형은 '以+賓語+動詞+賓語(以A爲B)'의 형태이다. 이때에 '以'의 빈어는 대부분 명사 단어를 사용한다. 그런데 위의 ③ ④번의 예문은 '以'의 빈어가 '供養無主' '其有似於賢'과 같이 내용을 말하는 문장이 왔다. 흔한 표현은 아니다. 아래도 같은 유형이다.

○ 以賂之之有無 其進也 有疾徐先後.[27]

27) 李奎報, <舟賂說>: 嗟乎 此區區一葦所如之間 猶以賂之之有無 其進也 有疾徐先後, 況宦海競渡中.

뇌물을 줌이 있고 없음으로(있고 없음에 따라, 있고 없음 때문에) 그 배가 나가는 것이 빠르고 느리고 앞에 가고 뒤에 감이 있다. '賂之'의 '之'는 뇌물을 주는 대상.

이 문장의 주어는 '其進也'이며, '以'의 목적어는 '賂之之有無'이고 핵심동사는 '有'이며 동사(有)의 목적어는 '疾徐先後'이다. '以' 개사 구문의 사이에다 주어를 묘하게 기입하였다. 이 문장의 핵심어를 가려 표기하면, '其進也 以賂有先'이다. '그 배가 나가는 것이 뇌물로 앞섬이 있다'는 말이다. '以+賓語+動詞+賓語'의 문형인데, 이런 형식에서 '以'의 목적어는 간단한 어휘의 명사어가 오는 것이 일반적이다. 이렇게 '賂之之有無'처럼 문장을 '以'와 直接한 목적어로 취하는 경우는 극히 드물다. 이 문장을 보통 쓰는 표현으로 다시 나타내면, '其進也 有疾徐先後者 以賂之之有無也.'이다(그 배가 나가는 것이 빠르고 느리고 앞에 가고 뒤에 감이 있는 것은 뇌물을 주는 일이 있고 없기 때문이다).

(7) 同一性格 品詞의 接續

○ 治世之音 安以樂 其政和, 亂世之音 怨以怒 其政乖, 亡國之音 哀以思 其民困. <毛詩序>

잘 다스려진 세상의 음악은 편안하면서 즐거우니 그 정치가 평화롭고, 혼란한 세상의 음악은 원망하면서 분노하니 그 정치가 어긋나고, 망한 나라의 음악은 슬프면서 그리워하니 그 백성들이 곤궁하다.

위 문장에서 '安以樂', '怨以怒', '哀以思' 구문의 구조를 살펴보면 '以' 개사 전후가 安과 樂, 怨과 怒, 哀와 思로 동일한 성격(형용사)의 품사로 대등하게 관련하고 있다. 여기에서 '以' 대신 '而'를 동음 가차하여 '安而樂', '怨而怒', '哀而思'로 보면 쉽게 뜻을 알 수 있다. 그러나 '安以樂'과 '安而樂'은 기본적으로 차이가 있다. '而'는 전후 구문을 연결해주는 접속사의 기능을 가지고 있고, '以'는 賓語를 취하여 구문의 동사와 관련을 지어주는 介詞이다. 따라서 '安而樂'은 安하고 樂한 것이며, '安以樂'은 安과 樂이 상호 관계를 갖고 있다(以安樂: 安으로 樂하고, 以樂安: 樂으로 安하다). 편안함으로써 즐겁고 즐거움으로 편안하다는 말이다. 모두가 결과는 같은 뜻이 될지라도 어원을 밝힌다면 이런 차이가 있다고 볼 수 있다.

(8) '以'개사와 결부하여 자주 쓰이는 표현들

흔히 '以'와 연합해서 쓰이는 '所以', '有以', '無以' 등을 독립적인 관용적 표현으로 보고 별도의 의미를 가지고 작용한다고 보는 것은 옳지 않다. 이들은 각자마다의 역할을 띠고 조합되고 있는 것이다.

'所以'의 구문에서 '所以'는 흔히 '이유', '원인', '까닭'을 나타낸다고 말한다. 대개 그와 같은 뜻을 나타내므로 그런 뜻으로 보고 풀이하면 대략 의미는 통한다. 그러나 '所'자와 '以'자가 어떤 작용을 하고 있는가를 정확히 알고 보아야 한다.

가. '所以'

① 師者 所以傳道 授業 解惑也. 韓愈<師說>

스승이란 것은 도를 전해주고 업을 주고 의혹을 풀어주는 것이다.

여기에서 '以'의 賓語는 '師'이다. 이를 다시 표기해본다면 '以師傳道', '以師授業', '以師解惑' 하는 것이다. '所'자는 이하의 전체내용을

名詞化하여 처리하는 기능을 가지고 있다(~바, ~것). 각자가 따로 기능을 가지고 작용하고 있는데 마치 하나의 합성어처럼 취급하여 보는 경향이 있다. 以師解惑 : 師로 惑을 풀어주다. 所以(師)解惑 : 師로 惑을 풀어주는 것(바).

② 親賢臣 遠小人 此先漢所以興隆也. 親小人 遠賢臣 此後漢所以傾頹也. 諸葛亮<出師表>

賢臣을 친히 하고 小人을 멀리 하니, 이는 先漢이 그런 행위로(그런 행위 때문에, 그런 까닭에)흥융했던 것이요, 소인을 친히 하고 현인을 멀리하니, 이는 후한이 그런 행위로 무너졌던 것입니다.

여기에서 '以'의 賓語를 찾으면 앞 문장은 '親賢臣', '遠小人'이고, 뒤의 문장은 '親小人', '遠賢臣'이다. 동사는 '興隆'과 '傾頹'이다. '以'의 賓語는 앞에 나타난 행위이다. 그런 행위로 흥성했고, 그런 행위로 무너졌던 것이다.

賓語를 대명사로 대체하여 나타낸다면 '親賢臣 遠小人, 此先漢所以之興隆也. 親小人 遠賢臣, 此後漢所以之傾頹也,'이다. '所'는 이하의 구문을 명사화 해주는 기능을 하고 있다. 즉 '以之傾頹' 를 맨 나중에 명사구로 만들어 주는 역할을 한다.

그런데 '所以'를 하나의 어휘로 보고 단순히 '까닭(원인)'으로 처리하여 보는 예가 있다[28]. 그렇게 보면 대개 말의 뜻이 전달되기 때문이다.

③ 及其十有五年, 則自天子之元子衆子, 以至公卿大夫元士之

28) 洪寅杓 著,《漢文文法》, 223쪽. 楊伯峻 지음, 윤화중 옮김,《中國文言文法》, 179쪽.

適子, 與凡民之俊秀, 皆入大學, 而教之以窮理正心修己治人之道, 此又學校之教 大小之節, 所以分也.《大學》

이 문장의 맨 끝 부분 '所以分也'를 分析해보면, '以'는 앞의 전체 내용을 賓語로 취한다. 즉, 賓語는 '그렇게 해서(그런 방법으로)'이다. '所'는 文頭에 올 때 그와 연관해서 쓰이는 동사를 名詞化 해준다. 이러한 각자의 역할을 취하여 보면 '所以分也'는 '그러한 방법으로(以) 나누어진 것(所)이다(也)' 라고 풀이가 된다.

'所以'의 구조를 살펴볼 때, '以'字는 앞의 내용을 賓語로 받아 '그럼으로써' 또는 '그것으로써' 이고, '所'는 사실상 文句의 述語를 명사형으로 終結하는 기능을 가지고 있으니 우리말로 하면 ' ~것' 또는 '~바' 로 귀결시킨다. '所'는 문구를 명사구문으로 만드는 기능을 가진 것이다(명사구문 접두사). 現代漢語에서 '所以(그러므로)'를 獨立語句로 표기하며 접속사로 활용하는데, 따져보면 두 글자 모두는 각자 구실을 하면서 합성어가 된 것이다.

나. '有以' · '無以'

① 殺人以梃與刃, 有以異乎?《孟子》, <梁惠王章句>

몽둥이와 칼로 사람 죽이는 것이 다름이 있는가?

이 경우 '有以'의 '以'는 앞의 내용(手段)을 賓語로 취한 것이다. 즉 '몽둥이와 칼로 사람 죽이는 것(殺人以梃與刃)', 이 두 가지 방법을 賓語로 취한다. 그 두 가지 행위가 차이가 있냐는 물음이다. 빈어를 대명사(之)로 대체하여 표기해 본다면: '有以(之)異乎'이다(그것을 다르게 여김이 있느냐?). '無以'도 이와 동일한 구조로 보면 된다(無以異

乎). 이때 '有', '無'는 '以' 이하의 구문을 빈어로 취하는 동사일 뿐이다.

다. '以爲'

'以爲'에 대해서는 크게 두 가지로 풀이할 수 있다.

첫째, '以爲'가 연접하여 사용되는 경우에 '以'는 介詞이고 '爲'는 일반 동사일 뿐이다. 예문을 들어 말하면:

① 事君盡禮, 人以爲諂也. 임금을 섬기며 예를 다 하는 것을 사람들이 아첨으로 여긴다.

② 寡人之囿, 方四十里, 民猶以爲大, 何也.
과인의 동산은 사방으로 사십 리로되 백성들이 오히려 크다고 한 것은 어째서 입니까?

③ 向之所欣 俛仰之間 以爲陳迹. 지난날의 흔쾌한 일이 순식간에 지나간 자취가 된다. <蘭亭記>

세 문장에서 '以'는 앞에 언급한 것을 賓語로 취한다. 말하자면 '事君盡禮', '寡人之囿(方四十里)', '向之所欣'이 '以'의 賓語가 된 것이다. 앞에서 살펴본 '以+動詞'의 구문과 다름이 없다. 여기에서 '以爲'의 구조는 앞에서 이미 설명한 '樂琴書以消憂', '百工居肆 以成其事'에서 '以消', '以成'의 구조와 똑같은 것이다. 즉, '以爲'는 '以+動詞'의 구조일 뿐이다.

두 번째는, 관용적인 '以爲'이다.

'以爲'가 연합사로 쓰일 때 이때의 '以'는 介詞라기보다 轉注에 의한 글자의 운용이다. '以'와 '爲'字는 모두 字典에 '생각하다(思)'의 뜻을 지니고 있다. 때문에 '~라고 생각하다'라는 해석은 본연의 뜻이라 보면 편하다. 또 '爲'字는 '~으로 여기다'의 본래 뜻이 있으니, '以爲'를 합성동사 '思爲'라고 보면 '~으로 생각하다', '~이라고 여기다'로 풀이 할 수 있다. (간혹 '爲'는 본 동사 뒤에 붙어서 동작의 행위를 돕는 조사처럼 사용될 때도 있다.) 생각은 말로 나타나기 마련이니, '~라고 생각하다'가 引伸되어 '~라고 말하다'가 될 수 있다. '以爲' : '思爲' : '言爲' : '認爲'.

아래에 예문을 들어본다.

① 竊以爲捨本逐末, 終必無成. 가만히 말하건대; 본을 버리고 말을 좇으면 결국에 성공이 없다.

② 其意, 以爲天下事固易也.[29] 그의 뜻은 천하의 일이 참으로 쉽다고 생각한다(여긴다).

③ 愚以爲宮中之事 事無大小 悉以咨之 然後施行 必能裨補闕漏 有所廣益. <出師表>

저는 말하건대; 궁중의 일은 일의 크고 작은 것 할 것 없이 모두를 그들에게 자문하고 난 연후에 시행하면 반드시 잘못을 고칠 수 있어서 크게 이로운 바가 있을 것입니다.

'以爲'의 '以'를 개사가 아닌 것으로 보면 '思爲(~라고 생각하다)', '言爲(~라고 말하다)', '認爲(~라고 여기다)'와 같은 의미로 볼 수 있다. 그러나 '以'는 어떤 理由나 原因을 지니고 있다고 할 수 있다. 즉, 말하는 자가 표현하기에 앞서 어떤 對象에 대하여 마음속으로 갖는 見解나 意見이 그 理由가 된 것이다. '曰', '言', '謂' 등과는 多少 차이가 있다고 할 수 있다.

29) 洪寅杓 著, 《漢文文法》, 219面.

2) 倒置 · 省略에 依한 用法

介詞 '以'를 활용한 구문은 '以'와 관련하여 도치되고 생략된 경우가 매우 많다. 앞에서도 다소 언급은 했지만 도치와 생략의 유형을 살펴보기로 한다.

(1) 倒置

개사 '以'의 賓語가 名詞일 경우 표현의 방법은 대개 세 가지 유형으로 바꾸어 표기할 수 있다. 대개 강조하고 싶은 부분을 앞쪽에 표기하는 것이다. 예문을 들어 고찰해 보기로 한다.

① 竹本固, 固以樹德… 竹性直, 直以立身… 竹心空, 空以體道… 竹節貞, 貞以立志. 白居易<養竹記> 대나무의 뿌리는 견고하니, 견고함으로 덕을 세운다… 대나무의 성질은 곧으니, 곧음(直)으로 몸을 세운다… 대나무의 마음(속)은 비우니, 비움으로 도를 체득한다… 대나무의 절개(마디)는 곧으니, 곧음(貞)으로 뜻을 세운다.

위 문장의 밑줄 친 부분을 다시 나타내면 아래와 같이 표현할 수 있다.

固以樹德 : 以固樹德 : 樹德以固.

直以立身 : 以直立身 : 立身以直.

空以體道 : 以空體道 : 體道以空.

貞以立志 : 以貞立志 : 立志以貞.

강조하고 싶은 부분을 앞에 표기하는 倒置의 수사법이다.[30]

② 樂以天下 憂以天下 然而不王者 未之有也.《孟子》 <梁惠王章句下>

즐기기를 천하 사람과 함께하며 걱정하기를 천하 사람과 함께하고 그리하고도 왕노릇 하지 못할 사람은 아직 있지 않습니다.

위 문장 중 '樂以天下, 憂以天下'는 '以天下樂, 以天下憂'로도 표현할 수 있다.

흔히 관용적인 표현으로 '是以'와 '何以'를 자주 보게 되는데 이들은 '以是'와 '以何'가 倒置된 유형으로 賓語가 앞으로 가 있는 것이다. 倒置는 앞의 것을 强調하기 위한 것인데, 慣用的인 표현으로 '是以', '何以'를 사용한다.

○ 此皆良實 志慮忠純, 是以先帝簡拔. 諸葛亮<出師表>

이들은 모두 진실하고 마음먹은 뜻이 충순하니, 이 때문에 선제께서 선발하다.

○ 何以利吾國.《孟子》,<梁惠王章句>

어떻게(무엇으로) 나의 나라를 이롭게 할까요?

(2) '以'의 빈어 省略

漢文(古文)의 문장 수사는 생략의 수사법을 기본으로 삼는다. 하

30) '以'를 사용한 구문의 도치유형은 흔히 찾아볼 수 있다. 서당에서 초보자가 배우는 <四字小學>에 부모가 자식을 "腹以懷我하시고 乳以哺我하셨네"도 "以腹懷我, 以乳哺我"의 도치형이다. 물론 "哺我以乳"라고 해도 된다. 강조하고 싶은 부분을 앞에 표현한다고 볼 수 있다.

나의 문장에 동일한 어휘나 구문을 반복하여 표기하지 않는다. 지극히 간결하면서 함축적인 표현을 추구한 것이다.

개사 '以'는 빈어가 앞에 올 경우 뒤에서 다시 그것을 빈어로 취하지 않는다. 이런 경우 '以' 개사의 賓語는 앞에 위치하게 되므로 뒤에서 생략하고 바로 동사가 온다. 예를 들면:

① 立身行道 揚名於後世 以顯父母 孝之終也.《小學》
몸을 세워 도를 행하여 후세에 이름을 날려서 부모님을 드러나게 하는 것이 효의 마침이다.

② 挾太山 以超北海.《孟子》<梁惠王章句上>
큰 산을 옆구리에 끼고 북해를 뛰어넘다.

①번 구문의 '以'의 賓語는 '몸을 세워 도를 행하여 후세에 이름을 날리는 것'이다. 그런 행위로 부모님의 명예를 드러낸다는 말이다. ②번 구문의 '以'의 賓語는 '큰 산을 옆구리에 끼는 행위'이다. 모두 뒤에서 '以'의 賓語가 생략되어 있다.(극히 드물게 대명사로도 표기할 때가 있다).

심지어 '以'의 賓語로 명사가 앞에 올지라도 뒤에서 대명사로 指稱하지 않고 생략한다.

○ 曰寡人之囿 方四十里 民猶以爲大 何也.《孟子》<梁惠王章句下>
나(양혜왕)의 동산은 모로 사십 리인데 백성들이 (그것을) 크다고 여긴 것은 무엇 때문입니까?

'以'의 賓語는 동산(사십 리 규모)이다. 이처럼 앞에 賓語가 있으

면 뒤에서 '以'는 그것을 賓語로 간주한다.[31]

또 한편 '以'와 관계하는 動詞가 앞에 나올 경우에는 뒤에서 그 동사를 반복하지 않고 '以'의 賓語만 취한다. '以'는 賓語를 취하여 구문중의 동사와 연관하는 법칙에 따라 두 번 기록하지 않는 현상을 살필 수 있다.

○ 國人莫敢言, 道路以目. <國語,周語上>
나라의 사람들이 감히 말을 하지 못하고 도로에서 눈짓으로 말하였다.

문장의 동사는 '言'이다. 따라서 賓語를 '目'으로 취한 '以目'을 문장중의 동사와 관계하여 풀이해야 한다. '道路以目'의 생략된 부분을 살려서 나타내면 道路以目言(道路以目言之)이라고 할 수 있다. 앞에 동사 '言'이 있으므로 뒤에서 다시 표기하지 않았다. 以目言 : 目으로 言하다.

개사 '以'를 동반한 문장의 생략은, 듣고 보는 자가 '以'를 활용한 화법을 잘 알고 있다는 전제하에서 생략을 하고 표현한다. '以' 개사와 관련된 동사가 없는 경우도 있다. 이때는 개사 '以'의 용법을 적용하여 事理에 맞는 행위의 동사를 추정해야만 한다.

---

31) 韓愈는 그의 <原道>편에서 儒家의 仁義道德 詩書易春秋 禮樂刑政 士農工賈 君臣父子 등의 중요성을 강조하고, 이어서 "其爲道易明 而其爲教易行也. 是以 以之爲己則順而從, 以之爲人則愛而公, 以之爲心則和而平, 以之爲天下國家 無所處而不當."이라고 서술하면서 앞의 내용을 대명사 '之'로 지칭하여 '以'의 賓語로 표현하고 있다. 이와 같은 표기도 간혹은 있으나 일반적으로 대명사(之)를 쓰지 않고 생략한다.

○ 哀公 問社於宰我, 宰我 對曰夏后氏 以松, 殷人 以栢, 周人 以栗, 曰使民戰栗.《論語》<八佾>

애공이 재아에게 社[32]에 대하여 물었다. 재아가 "하후씨는 소나무로 하였고, 은나라 사람은 잣나무로 했고, 주나라 사람은 밤나무로 했으니, 그것은 백성들로 하여금 戰慄하게 하려는 것이었습니다."라고 대답하였다.

개사 '以'와 관련된 動詞가 없다. 이때 '以'를 '用'으로 보면 무난할 수도 있다. 그러나 '以+賓語'와 관련된 동사를 찾을 필요가 있다. '問'은 '以'와 관련이 없는 동사이다. '以'와 관련된 것은 '社'이다. '社'를 동사로 풀이하면 쉽게 해결되지만 여기서 '社'는 동사가 아닌 명사이다. '社'는 土地神에게 제사지내는 곳인데 이곳의 주체는 社木(例:당산나무)이다. 이에 대해 묻자 재아는 "夏나라는 松으로, 殷나라는 栢으로, 周나라는 栗로" 하고 대답하였다. 대답으로 보아 "社를 만드는데 社木을 무슨 나무로 하였느냐"는 질문임을 추정할 수 있다. 즉, "무슨 나무를 심어 社를 만들었냐?"는 질문에 대해 재아는 "夏后氏는 以松爲社木(=以松樹之於社), 殷人은 以栢爲社木, 周人은 以栗爲社木"을 줄여서 대답한 것이다.[33] 개사 '以'는 動詞와 관계를 하여 하나의 문장을 이루기 때문에 동사가 생략되었다 해도 事理에 맞는 동사를 추정해서 풀이를 해야 한다.

---

32) '社'는 土地神에게 제사지내는 자리이다. 여기에 社木을 심어 祭主로 삼으니 마치 마을의 당산나무와 같은 것으로 나라의 나무이다. '社'에는 나무(社木)가 가장 중요한 상징물이다. 哀公은 사실 宰我에게 社木에 대해 물어본 것이다.

33) 소나무 잣나무 밤나무를 社에다 神主의 나무로 심었다는 말이다. 以松樹(植)之於社, 소나무를 社에다 심었다. 以栢樹(植)之於社, 以栗樹(植)之於社. <論語集註>: 古者立社, 各樹其土之所宜木, 以爲主也. 옛날에 社를 만들고, 각자 그 토질에 맞는 나무를 심어서 신주로 삼았다.

이상과 같이 개사 '以'를 동반한 구문에서는 도치와 생략이 빈번하게 이루어진다. 잘 살펴보면 원리는 하나인데 다양하게 표현하는 것이다.

3) 介詞外의 用法

漢字는 글자마다 여러 가지의 뜻을 지니고 있다. 一字多意의 현상은 한자의 특징인데, 이는 문자의 轉用을 그만큼 용이하게 해주지만 구문해석의 어려움을 제공하는 요인이기도 하다. '以'자도 例外일 수는 없다. 대개 학자들은 '以'자의 용법을 다양하게 예시하여 설명하면서 介詞의 용법과 글자 자체의 뜻을 구별하지 않고 설명을 한다. '以'를 개사로 쓰인 것과 문자로 쓰인 것을 구별하지 못하면 학습자는 '以'를 너무나 이해하기 복잡한 글자로 간주하게 된다. 때문에 개사로의 쓰임과 문자로의 쓰임을 분명하게 알아야 한다. 개사 외에 문자로 쓰일 경우 '以'의 쓰임과 그 뜻을 대략 알아보기로 한다.

먼저《漢韓大字典》[34]에 예시한 '以'자의 쓰임에 대해 살펴보기로 한다.

총 ① ~ ⑭ 종류로 분류하여 해설하고 있다. 여기에서 介詞로 ①'써 이', ②'써 할 이'의 용법을 제외하면 나머지는 모두가 전주와 가차[35]에 의한 글자의 轉用例를 설명하고 있다. 자전에 나온 순서에 의해

---

34) 民衆書林, 編輯局 編,《漢韓大字典》, 153쪽 叅考.

35) 轉注에 대한 이론은 部首派 轉音派 互訓派 등 여러 학자들의 주장이 있다. 異論이 있지만 '同意相受'라는 기본원칙에 따라 같은 뜻으로 서로 수용한다는 글자의 운용법이다. 전주는 同音 同意의 자간의 轉用을 正例로 본다(예: 老,考也. 考,老也). 그리고 뜻만 같으면 상호 수용할 수 있는 관계를 광의적인 전주로 이를 變例라 한다. 假借는 本無其字하여 同音의 자를 빌려 표기하

살펴보면 아래와 같다.

③ 쓸 이, 사용함, 임용함. 例文 : '不使大臣怨乎不以'《論語》: '대신으로 하여금 임용되지 않음에 원망하지 않도록 한다'는 뜻으로 '以'는 '用'자와 같다.

④ 할 이, 행위를 함 : '視其所以'[36]《論語》: '그 하는 바를 본다'는 뜻으로 '以'는 '爲'자와 같다.

⑤ 말 이, 그침 : '無以則王乎'《孟子》: '그만두라고 하지 않으면 왕도정치에 대해 말씀드리겠습니다'의 뜻으로 '以'는 '已'자로 쓰였다.

⑥ 거느릴 이, 인솔함 : '以其族行'《左傳》: '그 가족을 인솔하여 갔다'의 뜻으로 '以'는 '率'자로 쓰였다.

⑦ 생각할 이, 생각건대 : '伏以, 佛者夷狄之一法耳'<韓愈> : '엎드려 생각건대, 佛者는 오랑캐의 한 법일 뿐이다'로 '以'는 '思'로 쓰였다.

⑧ 함께 이, …와, 함께함 : '之子之歸, 不我以'《詩經》: '그 자녀 시집가니 나와 함께하지 못하네'의 뜻으로 '以'는 '與'로 사용되었다.

⑨ 닮을 이, 비슷함 : '箕子以之'《易經》: '기자가 그를 닮았다'의 뜻으로 '以'는 '似'로 쓰였다.

⑩ 까닭 이, 원인, 이유 : '必有以也'《詩經》: '반드시 까닭이 있다'의

는 문자의 운용방법이다. 동음의 자라도 가급적 상응한 뜻이 있는 자를 빌려 쓰는 것이 正例이다. 그러나 대개 音만 같으면 빌려 쓴다.《中國文字學概說》, 林 尹 지음, 權宅龍 옮김, 轉注 假借 편 참고.《論語》<爲政篇>의 "視其所以"에서 "以, 爲也"라고 주석하고,《孟子》<梁惠王章句上>의 "無以則王乎"에서 "以, 已, 通用"이라고 주석하고, <公孫丑章句下>의 "木若以美然"에서 "以, 太也"라고 주석하고 있듯이 '以'는 개사가 아닌 일반글자로 쓰이고 있다. 여기와 같은 경우는 '以'가 개사가 아니고 '爲'를 써야할 곳에 '以'를, '已'를 써야할 곳에 '以'를, '太'를 써야할 곳에 '以'를 쓴 것이므로 同意相受의 轉注, 또는 同音字의 假借라고 볼 수 있다.

36)《論語》<爲政>: 子 曰視其所以 觀其所由 察其所安 人焉廋哉 人焉廋哉.

뜻으로 '以'는 '由'로 쓰였다.

⑪ 부터 이 …로부터 : '以長沙往'《史記》: '장사지역으로부터 간다'는 뜻으로 이는 '自 · 從'의 자로 쓰였다.

⑫ 심히 이, 대단히 : '不以急乎'《孟子》: '너무(심히) 급하지 않습니까?'의 뜻으로 '以'는 '太(大)'자의 뜻으로 쓰였다. '木若以美然'《孟子》: '나무가 너무 아름다운 것 같습니다.'

⑬ 이미 이, 벌써 : '此心以馳于彼'《王右軍》: '이 마음 이미 그곳으로 달려갔습니다'의 뜻으로 '以'는 '已'자로 쓰였다.

⑭ 성 이, 姓의 하나.

이상을 살펴보면 '以'는 개사로만 작용하지 않고[37], 일반 글자의 쓰임처럼 여러 가지의 뜻을 지니고 사용되고 있음을 알 수 있다. 이 밖에도 아래와 같은 용법이 있다.

○ 中人以上. 중간인 그 이상.

○ 受命以來 夙夜憂嘆.<出師表> 명을 받은 그 이래로 밤낮으로 걱정하고 탄식하였습니다.

○ 雞立峴竹嶺以西, 不歸於我, 則不返也.<溫達傳> 계립현 죽령 그 서쪽을 우리에게로 귀납시키지 못하면 돌아오지 않겠다.

상기의 '以'는 '其'字의 뜻이다. 예를 들어 '五十歲以上'이라면, 오십세를 포함한 그 이상을 말하고, 五十歲以下는 오십세를 포함한 그 아래를 말한다. 참고로 五十歲未滿은 오십세가 포함되지 않는, 즉 49세까지의 나이이다.

---

37) 字典의 풀이와 用例를 살펴보면 ⑥ ⑪번은 개사구문으로 보고 풀이해도 될 것 같다.

4) 介詞 '以' 句文의 解法

개사 '以'가 개입된 구문은 사실상 같은 원리를 응용하여 몇 가지 유형으로 나타낸 것이다. 모든 유형을 귀납하면 하나의 원리인 것을 보는 사람들이 그렇게 다양하게 분석하고 풀이를 하는 것이다. '以'의 활용원리를 이해하고 그 원리에 따라 쉽게 분명한 뜻을 파악해야 한다.

'以' 개사가 구문에서 작용하는 기능을 분명하게 말하면; '介詞', '以는 賓語를 취하여 구문중의 동사와 연관을 갖는다'고 하겠다. 다시 말하면, 하나의 句文에 개사로 작용하는 '以'는 賓語를 취하여 구문중의 동사와 연관하여 문장을 이루는 역할을 한다. 따라서 '以'개사 구문을 풀이할 때는 구문에서 '以'의 빈어를 먼저 찾고 다음에 구문중의 동사(동사술어)를 찾아서 그들 字 · 語가 지니고 있는 뜻에 따라 理致(事理)에 맞게 풀이하면 된다. 아래에서 예를 들어보기로 한다.

* 먼저 '以'가 개사로 작용하는 구문의 기본 형식은 세 가지가 있다.

세 가지 형식은 다음과 같다. (이해의 편의상 A B C형으로 분류한다).

A형: 以+賓語+動詞+賓語. 例, 以直報怨: 直으로 怨을 갚다.

B형: 動詞+賓語+以+賓語. 例, 爲政以德: 政하기를 德으로 하다(德으로 政을 하다).

C형: 賓語+以+動詞+賓語. 例, 貞以立身: 貞으로 身을 세우다.

A · B · C형 각자는 다른 두 가지 형으로 도치될 수 있다. 예를 들면,

'貞以立身'은 '以貞立身', '立身以貞'으로 도치될 수 있다.[38] 물론 앞부분을 강조할 뿐이지 나타내는 뜻은 같다. 모두가 순위만 바뀔 뿐 하나의 원리로 작용하고 있는 것이다.

'以'가 개사로 작용하는 문장의 構造를 살펴보면, 모두가 위 세 가지(A·B·C) 유형 중에 하나로 귀결된다. 세 가지 유형 중에 B와 C형이 분리되어 활용되는 경우가 많은데 원리는 같다. 순서에 따라 예문을 들어 살펴보기로 한다. (앞에서 인용했던 구문을 예로 들어보기로 한다).

A형: '以+賓語+動詞+賓語'

① **以衣溫我. 以五月十日生.** * 이하 해석은 앞의 **例示文** 참고.

② **以練囊 盛數十螢.** <**螢雪之功**>

③ **以其有似於賢 而人猶愛惜之.** *之=竹. <**養竹記**>

A형은 거의 분리되지 않고 前後 순위로 연접해서 사용된다. 그리고 비교적 짧은 표현에 많이 활용된다. ①번의 '以五月十日生(오월 십일에 태어났다)'은 동사 '生'이 自動詞이므로 빈어가 생략되어 있다. ②번 '以練囊 盛數十螢'의 표기처럼 쉽게 구별하도록 '以賓'과 '動賓' 사이를 띄어 쓰는 경우가 있다. 이것은 ①번과 동일한 유형이다. ③번 같은 경우는 특별한 경우이다. 實詞를 간추려 다시 표기하면 '以其賢愛竹(그 어짊 때문에 대나무를 사랑한다)'으로 나타낼 수 있다.

---

38) 《四字小學》에 "腹以懷我하시고 乳以哺我하셨네(배로 나를 안아주시고, 젖으로 나를 먹여주셨네)"도 "以腹懷我, 以乳哺我"의 도치형이다. 물론 "哺我以乳"라고 해도 뜻은 相通한다.

B형: '動詞+賓語+以+賓語'

① 爲政以德./ 殺人以梃與刃.《孟子》<梁惠王章句>

② 見冕者與瞽者 雖褻 必以貌.《論語》<鄕黨>

③ 父母之年 不可不知, 一則以喜, 一則以懼.《論語》<里仁>

B형은 대부분 ①번의 유형처럼 연접하여 사용하지만 때로는 ②③번처럼 '動賓'구조와 '以賓'구조로 분리하여 표현할 때도 있다. ②번의 골자를 간추리면, '見冕者以貌'이다. ③번은 '父母之年'과 '不可不知'가 도치되어 있다. 빈어가 동사 앞으로 간 것이다. '不可不知 父母之年'으로 正位置하고, 전체문장의 골자를 간추려 표기하면 '知年以喜'의 구문으로 B형에 속한다.

C형: '賓語//+以+動詞+賓語'

① 固以樹德, 直以立身, 空以體道, 貞以立志. 白居易<養竹記>

② 師者 所以傳道 授業 解惑也. 韓愈<師說>

③ 修身以治百姓.《論語》/ 樂琴書以消憂. 陶淵明<歸去來辭>

④ 立身行道 揚名於後世 以顯父母.《小學》

⑤ 孟子 去齊 尹士 語人曰"不識王之不可以爲湯武則是 不明也, 識其不可 然且至則是 干澤也, 千里而見王 不遇故 去 三宿而後出晝 是何濡滯也, 士則玆不悅". 高子 以告 曰夫尹士惡知予哉.《孟子》<公孫丑章句下>

C형은 '賓語'와 '以動賓'구조를 분리하여 표현할 때가 매우 많다. 대개 개사 '以'의 빈어가 길 경우(문장일 경우)에 앞에 언급하고 그것을 빈어로 취하여 뒤의 동사와 연결하여 결론을 내리기도 하고, 어떤 말을 길게 하고 난 다음에 그 말을 '以'의 빈어로 취하여 뒤의 동사와

이어서 서술하기도 한다. 결국 빈어가 개사 '以'의 앞으로 도치되어 있는 형태일 뿐이다.

위의 ① ②번의 경우처럼 '以'의 빈어가 앞에 名詞 · 語로 오는 경우도 있지만 대개는 빈어가 앞에 '動賓'구조의 문장이 많이 온다(빈어이므로 명사절). 말하자면 한 문장 이상을 빈어로 할 경우에는 반드시 C형을 취한다.

②번의 實詞를 간추려 표기하면 '師以傳道, 師以授業, 師以解惑' 이다. 이는 곧 빈어가 '以' 앞으로 도치된 형이니, '以師傳道'의 A형으로 바꾸어 쓸 수 있다. ③번의 유형처럼 비교적 앞의 '動賓(修身)'구조가 짧은 구문은 연이어서 표기하며, ④번처럼 빈어에 해당한 구문의 설명이 길거나 重文일 때는 식별을 위하여 뒤의 '以動賓' 구문과 띄어서 표기한다. ⑤번의 유형은 '以'와 "빈어"가 분리되어 있다(앞의 " " 부분). 이보다 멀리 분리되어 있는 경우도 있다.[39] 그 빈어를 잘 찾아서 개사 '以'의 빈어로 삼아 바로 뒤에 오는 동사와 연관시켜 풀이해야 한다. C형의 문형을 쉽게 알 수 있는 방법이 있다. 개사 '以' 바로 뒤에 動詞가 있는 것이다. 즉, 빈어가 앞에 오고, 후반부가 '以動賓'의 구조이면 모두가 C의 문형이다.[40]

이상과 같이 개사 '以'를 동반한 구문은 A B C의 유형 중에 하나로 귀결되며 세 가지 유형은 결국 동일한 원리인 것이다. 이와 같은 원리로 귀결하여 문장을 해석하면 쉽고도 정확하게 그 뜻을 알 수 있다.

---

39) 《孟子》 <梁惠王章句上>: 孟子 見梁惠王 王曰叟不遠千里而來 亦將有以利吾國乎. '亦將有以利吾國乎'에서 '以'의 賓語는 '叟(孟子)'이다. 柳宗元, <捕蛇者說>: 永州之野 產異蛇 黑質白章, 觸草木盡死 以齧人 無禦之者. '以齧人'에서 '以'의 賓語는 '異蛇'이다.

40) 吾以捕蛇獨存./ 大凡君子與君子 以同道爲朋. 이와 같은 유형과 구별해야 함.

대개 '以'자는 '因'(~때문에)으로도 해석되며, '원인을 나타낸다'고 풀이하기도 하고, 무엇을 사용한다고 해서 '以'가 '用'으로 쓰이고, 함께한다고 해서 '與'로 쓰이고, 어느 시점으로부터 한다고 해서 '從'이고, 이유를 나타낸다 해서 '由'이고, '어느 때에'라고 하여 '於'이고 등등 다양하게 거론하여 설명하기도 한다.[41]

그러나 다양하게 숙지하여 꼭 그의 관점으로 풀이하지 않고도 위에서 예시한 A B C의 유형을 파악해서, 그 원리를 응용하면 문장의 내용을 쉽게 해석할 수 있다.

아래에 A B C형 각자의 유형에 따라 해석하는 방법을 제시해 보고자 한다.

(1) A형의 구문 해법(형식: 以+賓語+動詞+賓語)

① 以衣溫我. 以練囊 盛數十螢. 以修身爲本.‥

② 田文, 以五月五日生.《史記》<孟嘗君列傳>.

③ 以其有似於賢 而人猶愛惜之. *之=竹. <養竹記>

먼저 '以'의 빈어를 찾는다. 다음에 구문중의 중심동사 그리고 그 빈어를 파악한다. ①번의 '以衣溫我'는 '以'의 빈어가 '衣'이며 동사는 '溫'이고 동사의 빈어는 '我'이다.

A형의 경우 대부분 '以賓' 구조는 '그것(빈어에 해당한 事物)으로', '그것을 가지고', '그것을 써서'로 풀이한다. 즉 '以衣'는 '옷으로', '옷을 가지고', '옷을 사용해서' 등으로 풀이할 수 있다.

'以練囊 盛數十螢'의 구문도 같은 유형이다. 관련된 동사의 쓰임

41) 楊伯俊 著, 윤화중 옮김, 《중국문언문법》, 132쪽 참고. 洪寅杓 著《漢文文法》 218~230쪽, 「以」자의 용법에 대하여 17가지 유형으로 설명하고 있다.

과 그 목적어의 성격에 맞도록 풀이하는 것도 중요하다.

'以修身爲本': '수신을 근본으로 삼다(修身으로 本을 삼다).' '以'는 목적어를 취하기 때문에 그 풀이를 할 때에 한국어의 목적격조사 '을', '를'의 표현을 사용하면 잘 맞을 때가 많다.

②번 '田文,以五月五日生(전문은 5월 5일에 태어났다.'의 구문은, '以'의 賓語는 '五月五日'이고 동사는 '生'이다. 여기에서 '以'는 '於'로 쓰였다고 설명하는 예가 있는데[42], '以'를 '於'로 대체하여 보면 가장 적합한 표현에 부합된다. 상식적으로 누구나 그렇게 볼 것이다. 그러나 '五月五日자로 태어났다'. '五月五日을 맞이하여 태어났다'고 해도 틀리지 않는다. 요는 '以'의 빈어를 찾았으면 구문중의 동사가 어떤 성격으로 쓰이는 지가 관건이다. 그 동사의 쓰임에 맞추어 '以賓'구를 표현하면 된다.

③번의 내용은, '그 대나무는 현인과 같은 점이 있기 때문에 사람들이 좋아하고 아낀다' 인데, 핵심이 되는 字를 가려 A형의 구문으로 나타내면, '以其賢愛竹'이다. '以其賢으로 竹을 愛한 것'인데, 내용을 보면 왜 대나무를 사랑하는지를 말하고 있다. 전후 구문의 인과관계를 살펴보면 이유를 밝히는 '때문에'가 적절하다.

그러나 '때문에'를 사용하지 않고 '현인과 같은 점이 있어서', '현인과 흡사하기에' 라고 표현해도 誤譯이 되는 것은 아니다. '以' 개사의 풀이는 구문의 내용이 특히 중심 동사가 어떤 동작(행위)을 나타내느냐에 따라 사안에 맞게 표현하면 되는 것이다.

A형: '以+賓語+動詞+賓語'의 구조를 '以甲爲乙'로 본다면('爲'는

---

42) 上揭書, 133쪽.

모든 동사), '以甲(以+賓語)'의 풀이는 보통 다음과 같은 표현으로 나타난다.

甲으로(로) 乙을 하다, 甲을 가지고 乙을 하다, 甲을 이용하여 乙을 하다, 甲으로서 乙을 하다, 甲을(를) 乙로 삼다(여기다), 甲이(가) 乙이 되다(以心爲形役: 마음이 형체의 부림이 되다), 갑 때문에 乙을 하다(以人慾亡義理: 인욕 때문에 의리를 망치다), 甲에 따라 乙을 하다(以先後定順序: 선후에 따라 순서를 정하다) 등 모두가 쓰이는 원리는 같은데 내용에 따라 표현만 다른 것이다. 다른 표현으로 더 나타낼 수도 있다.

이때 '以'의 빈어는 대부분 사물(명사)로 도구 재료가 온다. 영어의 전치사 'with' 의 용법과 어순의 위치는 다르지만 유사한 성격이 많다.

(2) B형의 구문 해법(형식: 動詞+賓語+以+賓語)

① 爲政以德./ 殺人以梃與刃.《孟子》<梁惠王章句>

② 見冕者與瞽者 雖褻 必以貌.《論語》<鄕黨>

③ 父母之年 不可不知, 一則以喜, 一則以懼.《論語》<里仁>

④ 天下匈匈數歲者, 徒以吾兩人耳.《史記》<項羽本記>

①번의 유형은 해석할 때 선인들의 전통적인 가르침에 의하면, '정치를 하되 덕으로 한다', '사람을 죽이되 몽둥이와 칼로 한다'라고 풀이한다. 본의는 '덕으로 정치를 하고', '몽둥이와 칼로 사람을 죽이는 것이다'. 앞부분을 강조하려고 A형의 '以賓動賓' 구조를 '動賓以賓' 형으로 바꾸어 나타낸 것이다.

②번의 핵심 구조를 살펴보면 '見冕者與瞽者以貌'의 형식이다. '면류관 쓴 자와 눈이 먼 자를 만나되 禮貌로써 만났다'는 말이다. '動賓' 구조의 내용을 파악하면 여기에 부합하여 쉽게 '以貌'의 본의를 풀이할 수 있다. '以貌'는 '모양새를 다듬고', '단정한 모습으로', '예의를 갖춘 모양으로' 등으로 풀이할 수 있다.

③은 앞부분의 '父母之年 不可不知'에서 '왜 그런가'의 이유를 내포한 표현이다. 따라서 뒤의 '以喜', '以懼'는 이유를 밝히는 것이 되어야 한다. 이처럼 구문중의 중심 동사와 그 빈어가 나타내는 성격에 따라 '以賓'구는 事理에 맞게 표현하면 된다. 그 내용이 이유를 밝히는 것이면 '때문', '까닭' 등으로 나타내면 되는 것이지 '以'가 '由'이다 '因'이다 라고 익혀두고 볼 필요는 없다.

④ 천하가 여러 해 동안 떠들썩한 것은 오직 우리 두 사람 때문이다.

'以'의 賓語는 '吾兩人'이며 동사는 '匈匈'이다.

강조하려는 내용을 앞에 기술하고 여기에 구문의 내용을 확실하게 하기 위하여 名詞化 어미조사 '者'를 붙인 다음 뒤에서 '以'의 賓語로 원인(이유)을 말한 것이다. 匈匈數歲者, 徒以吾兩人耳./ 天下匈匈者, 徒以吾兩人耳./ 亂天下以兩人=以兩人亂天下.

③ ④번의 경우 '以'는 '이유', '원인', '까닭'을 나타내는 'for', 'because'와 같이 쓰인다고 볼 수 있다. 'for A', 'because A' : A 때문이다.

(3) C형의 구문 해법(형식 : 賓語//+以+動詞+賓語)

① 固以樹德, 直以立身, 空以體道, 貞以立志. 白居易<養竹記>

② 師者 所以傳道 授業 解惑也. 韓愈<師說>

③ 修身以治百姓.《論語》/ 樂琴書以消憂. 陶淵明<歸去來辭>

④ 立身行道 揚名於後世 以顯父母.《小學》

① ②번은 앞에서 설명한 바 있듯이 A형 B형과 같은 원리로 보면 된다. ③ ④번은 같은 형식인데 ③번처럼 앞의 動賓(修身) 구조가 짧을 경우 붙여 쓰고, ④번처럼 길 경우에는 띄어 쓰는 차이일 뿐이다. 이런 구문의 내용을 읽을 때 한국인은 전통적으로 개사 '以'앞의 懸吐를 대부분 '하여(하야)'를 사용하였다(즉, '修身하여 以治百姓'. '揚名於後世하여 以顯父母'). 이것이 무슨 의미를 나타내는가 하면 '그러한 동작 행위를 하여'라는 말이다. 그리고 바로 뒤에 오는 '以'가 그러한 행위를 하는 것을 빈어로 받아 다음에 오는 동사와 연결하여 문장을 만든다. 이때 앞의 행위는 대부분 수단이나 방법을 나타내기 때문에 '以'는 당연히 수단 방법을 나타내는 것이 된다. 이때의 '以'는 영어의 수단 방법을 나타낼 때 쓰는 'by'와 같은 성격을 취한다고 볼 수 있다. 즉, 'by(以)'의 목적어는 앞에 있는 문장에서 어떤 것을 하는 행위 'doing it(something)'이다. 이것을 목적어로 놓고 보면, 'by doing it'으로 볼 수 있으니, '以'의 쓰임은 '그렇게 하여', '그러한 행위를 하여', '그러한 방법(수단)으로', '그럼으로써', '그것으로써'와 같은 의미를 취하고 있는 것이다.

조선시대의 언해본이나 고문학자들의 풀이를 보면 '以'를 '써'로 나타내는 것을 볼 수 있다. 예를 들면, "후세에 이름을 떨쳐 '써' 부모를 드러낸다(揚名於後世 以顯父母)"고 말한다. 여기서 '써'의 의미는 '그런 행위(수단 · 방법)로써'의 준말이라 할 수 있다. C형 중에 ③ ④번의 경우는 뒤의 '以動賓' 구조의 내용 못지않게 앞의 '動賓' 구조의 내용도 전체의 내용을 풀이하는 데 중요하다.

이상과 같이 A B C의 유형을 살펴보면 같은 원리로 작용하고 있다는 것을 알 수 있다. 각 유형은 필요에 따라 다른 형으로 전환하여 풀이하는 것도 하나의 방법이다.

해석상 중요한 것은 구문중의 핵심동사와 그 빈어의 구문을 잘 풀이하는 것이며, 그와 아울러 '以賓'구를 그 내용에 부합해서 事理에 맞게 표현하는 것이다. '以'의 용법에 대한 많은 설명을 두루 섭렵하지 않아도 근본원리만 알면 '以' 개사 구문의 내용을 쉽게 해석할 수 있다.

한문의 介詞 중에서 가장 다양하게 활용되고 다른 것보다 좀 이해하기 어려운 것이 '以'이다. 때문에 한문을 학습하려면 개사 '以'에 대한 기능을 분명하게 이해할 필요가 있다.

개사로 사용된 '以'는 항상 賓語를 취하여 동사와 연계해서 하나의 문장을 이룬다. '以'가 介詞라는 의미는 紹介를 해준다는 의미인데 구문에서 賓語를 취해가지고 거기에 중심동사와 소개를 해준다는 뜻이다(書堂에서 先人들이 "'以'는 끈을 달고 있는 자"라고 하였다). 상호 연계를 시킨다는 점에서 접속사 '而'와 비슷한 점이 있지만 이들의 성격은 전혀 다르다.

'而'는 앞뒤의 말을 단순히 이어주는 접속사일 뿐이고, '以'는 한 문장의 뜻을 이루는 데 개입하는 介詞이다. 내용에 중심이 되는 실체사를, 또는 어떤 내용(행위)을 빈어로 취하여 중심동사와 연관해서 문장을 만드는 역할을 한 것이다.

Ⅳ. 語氣詞(接尾詞)類

語氣詞(接尾詞)는 그 自體로는 아무런 구실을 할 수 없지만 文의 끝에 붙어서 어떠한 語氣 · 語勢를 나타내거나 文章의 性分을 반영한다. 이들은 指定 · 限定 · 疑問 · 感歎 · 程度 등의 意味를 갖는데 文章의 性質에 따라 適切한 終結詞를 사용한다.

자주 사용되는 접미사는 다음과 같은 것들이 있다.

指定 : 也 · 矣 · 焉

限定 : 已 · 耳 · 爾 · 而已

疑問 : 乎 · 哉 · 與 · 歟 · 諸 · 耶 · 否 · 不 · 未 · 無

感歎 : 哉 · 乎 · 夫 · 矣

1. '也'의 用法

1) '也'는 名詞를 위한 助詞이다.

'也'가 쓰이는 대표적인 유형은 'A는 B也라' 의 형태이다. 이때 'A'는 '명사'이고 'B'도 '명사'이다. '명사'주어에 '명사술어'형으로 '명사술어문'이다. 한문은 古書를 보면 쉽게 발견할 수 있듯이 본래부터 동사가 없는 명사술어문이 있다.

이와 같이 '명사' 주어에 '명사술어'로 斷定하는 형식이 '也'의 가장 기본적인 용법이다. 따라서 '也'가 붙은 구문은 명사구절로 간주하여 볼 필요가 있다.

① 毛穎者 中山人也. 韓愈, <毛穎傳>
모영이란 자는 중산의 사람이다.

② 仁 人心也, 義 人路也.《孟子》<告子章句上>
仁은 사람의 마음이요, 義는 사람의 길이다.

③ 辭讓之心 禮之端也, 是非之心 智之端也.《孟子》<公孫丑章句>
사양하는 마음은 禮의 실마리요, 옳고 그름을 분별하는 마음은 智의 실마리이다.

이렇게 '也'는 어떤 사물과 사실을 명사어로 거명하고 그의 실체를 한마디 명사어로 밝혀 분명하게 斷定하는 助詞이다. 문장의 종결어가 명사술어가 되면 그 성격상 斷定詞가 된다.[43]

2) 詞와 語彙를 名詞로 만든다.

① 其爲人也, 孝弟而好犯上者, 鮮矣.《論語》

43) 自古로 書堂에서 '也'는 '斷定詞'라고 가르쳤다. 여러 표현을 분석해 보면 단정하는 말의 기본은 名詞述語文이다. 政,正也. 中者,無過不及之名也. 庸,平常也. 西洋의 문법학이 들어오기 전에는 지금처럼 詞에 대한 성격을 품사(명사,동사 등)로 분류하고 문장의 형식을 자세히 규명하는 문법과목이 없었다.

그 사람됨이 孝弟하고 윗사람에게 잘못하기를 좋아할 자는 드물다.

② 吾生也有涯, 而知也無涯.

나의 생은 끝이 있지만, 아는 것은 끝이 없다.

③ 生乎吾前, 其聞道也 固先乎吾, 吾從而師之. 韓愈, <師說>

나보다 앞에 태어나서, 그 사람의 도를 깨달음이 진실로 나보다 앞섰다면, 나는 그를 따르며 스승으로 삼을 것이다.

위의 예문에 나타난 '其爲人也', '生也', '知也', '其聞道也'와 같이 '也'는 句文을 명사로 만들고, '~也'의 명사구는 뒤에 오는 구문의 주어가 된다. 마치 主格助詞처럼 쓰인다. '其爲人也', '其聞道也'와 같이 문장의 주어로 쓸 때 명사형 指示詞 '其'를 앞에 잘 붙인다('其'가 없어도 명사구가 됨).

3) 행위동작을 나타내는 표현에서 '也'를 쓰면 恒久的이고 不可變的인 진리를 나타내며, 100% 확신하는 말이다.

① 未有仁而遺其親者也, 未有義而後其君者也. 《孟子》 <梁惠王章句上>

어질면서 그 부모를 버리는 자는 있지 않으며, 의로우면서 그 임금을 뒤로 하는 자는 있지 않다.

② 不患人之不己知 患不知人也. 《論語》 <學而>

남이 나를 알아주지 못할까 근심하지 말고, 내가 남의 사람됨을 알지 못할까를 걱정해야 한다.

③ 見義不爲 無勇也.《論語》<爲政>

의를 보고 행하지 않음은 용기가 없는 것이다.

4) 白話文의 介詞

現代 白話文에서는 '也'가 文章 끝의 助詞로 쓰이지 않는다. 문장 중에서 古文의 '亦'字와 같은 의미로 쓰인다.

你去, 我也去. 네가 가면 나도(역시) 간다. 我亦去(古文). 他是學生: 그는 학생이다. 我也是學生: 나도 학생이다. 也 : 또한, 역시. 古文에도 이와 같은 용례가 있다.

2. '矣'의 用法

1) '矣'는 동사와 형용사를 위한 조사이다.

'矣'는 대부분 행위 동작에 대한 결과를 예단하는 구문의 끝에 쓴다. 행위 동작의 결과를 예단하는 서술어는 형용사나 동사이다. 여기에 접미사로 '矣'를 붙인다. 말하자면 단어나 구문 끝에 '矣'를 붙이면 형용사나 동사술어의 구문이 된다.

① 言寡尤, 行寡悔, 祿在其中矣.《論語》

말에 허물이 적고 행동에 후회가 적으면 녹은 그 가운데에 있게 된다.

② 惑而不從師 其爲惑也 終不解矣. 韓愈, <師說>

의혹이 있는데도 스승을 찾지 않으면 그 의혹됨은 끝내 풀리지 않을 것이다.

③ 物有本末 事有終始 知所先後 則近道矣.《大學》

모든 것은 근본과 끝이 있고, 일에는 마침과 시작이 있으니, 어느 것을 먼저하고 나중에 할 바를 알면 도에 가까이 이를 수 있다.

2) 가정 조건의 실행 결과에 대한 예측

① 孟子 曰尊賢使能 俊傑 在位則天下之士 皆悅而願立於其朝矣.

맹자가 말하기를, "현인을 존중해주고 능력 있는 사람을 부려 준걸들이 벼슬자리에 있게 되면 천하의 선비들이 모두 좋아하여 그 나라 조정에 서기를 원할 것이다.

② 市 廛而不征 法而不廛則天下之商 皆悅而願藏於其市矣.

시장에서 자릿세만 받고 물품세를 받지 않으며 법대로 다스리기만 하고 자릿세도 받지 않으면 천하의 상인들이 모두 좋아하여 그 시장에 상품을 저장해보고 싶어 할 것이다.

③ 關 譏而不征則天下之旅 皆悅而願出於其路矣.《孟子》<公孫丑章句上>

관문에서 통행하는 사람을 살피기만하고 통행세를 받지 않으면 천하의 여행객이 모두 좋아하여 그 나라 길에 나가보고 싶어 할 것이다."

위에 예시한 문장들은 동작 행위에 대한 결과를 예단하는 표현들이다.

예문의 기본 틀은, "若A 則B矣"와 "A 則B矣"의 형식으로, "만약에

A한다면" 가정 · 조건을 제시하고 그 결과는 "B하게 된다"로 귀결하여 표현하는 숙어의 형식이다("若 ~조건 ~則 ~결과 ~矣"). 아래에서 '也'와 비교하여 더 설명하기로 한다.

※※ '也'와 '矣'의 차이점 ※※

⊙ '也'는 명사용이고, '矣'는 형용사와 동사용이다.

⊙ '也'는 어떤 詞를 명사형으로 만든다. 그러므로 '~也'의 구문은 문장의 주어도 되고 서술어도 된다. 知也無涯 : 아는 것은 끝이 없다. 仁,人心也 : 仁은 인간의 마음이다.

○ 子貢曰 夫子之文章 可得而聞也, 夫子之言性與天道 不可得而聞也.《論語》<公冶長>

자공이 말하기를 "부자(선생님, 孔子)의 문장은 들을 수 있지만, 부자가 性과 天道를 말하는 것은 들을 수가 없다."

위 문장의 내용은 자공이 스승인 공자로부터 학문에 관하여 평소에 들은 말을 두고 한 표현이다. 이 내용의 범위만을 놓고 보면, 이 문장은 '可得而聞也는 夫子之文章이요 不可得而聞也는 夫子之言性與天道이다(들을 수 있는 것은 부자의 문장이요, 들을 수 없는 것은 부자가 성과 천도를 말하는 것이다).'로 바꾸어 쓸 수 있다. 그것은 '也'의 구문이 명사구문으로 주어가 될 수 있기 때문이다.

※ 이와 같은 표현은 도치해도 내용상으로 瑕疵가 없을 경우에만

가능하다.[44]

⊙ '矣'는 어떤 詞를 형용사나 동사로 만든다. 그러므로 '也'처럼 문장의 주어구가 될 수 없고, 서술어의 구문에만 쓴다.

○ 嗟乎. 師道之不傳也 久矣, 欲人之無惑也 難矣. 古之聖人 其出人也 遠矣, 猶且從師而問焉. 今之衆人 其下聖人也 亦遠矣, 而恥學於師. <師說>

아! 스승 삼는 방법이 전해지지 않은 지가 오래되었으니, 사람들이 의혹이 없기를 바라는 것은 어렵게 되었다. 옛날의 성인은 일반인들보다 뛰어남이 크게 차이가 났는데도 스승을 찾아 물었는데, 지금의 일반인들은 성인보다 못함이 또한 차이가 큰데도 스승에게 배우기를 부끄럽게 여긴다.

위의 예문에서 '也'의 구문 '師道之不傳也', '欲人之無惑也', '其出人也', '其下聖人也'는 모두 문장의 주어이고, '矣'가 붙은 '久矣', '難矣', '遠矣'는 모두 형용사 술어로 쓰였다.

'矣'는 嘆詞, 許可, 命令 등의 구문에도 잘 쓴다: '甚矣' : 심하도다!/ '久矣' : 오래되었도다./ '可矣' : 가능하다./ '往矣'·'行矣' : 가거라!

○ 子曰 甚矣라 吾衰也여, 久矣라 吾不復夢見周公이로다.《論語》<述而>

공자가 말하기를 "심하도다! 나의 늙음이여, 오래되었도다! 내가 다시는 꿈에 주공을 만나지 못함이여!

44) 'A는 B也'의 구조일 때 'B也'를 주어로 도치해도 가능한 경우가 있다. 그러나 문법상으로는 가능해도 내용상으로 瑕疵가 생기기 때문에 모두 다 바꾸어 쓸 수는 없다.

이와 같이 '矣'는 형용사나 동태적 述語의 어기사로 쓴다.

⊙ '也'는 대부분 명사인 주체(事物)의 성격을 설명할 때 쓴다. 드러난 실체를 설명하기 때문에 그 말은 可變性이 없다.

'矣'는 대부분 동사인 행위 동작의 결과를 나타내는 데 쓴다. 행위 동작의 결과를 예단하기 때문에 그 말은 可變性을 내포하고 있다.

⊙ '也'의 구문은 'A는 B也라'가 대표적인 형식이다. 'A'가 '명사'이고, 'B'도 '명사'서술어의 형식이 일반적이다.

'矣'의 구문은 'A하면 B矣라'가 대표적인 형식이다. 'A'가 '행위동작'이고, 'B'는 그 결과에 대한 형용사나 동사의 서술어이다.

이와 같은 차이에 따라 '也'의 구문은 비교적 간명한데 '矣'의 구문은 수식어가 많은 편이다.

⊙ '也'를 행위동작의 결과를 나타내는 서술어구문의 어미조사로 쓰면 그 표현은 항구적이고 不可變的인 확신(진리)의 뜻을 나타낸다. '也'는 恒久的이고 不可變的이며, '矣'는 一時的이고 可變的인 성격을 가지고 있다.

○ 子曰 苟志於仁矣 無惡也.《論語》<里仁>
공자가 말하기를, "진실로 어진 자가 되는 데에 뜻을 가지고 있으면 악을 범하는 일은 없는 것이다."

'無惡也'는 전체문장의 술어이다. '無惡'은 '동사+목적어'의 구조이지만 여기에 '也'가 붙게 되면 비록 동사 술어구문이라도 그 의미는 명사성 구문으로 간주하고 볼 필요가 있다. '無惡也'는 '악이 없음'을 단정하는 말이다.

○ 汝不從我敎 則固不得爲我女也. <溫達傳>
네가 나의 지시를 따르지 않으면 정말 나의 딸이 될 수 없다.

일반적으로 'A則B矣(A의 행동을 한다면 B矣)'는 어떤 행위의 결과에 대해 예단하는 표현으로 숙어처럼 쓴다. 그런데 위 예문은 '矣'를 쓰지 않고 '也'를 썼다. 父女는 불가분의 天倫관계이기 때문에 가정법을 쓴 것이다. 여기서 '也'를 사용한 것은 '영원히' 딸이 될 수 없다는 뜻을 나타낸 것이다('矣'를 쓰면 언젠가 그렇게 될 수 있을 것이란 뜻).

○ 溫故而知新 可以爲師矣.《論語》<學而>
옛것을 온습하고 여기에다 새로운 것을 더하여 알면 남을 가르치는 스승이 될 수 있다.

이 말은 온고이지신 함으로써 스승이 될 수 있다는 말인데, 온고이지신한다고 다 스승이 되는 것은 아니라는 뜻을 내포하고 있다. 만약에 끝의 '矣' 대신 '也'를 쓰면 그 뜻이 달라진다. '溫故而知新 可以爲師也.'는 '온고이지신'하면 언제나 누구나 스승이 될 수 있다는 뜻인데, 이런 말은 事理에 맞지 않다. 작문할 때 事案에 따라 理致에 맞는 助詞를 택용할 필요가 있다.

○ 孔子 朝與下大夫言 侃侃如也, 與上大夫言 誾誾如也.《論語》<鄕黨>

공자가 조정에서 下大夫와 같이 말할 때는 강하고 정직하게 하였고, 上大夫와 말할 때는 온화하고 부드럽게 하였다.

'侃侃如'와 '誾誾如'는 형용사인데 여기에 '矣'를 쓰지 않고 '也'를 썼다. 이것은 그 품행이 한 때가 아니고 언제나 변함없이 그렇다는 것을 단정한 말이다.

⊙ '矣'와 '也'의 성격은 天地차이라는 말도 있는데, 구분하기 애매하게 쓰인 경우도 있다. 아래의 예문과 같은 경우이다.

○ 子 謂韶 盡美矣, 又盡善也. 謂武 盡美矣, 未盡善也. 《論語》<八佾>

공자가 舜임금의 樂인 '韶'를 말하기를 "아주 아름답고, 또 선하다."하고, 무왕의 악인 '武'를 말하기를 "아주 아름답기는 한데, 아주 선하지는 못하다"라고 하였다.

같은 주어에 대하여 설명하면서 '矣'와 '也'를 사용하였다. '矣'로 그 성격을 서술하고, '也'로 성격을 단정하려고 끝에 사용한 것으로 볼 수 있다. 여기에서 양자의 특성에 따라 '矣'를 붙인 문구는 형용사 술어로 보고, '也'를 붙인 구문은 명사형 술어로 보아야 할 것이다.

서술어의 조사로 쓰인 '也'는 설령 형용사나 동사의 끝에 붙어있을지라도 이것을 名詞性 語句로 간주하고 보는 것이 '矣'와의 차별적 해법이라고 할 수 있다. 명사적 술어는 그 뜻이 분명하고 확실하며 영구적이다. 동사와 형용사술어는 이와 다른 점이 있다.

⊙ '也'는 대부분 명사인 주체를 사실대로 밝히는 것이고, 간혹은 그 행위 내용에 대한 진실이나 확고한 견해를 밝히는 것이므로 그 뜻은 언제나 항구적이어서 시제가 없다. '也'는 기본적으로 명사를 위해 쓰고 名詞性 구문이기 때문에 시제가 없는 것이다. 이에 반해 '矣'는 행위동작의 결과를 나타낼 때 쓰기 때문에 과거 현재 미래의 행위에 대한 시제가 있다. 아래의 예문에서 살펴볼 수 있다.

(1) 과거

① 古之時 人之害 多矣. 韓愈, <原道>

옛 시대에 사람들의 피해가 많았다.

② 謂其人曰今日病矣. 予助苗長矣. 其子 趨而往視之, 苗則槁矣.[45]

그 식구들에게 이르기를, "오늘 피곤하다. 내가 밭의 苗가 자라는 것을 도와주었다"라고 하니, 그 아들이 빨리 가서 살펴보니 싹은 말라버렸다.

③ 吾嘗終日而思矣. 내가 일찍이 종일토록 생각했었다.

(2) 현재

① 位卑則足羞 官盛則近諛, 嗚呼, 師道之不復 可知矣. 韓愈, <師說>

사람의 지위가 낮으면 매우 부끄럽게 여기고 벼슬이 높으면 가까이 가서 아부하니, 아아! 스승 삼는 방법이 회복되지 않음을 알 수 있겠다.

---

45) 《孟子》<公孫丑章句上>: 宋人 有閔其苗之不長而揠之者 芒芒然歸 謂其人曰今日病矣 予助苗長矣 其子 趨而往視之 苗則槁矣. 송나라 사람이 밭의 苗가 자라지 않은 것을 민망하게 여겨 그 줄기를 뽑아 올려준 자가 있었는데, 그 일을 마치고 아무것도 모르는 듯 집으로 돌아가서 그 식구들에게 이르기를,

② 王欲行王政則勿毁之矣.[46]

왕이 왕도정치를 행하시고자 한다면 明堂을 허물지 마십시오.

③ 今王 與百姓同樂則王矣.《孟子》<梁惠王章句下>

지금 왕이 백성과 더불어 즐거움을 함께 하시면 왕도정치를 할 수 있습니다.

(3) 미래

① 聖人 復起 必從吾言矣.[47]

성인이 다시 태어나도 반드시 나의 말을 따를 것이다.

② 明日彼必來矣. 내일 그가 꼭 올 것이다.

③ 孔子曰 諾. 吾將仕矣.《論語》<陽貨>

공자가 말하기를, "그렇게 하겠다. 내가 장차 벼슬을 하리라."

④ 如有復我者 則吾必在汶上矣.[48]《論語》<雍也>

만약에 다시 나를 찾아오는 일이 있다면, 나는 틀림없이 (멀리 떠나) 汶水의 가에 있을 것이다.

46) 《孟子》<梁惠王章句下>: 孟子 對曰夫明堂者 王者之堂也 王欲行王政則勿毁之矣.

47) 《孟子》<公孫丑章句上>: 何謂知言 曰詖辭 知其所蔽 淫辭 知其所陷 邪辭 知其所離 遁辭 知其所窮 生於其心 害於其政 發於其政 害於其事 聖人 復起 必從吾言矣.

48) 《論語》<雍也>: 季氏 使閔子騫 爲費宰 閔子騫 曰善爲我辭焉. 如有復我者 則吾必在汶上矣.

3. '焉'의 用法

'焉'이 문장 끝의 助詞로 쓰일 때, 於此(於是·於彼·於之) · 之 등으로 範圍를 指定하면서 助詞 역할을 한다. 해석을 할 필요는 없지만 意味上 '여기에', '거기에', '이것을', '그것을', '거기서' 등의 뜻을 나타낸다. 그러므로 助詞이면서 意味上 代名詞의 성격도 지닌다.

① 天者, 蒼蒼在上 輕淸而至高 日月星辰繫焉. 焉=於此=於天.
하늘은 푸르고 푸르러 위에 있으며 가볍고 맑고 지극히 높으니, 해 달 별이 (여기에) 매달려 있다.

② 地者, 茫茫在下 博厚而至大 山川草木載焉. 焉=於此=於地. <學語集>
땅은 아득하고 아득히 아래에 있으며 넓고 두텁고 지극히 크니, 산천초목이 (여기에) 실려 있다.

③ 君子 惡居下流, 天下之惡 皆歸焉.《論語》<子張>
군자는 인간하류에 거처하기를 싫어하나니, 천하의 악이 모두 그곳으로 돌아가기 때문이다. '焉' : 於是(彼) : 於下流.

④ 衆好之, 必察焉. 衆惡之, 必察焉. 焉=之.《論語》
많은 사람들이 좋아할지라도 반드시 (그것을) 살피고, 많은 사람들이 미워할지라도 반드시 (그것을) 살펴야 한다.

이 밖에도 文章中에 熟語처럼 쓰는 경우가 있다. 忽焉 : 문득. 少焉 : 잠시 뒤에(이윽고), 조금 있다가.

4. '耳'·'爾'·'已'·'而已'

文의 끝에 놓여 「…할 따름이다」, 「…일 뿐이다」라는 限定을 나타낸다.

① 新製二十八字, 便於日用耳. <御製訓民正音序>
새로 스물여덟 자를 만드노니 날로 씀에 편안케 하고자 할 따름이다.

② 軍有七日之糧爾.
군대에 칠일 동안의 식량이 있을 뿐이다.

③ 王之所欲, 可知已.《孟子》
왕이 하고 싶어하는 것을 알 수 있을 뿐이다.

④ 我知種樹而已. 柳宗元, <種樹郭橐駝傳>
나는 나무 심는 것만 알 따름이다.

⑤ 夫子之道, 忠恕而已矣.《論語》
선생님의 道는 忠恕일 따름이다.

⑥ 寡人之於國, 盡心焉而已矣.《孟子》
내가 나라에 마음을 다하였을 뿐이다.

助詞가 여러 字로 重複된 複合助詞는 종합적인 의미를 지니고 있다고 볼 수 있다. 古文에서 볼 때 그 時代의 方言이나 일반적 어투로 볼 수도 있는데, 複合助詞를 分析하면 나름대로 각자 意味를 살필 수도 있다. 盡心焉而已矣: 마음을 다함이 있고(그 곳에: 焉: 於彼) 그리고(而) 말았(已)었다(矣).

⑤ 曾子曰 夫子之道 忠恕而已矣.《論語》<里仁>

증자가 말하기를, "선생님의 도는 忠과 恕일 따름이다."

본래 '而已'만 사용해도 분명한 의사를 나타내는 종결사이다. '而已'의 용법은 결과를 강조하는 술어의 어미에 붙여 쓴다. '矣'도 그런 성격을 가진 語氣詞이므로 끝에 덧붙여서 '而已矣'를 잘 쓴다.

5. 其他(의문 및 감탄조사)

의문문에 주로 사용하는 종결사가 있다. '乎' · '哉' · '耶(邪)' · '歟(與)' 등과 같은 것들인데 이들은 본서 '의문문' 편에서 설명하였다.

한편 감탄문의 歎詞에 사용하는 조사가 있다. 대개 의문조사를 쓰는 경우가 많은데, 감탄문 탄사의 예를 들면 아래와 같다.

① 惜乎! 子不遇時. 애석하도다! 그대가 때를 만나지 못함이.

② 孝哉! 閔子騫. 효성스럽도다! 민자건이여.

③ 逝者如斯夫, 不舍晝夜. 가는 것이 이와(물과) 같구나! 밤낮을 쉬지 않는다.

④ 孝弟也者, 其爲仁之本與! 孝하고 弟하는 일은 어질게 되는 근본인저!

⑤ 甚矣, 吾衰也. 久矣, 吾不復夢周公.《論語》
심하도다! 내가 늙었음이여, 오래되었다! 내가 다시는 주공을 꿈속에 만나지 못하고 있도다.

대부분 感歎文은 强調하기 위하여 歎詞를 먼저 말하고 그 原因을 뒤에 敍述한다. 이는 사실상 倒置된 文型이다. 原因에 따라 歎聲이 나오므로 歎詞가 뒤에 와야 맞다. 그러나 표현의 效果를 提高하려고 修辭法上 歎詞를 앞으로 倒置하여 敍述한 것이다. 歎詞를 앞으로 倒置할 경우, 일반적으로 뒤의 原因文도 같이 感歎의 句文으로 표시한다.

예) 惜乎! 子不遇時. 애석하도다! 그대가 때를 만나지 못함이여! 孝哉! 閔子騫. 효성스럽도다! 민자건이여!

第四章

修辭論

Ⅰ. 語順倒置의 修辭技法

倒置句文은 표현하려는 뜻을 더욱 효과적으로 전달하기 위하여 句文의 일반 어순을 앞뒤로 바꿔어 놓은 형식을 말한다. 같은 내용이라도 표현하는 방법에 따라 전달의 효과가 다를 수 있기 때문이다. 이는 표현의 순서를 바꾸어 내용을 효과적으로 전달하기 위한 것이 우선이고, 표현의 단조로움을 벗어나 수사법을 발휘해서 짜임새 있는 美文의 형식을 갖추려는 의도도 있다고 할 수 있다. 하나의 문장에서 도치에 의한 표현은 한계의 범위가 있다. 한계의 범위는 도치에 의해 내용이 와전되지 않는 범위인 것이다. 어순도치에 의해 본 내용이 와전된다면 이는 도치가 아니라 다른 내용의 문장이라 할 수 있다.

倒置는 正置에 상대적인 표현이며 正置는 보편화되어 통용되는 문의 형식을 말한다. 도치는 주어진 자구의 일정한 표현 방법을 벗어나 융통성 있는 표현을 수용한 것으로, 이는 또 하나의 수사적 관례 양상을 이루어 결국 문법의 폭을 넓게 만드는 요인을 제공한다고 볼 수 있다. 대개 평서문의 도치 형태는 뒤에 놓아야 할 것을 앞으로 도치하는 경우가 많다. 그 이유는 앞부분에 내세워 이 부분을 강조하려는 수단이다. 의문문이나 감탄문 또는 특정구문에서는 평서문의 형태를 도치하여 이를 통상적으로 사용하기도 한다. 漢詩의 경우는 강조뿐만 아니라 韻律의 규정에 의한 조절을 위해 도치하는 경우도 많다. 따라서 倒置는 强調뿐만 아니라 통상적인 구문을 이루기도 하고 표현의 형식미를 갖추기 위해서도 활용하는 수사법이다.

한문에서 도치의 수사법을 폭넓게 활용한 것은 문장구조를 다양하게 만들어 결국 문법적인 이해를 어렵게 만드는 요인을 제공한다. 다양한 도치의 방법을 분명하게 알고 글의 내용을 정확하게 풀이해야 한다.

평서문을 기준으로 하여 특수구문 부정문 의문문 감탄문 운문 등 한문의 문장구조에 나타난 도치의 제반 유형을 살펴보고 수사법상의 특징을 살펴보기로 한다.

1. 主語+述語의 倒置

1) 世傳碓樂 是也(세상에 전해진 방아타령이 이것이다) .[1]

2) 鮮矣仁(어진 사람이 드물다) .[2]

3) 甚矣 吾衰也, 久矣 吾不復夢見周公(심하도다! 나의 늙음이여! 오래 되었도다! 내가 다시 꿈에 주공을 보지 못함이!) .[3]

4) 酒中不語 眞君子, 財上分明 大丈夫(술 마시면서 말이 적은 자가 진정한 군자요, 재물에 분명한 자가 대장부이다) .[4]

예문 1) 번은 '是 世傳碓樂也(이것이 세상에 전해진 방아타령이

---

1) 《東史綱目》〈百結先生〉: 百結先生…乃鼓琴作杵聲 以慰之 世傳碓樂 是也.

2) 《論語》〈學而〉: 子 曰巧言令色 鮮矣仁.

3) 《上揭書》〈述而〉. 위 3번 例文은《論語》〈學而〉: 子-曰巧言令色 鮮矣仁.

4) 《明心寶鑑》〈正己篇〉.

다)'가 正置이다. '是'가 강조 지시하며 주어의 역할을 하고 나머지 부분은 이를 서술하는 표현 방식이 일반적이다. 그러나 지시대명사 '是'를 뒤로 도치하여 後置하는 경우가 종종 있다. 대개 앞부분이 강조의 대상이 되는데, 이렇게 '是'를 뒤에 놓아 역으로 강조하는 방법도 있다.

예문 2) 번 '鮮矣仁'의 正置는 '仁鮮矣'로 볼 수 있다. 내용은 '仁이 드물다'. 즉, '어진 사람이 드물다'이다. 어조사 '矣'를 사용하여 결과를 분명하게 밝히면서 강조하려고 앞으로 도치하였다.('鮮仁'과는 의미상 차이가 있다). '鮮矣仁'의 직역은 '드물다, 어진 사람이'로 볼 수 있겠다. 이 구문은 '仁'字 뒤에 '者'가 생략된 것으로 봐야 한다. 도치와 생략이 없는 표현이라면, '仁者鮮矣'라고 해야 할 것이다.

예문 3) 번은 '吾衰也 甚矣, 吾不復夢見周公 久矣'가 正置이다. 감탄문의 경우는 대개 주제어와 술어(탄사)가 바뀌는 구조를 취한다. 감탄문에서 앞의 감탄의 표현은 술어에 해당한다. 어떤 요인에 의해서 감탄사가 발생한 것인데 강조하기 위해 탄사인 술어를 前置하고 감탄의 요인인 주체어를 後置한 것이다.

흔히 사용하는 '嗚呼!', '噫!', '嗟乎!', '惡!' 등 관용적 탄사를 사용한 감탄문(嗚呼! 勝地不常. 噫! 天喪予)보다 감탄의 의미를 나타내는 형용적인 탄사(甚矣! 久矣! 孝哉! 등)에 의한 감탄문은 도치의 형태가 더욱 확연하게 드러난다.

예문 4) 번은 '眞君子 酒中不語, 大丈夫 財上分明(진군자는 술 마시면서 말을 많이 안하고, 대장부는 재물에 분명하다)'이 正置이다.

2. 動詞+賓語[5]의 倒置

1) 十世, 可知也?(앞으로 십세를 알 수 있습니까?)[6]
2) 危邦不入, 亂邦不居(위험한 나라에 들어가지 않고, 혼란한 나라에 살지 않는다).[7]
3) 己所不欲 勿施於人(자기가 바라지 않는 바를 남에게 베풀지 말라).[8]
4) 王之所大欲, 可得聞與?(왕이 크게 바라는 바를 들어볼 수 있겠습니까?)[9]
5) 無用之辯 不急之察 棄而勿治(쓸데없는 변론과 급하지 않은 살핌을 버리고 다루지 말라).[10]
6) 飮食 必愼節, 字畫 必楷正, 容貌 必端莊(음식을 반드시 삼가고 알맞게 하며, 글씨를 반드시 정확하고 바르게 쓰며, 용모를 반드시 단정하고 씩씩하게 하라).[11]

예문 1) 번의 '十世'는 '知'의 목적어이다. 목적어(十世)가 동사(知) 앞으로 도치되었다.

---

5) '目的語'를 중국어법에서는 '賓語'로 칭함. 서술상 한국인에게 익숙한 '목적어' 표현을 많이 사용하였음.

6) 《論語》〈爲政〉: 子張, 問, 十世, 可知也? 其或繼周者, 雖百世, 可知也.

7) 《上揭書》〈泰伯〉: 子 曰篤信好學 守死善道 危邦不入 亂邦不居 天下有道則見 無道則隱...

8) 《上揭書》〈顔淵〉: 仲弓問仁 子曰出門如見大賓 使民如承大祭 己所不欲 勿施於人 在邦無怨 在家無怨.

9) 《孟子》〈梁惠王章句上〉.

10) 《明心寶鑑》〈正己篇〉: 荀子 曰 無用之辯 不急之察 棄而勿治.

11) 《上揭書》〈立敎篇〉: 張思叔座右銘 曰凡語를 必忠信하며 凡行을 必篤敬하며 飮食을 必愼節하며 字畫을 必楷正하며 容貌를 必端莊하며 衣冠을 必整肅하며 步履를 必安詳하며 居處를 必正靜하며…

예문 2) 번은 目的語 '危邦'과 '亂邦'이 동사 앞으로 倒置되었다. '不入危邦, 不居亂邦'이 일반 어순이다. '不入危邦'이나 '危邦不入'이나 모두 잘 통하는 표현이다.

3) 번은 '己所不欲'이 '施'의 목적어인데 앞으로 도치되었다.

4) 번의 '王之所大欲'은 '聞'의 目的語이며 앞으로 도치되었다.

5) 번의 '無用之辯'과 '不急之察'은 '棄'와 '治'의 동족 목적어이다.

예문 6) 번의 '飮食', '字畫', '容貌'는 각자 '必愼節', '必楷正', '必端莊'의 목적어인데 앞으로 도치되었다.

아래는《大學》經文의 八條目인데 '動詞(述語)+目的語' 관계를 '主語(目的語)+述語' 관계로 倒置하여 서술하고 있다.

○ 格物而后, 致知, 致知而后, 誠意, 誠意而后, 正心, 正心而后, 修身, 修身而后, 齊家, 齊家而后, 治國, 治國而后, 平天下.[12]

○ 物格而后, 知至, 知至而后, 意誠, 意誠而后, 心正, 心正而后, 身修, 身修而后, 家齊, 家齊而后, 國治, 國治而后, 天下平.

格物 → 物格. 至(致)知 → 知至. 誠意 → 意誠 …

위아래의 구문이 같은 뜻인데 구조를 분석해 보면 '동사(술어)+목적어'의 구조가 도치되고 난 뒤에는 '주어+술어'관계로 바뀌는 현상으로 나타났다. 이처럼 동사와 목적어의 도치는 경우에 따라 효과적인 내용 전달을 위해 이루어지고 있음을 살필 수 있다.

---

12) 原文은: "古之欲明明德於天下者 先治其國 欲治其國者 先齊其家 欲齊其家者 先修其身 欲修其身者 先正其心 欲正其心者 先誠其意 欲誠其意者 先致其知 致知在格物" 인데, 對比하기 위하여 뒤에서부터 기록하고 간략히 줄여서 核心語彙(흔히 말하는 八條目)로 本意에 맞게 나타냈다.

3. 介詞 句文

'以+賓語(目的語)+動詞+賓語(以+O+V+O)'의 構造는 强調하기 위해서 '動詞+賓語+以+賓語'(V+O+以+O) 의 형식으로 잘 바꾸어 쓴다. 뜻에는 변함이 없지만 强調하는 語感差異는 있다.

1) 殺人以梃與刃(몽둥이와 칼로 사람을 죽이다) .[13]

2) 爲政以德(정치를 하되 덕으로써 하다) .[14]

이 구문의 표현은 '以+賓語+動詞+賓語'의 형식이 일반적이다. 1) 번은 '以梃與刃殺人'이 일반형인데 '殺人'을 강조하기 위해 앞으로 도치하였다. 2) 번 '爲政以德'은 '以德爲政'으로 표현 할 수 있다. 이 구조의 형식은 빈번하게 쓰이는 유형으로 두 가지 형식 중 어느 것이 정치이고 도치된 형인지 알 수 없을 정도로 흔히 통용되고 있다.

3) 動而見尤, 欲益反損, 是以獨鬱悒而無誰語(걸핏하면 허물을 당하고, 이익을 보려다 도리어 손해를 보니, 그래서 홀로 답답함만 느낄 뿐 누구에게도 말을 못하고 있네) .[15]

'是以'는 '是'가 '以'의 목적어이며, '以是'의 도치형이다.

4) 嘗與我言於宋, 於心終不能忘(일찍이 나와 송에서 이야기했었

13) 《孟子》〈梁惠王章句〉.

14) 《論語》〈爲政篇〉. 이와 같은 예는 흔하다. 例: 같은 <爲政篇>에, "道之(導民)以政 齊之以刑 民免而無耻 道之以德 齊之以禮 有耻且格" 注: 道; 導也. 之; 民也. 道之以政: Lead people by means of strategy. 기본형은 '以政道之'이다.

15) 司馬遷, <報任少卿書>

는데 마음속에 끝까지 잊을 수가 없다).[16]

5) 聖人造化之功, 於此可見矣(성인의 조화의 공을 여기에서 볼 수 있다).

4) 번 문장의 '於心'은 바로 앞의 '於宋'처럼 뒤에 놓여야 하니, 正置는 '終不能忘於心'이다. 물론 '忘'의 목적어는 '嘗與我言於宋'인데 생략하였다. 이 문장을 어순에 따라 생략 없이 제대로 나타낸다면 '終不能忘之於我心'이다(之=嘗與我言於宋).

5) 번은 '可見聖人造化之功於此矣'가 正置라 할 수 있겠다. 두 가지 표현이 모두 같은 뜻을 나타내면서 어법상으로 잘 통용하는 형태이다. 어느 것이 正置이고 어느 것이 도치된 형태인지 단정하기 애매한 느낌도 든다. 그러나 모두를 정치라고 볼 수는 없다. 일반적이고 보편적인 표현형식을 정치로 보고 이를 바꾸어 표현한 것을 도치라고 할 수 있다.

'於心', '於此'가 강조하기 위해서 앞으로 도치되었다. 흔히 介詞 '於'에 따른 짧은 어구가 이와 같이 앞으로 도치된 형태를 살필 수 있다. 강조와 더불어 알기 쉬운 표현법으로 볼 수 있다.

4. 否定文

○ 蓋有之矣, 我未之見也(대개 그런 자가 있다고 한데 나는 아직

16)《孟子》〈滕文公章句上〉: 世子 謂然友曰昔者 孟子 嘗與我言於宋 於心終不能忘 今也不行...

그런 자를 보지 못했다).[17]

○ 吾宗國魯先君 莫之行, 吾先君 亦莫之行也(우리 종주국 노나라 선군이 그것(諸侯之禮)을 행하지 못했고, 우리 선군도 행하지 못했다).[18]

○ 失其身而能事其親者, 吾未之聞也(그 자신을 잃고 어버이를 섬길 수 있는 자가 있다는 것을 나는 아직 듣지 못했다).[19]

○ 然而不王者, 未之有也(그러고도 왕 노릇하지 못할 자는 아직 없다).[20]

○ 莫我知也夫(나를 알아준 이가 없도다!)[21]

○ 不患人之不己知(사람들이 나를 알아주지 못할까 근심하지 말라).[22]

○ 日月逝矣, 歲不我延, 嗚呼老矣(날과 달은 흘러가고 세월은 나를 연장하여 주지 않으니, 아아! 늙었도다!)[23]

否定語와 代名詞가 같이 쓰일 경우 일반적으로 動詞와 目的語(賓語)가 倒置된다. 위 例文의 경우, '未之見', '莫之行', '未之聞', '未之有', '莫我知', '不己知', '不我延'의 構造를 살펴보면 동사와 목적어가 도치되어 있다. 목적어는 모두가 代名詞, '之', '我', '己' 등이다. 이처럼 부정하는 구문에 대명사가 목적어로 사용되면 동사와 목적어

---

17) 《論語》〈里仁〉: 我未見力不足者, 蓋有之矣 我未之見也.

18) 《孟子》〈滕文公章句上〉: 諸侯之禮 吾未之學也 雖然 吾嘗聞之矣… 父兄百官 皆不欲曰吾宗國魯先君 莫之行 吾先君 亦莫之行也.

19) 《孟子》〈離婁章句上〉: 孟子曰事孰爲大 事親爲大 守孰爲大 守身爲大 不失其身而能事其親者 吾聞之矣 失其身而能事其親者 吾未之聞也.

20) 《孟子》〈梁惠王章句上〉: 黎民, 不飢不寒, 然而不王者, 未之有也.

21) 《論語》〈憲問〉: 子曰莫我知也夫, 子貢 曰何爲其莫知子也.

22) 《上揭書》〈學而〉: 子曰不患人之不己知 患不知人也.

23) 《明心寶鑑》〈勤學篇〉: 日月逝矣 歲不我延 嗚呼老矣 是誰之愆.

를 도치한다. 이들은 未之見→未見之. 莫之行→莫行之. 未之聞→未聞之. 未之有→未有之. 莫我知→莫知我. 不己知→不知己. 不我延→不延我가 일반적 어순이다. 따라서 일반적 어순으로 설정하고 해석해야 한다.

5. 疑問文

의문문과 감탄문은 일반 평서문을 기준으로 볼 때 도치의 구조이다. '주+술(동)' 관계나 '목+동' 관계가 평서문과 어순이 다르다. 이들의 형식은 언어적 습관으로 보아 그 자체를 正置로 볼 수도 있겠지만 평서문을 기본형으로 본다면 도치된 구조로 간주할 수 있다.

漢文에서 疑問詞는 반드시 동사 앞에 놓인다. 疑問詞가 主格이건 目的語(賓語)이건 앞에 쓰는 것을 원칙으로 한다. 이는 英語에서 疑問詞 what · why · when · where · which · who가 반드시 앞에 놓인 것과도 일치한다.

1) 疑問詞가 動詞의 目的語인 경우

- ○ 吾誰欺, 欺天乎(내가 누구를 속일 것인가? 하늘을 속일 것인가?).
- ○ 孟嘗君曰: 客何好(맹상군이 말하기를 "손님은 무엇을 좋아합니까?")
- ○ 項王曰: 沛公安在(항왕이 말하기를, "패공은 어디에 있는가?")[24]

24) 崔英俊 지음, 《實用大學漢文》, 常綠樹, 48쪽, 例文 參考 再引用.

첫 문장의 '誰欺'는 '誰'가 '欺'의 目的語로서 '欺誰'의 倒置이다.

다음 문장의 '何好'는 '何'가 '好'의 目的語로 '好何'의 倒置이다.

마지막 문장의 '安在'는 '安'이 '在'의 장소 目的語이다. '在安'이 倒置되었다.[25]

2) 疑問詞가 介詞(前置詞) 의 目的語인 경우

○ 誰爲爲之, 孰令聽之(누구를 위하여 하며? 누구로 하여금 들으라고 하리오?).[26]

○ 何由知吾可也(무엇으로 말미암아 나의 가능함을 아는가?).

○ 何以利吾國(어떻게 해서 우리나라를 이롭게 할까?).[27]

위에서부터 순서대로 보면,

'誰爲'는 '誰'가 '爲'의 目的語이고, '爲誰'의 도치형이다. '孰令'도 '令孰'의 도치형이다.

'何由'는 '何'가 '由'의 目的語이다. '由何'의 도치형이다.

'何以'는 '何'가 '以'의 목적어이다. '以何'로 볼 수 있다.

이 밖에 疑問詞도 모두 앞에 놓인다.

---

25) 現代文에서는 古文과 달리 疑問詞가 동사의 目的語로 後置한다. 예) 你喜歡什麽? 看誰? 在哪兒?

26) 司馬遷, <報任少卿書>

27) 《孟子》 <梁惠王章句上>.

6. 感歎文

○ 甚矣! 人之好怪也(심하도다! 사람들이 괴이함을 좋아하는 것이!)[28]

○ 賢哉! 回也(어질도다! 안회여!)

○ 孝哉! 閔子騫(효성스럽다! 민자건이여!)[29]

○ 嗟乎! 師道之不傳也久矣, 欲人之無惑也難矣(아아! 스승의 도가 전해지지 않은 지 오래되었으니, 사람들이 의혹이 없게 되기를 바라는 것이 어려운 일이로다!)[30]

감탄문은 그 자체가 도치 아닌 본래의 문형이라 볼 수도 있다. 그러나 평서문을 기준으로 보면 앞부분의 감탄사와 뒤의 문장이 도치된 형태이다. 이는 주어 구문과 술어의 도치 형식으로 볼 수 있다.

어떤 사안에 대해 감동하여 나온 감탄사를 문장 뒤로 옮겨 놓으면 일반어순에 의한 평서문이 된다(人之好怪也 甚矣 : 回也 賢哉).

구체적으로 형용하는 감탄사(甚矣 孝哉 賢哉 등)에 의한 문장과 일반적으로 사용하는 감탄사(嗚呼! 嗟乎! 吁! 등)에 의한 문장은 약간의 차이점이 있다. 前者가 좀더 분명한 倒置 유형으로 드러난다.

內容上으로 보면 어떤 原因과 結果로 인해 감탄을 하게 되는 것이므로 감탄사가 뒤에 와야 맞다. 그러나 文章으로 기록할 때는 傳達 效果를 더욱 높이기 위하여 歎詞를 앞으로 도치한 것이다. 탄사로 讀者의 주위를 환기시키면서 그 原因을 뒤에서 說明한 것이다. 이 역시 전달의 효과를 높이려는 표현 방법이라 할 수 있다.

---

28) 韓愈, 〈原道〉: 甚矣! 人之好怪也! 不求其端, 不訊其末, 惟怪之欲聞!

29) 《論語》〈雍也〉: 子 曰賢哉回也 一簞食 一瓢飮 在陋巷 人不堪其憂 回也不改其樂 賢哉回也. <先進> 孝哉! 閔子騫.

30) 韓愈, 〈師說〉.

7. 韻文

○ 太半主人非(절반 이상은 주인이 아니네).[31]

○ 一寸光陰不可輕(짧은 시간이라도 가벼이 보내면 안 된다).[32]

韻文에서는 平仄 押韻 등 聲律관계로 일반 어순을 종종 도치하는 경우가 있다. 어떤 내용을 전달하는 데 어법상 이상이 없는 범위에서 平仄·押韻 등의 작법 규율에 맞추기 위해 필요에 따라 字句 도치를 한다.

'主人非'는 '非主人'이 正置인데 '非'자를 平聲 '微'韻에 맞는 '歸'와 同韻으로 압운하기 위해서 뒤로 도치했다.

'一寸光陰不可輕'은 '一寸光陰'이 맨 뒤 '輕'자의 목적어인데 앞으로 도치되었다. '輕'자는 이 詩의 起句와 結句의 平聲 '庚'韻에 해당하는 押韻字 '成', '聲'과 同韻이어야 하기 때문에 도치해서 표현했음을 알 수 있고, 강조를 위한 표현으로도 도치가 잘 어울린다. 일반 어순은 '不可輕一寸光陰'이라 할 수 있는데 이럴 경우 平仄 押韻이 모두 맞지 않는다. 이처럼 倒置의 표현은 漢詩에서 押韻과 平仄의 聲律問題로 빈번하게 이루어지고 있다. 대부분 평서문에서는 강조하기 위한 어휘를 앞으로 놓는데 한시에서는 강조를 위한 경우도 있지만 평측 압운의 조율을 위해 도치하는 경우가 많다.

한문에서 도치의 수사법은 영문이나 우리글에서 찾아볼 수 없는 다양성을 지니고 있다. 도치는 의사전달을 꾀하면서 일정한 기본 문형을 따르지 않고 字句의 순서를 바꾸어 표현하는 기법이다. 이는 어

---

31) 白居易, 〈商山路有感〉: 萬里路長在, 六年今始歸, 所經多舊館, 太半主人非.

32) 《明心寶鑑》〈勤學篇〉: 少年易老學難成, 一寸光陰不可輕, 未覺池塘春草夢, 階前梧葉已秋聲.

떤 내용을 강조하여 전달의 효과를 높이려는 수법이기도 하고, 동시에 음절이나 화법상의 조화를 이루어 표현의 묘를 살리는 수사법이기도 하다. 한문의 다양한 표현 형식 중에 도치의 형태가 차지하는 비율은 매우 크다. 이는 의사전달의 효과를 높이려는 데서 비롯된 것으로 다양한 표현의 기법을 만들어 내기도 했지만, 한편으로는 여러 가지 유형의 표현 형식을 만들어 내어 문장구조의 이해를 어렵게 만드는 요인을 제공하기도 한다.

다양한 표현방법을 지닌 언어가 발전된 언어이며 전달의 기능성이 우수한 언어라고 할 수 있다. 그러나 반대로 생각하면 다양한 만큼 그 구조를 파악하는 데 어려움이 따른다. 흔히 '한문은 모든 구조를 문법으로 논할 수 없다'고 한 것은 바로 도치에 의한 기본형의 다양한 변형적 표현 때문이라고도 볼 수 있다. 서양의 영문을 살펴보면, 구나 절 또는 문장 간의 도치는 간혹 이루어지지만 한문처럼 단어와 단어까지 앞뒤의 어순을 수시로 도치하지는 않는다. 도치로 이루어지는 표현들은 正置는 아니지만 관용적으로 쓰이게 되어 또 하나의 확고한 기본어법이 된 것이다.

결국 도치는 표현의 다양성 융통성이 결합하여 효과적인 표현을 위해 문장을 원활하고 용이하게 구성할 수 있도록 하는 수사법이다. 漢字의 글자마다 활용의 융통성이 크듯이 문장의 구성면에서도 그러함을 살필 수 있다.

Ⅱ. 省略에 依한 修辭의 類型

한문 문장의 수사법 중에 생략법은 너절한 자구를 줄이는 일로, 말을 추가하여 삽입하는 일과는 상대적이다. 이는 불필요한 어휘나 반복적인 언급을 피하여 더욱 간결하고 보기 좋은 문장을 이루려는 한문 문장구성의 필수적인 수사기교이다. 한문의 문장은 지극히 생략법을 강구하여 간결함을 추구하기 때문에 독해하는 데에 어려움이 따른다. 문장의 생략된 구조를 살필 수 있으면 문장의 뜻을 파악하는 일이 쉽고도 분명해진다.

古代로부터 한문의 작법은 간결하고 함축적인 문형을 모범으로 삼아왔으므로 뜻을 전달하는 데 필요한 글자 외에는 생략하고 작문하는 것이 문장 구성의 특징이라 할 수 있다. 작문상 생략에 의한 수사는 어느 글에서나 찾아볼 수 있지만 한문에서만큼 다양하고 빈번하게 쓰여지고 있는 경우는 찾아보기 어렵다. 한문의 작문에서 생략법은 일반적이고 공식적인 표현의 수사법이다. 때문에 한문을 독해할 때는 생략된 부분을 살려볼 줄 아는 안목이 필요하다.

한문은 수사기법도 많아서 문장구조를 영어처럼 명확하게 규정하기 어려운 점이 있다. 영어처럼 일정하고 정형적인 문장의 틀을 엄격히 사용하지 않고 문장구성의 융통성을 크게 수용한 점이 한문의 장점이자 단점이다. 한문의 문장은 간결하고 함축적인 수사를 기본수단으로 삼고 있으므로 독해의 어려움을 초래하게 된다. 이렇게 만드는 큰 요인은 무엇보다도 생략의 수사법 때문이라고 말할 수 있다.

생략된 문형은 일반 서술문을 기준으로 볼 때 있어야 할 자구가 줄어든 형태를 말한다. 짧은 구문이나 한 작품에 이르기까지 어휘, 구절, 주어, 술어, 목적어 및 전치사, 介詞, 반복어구 등 각종 생략의 양상과 기법을 종합적으로 살펴보기로 한다.

1. 實詞의 省略

1) 主語의 省略

한문은 영어와 달리 주어가 잘 생략된다. 대체로 주어가 생략되는 경우는,

1. 직접 상대하여 주어(상대)를 언급할 필요가 없는 경우
2. 앞에서 언급했기 때문에 그 다음부터 말하지 않아도 될 경우
3. 보편적이고 일반적일 경우
4. 자연현상을 나타내는 구문으로 주어가 필요 없을 경우이다.[33]

○ 見物生心(물건을 보면 욕심이 생긴다).

○ 忍一時之忿, 免百日之憂(한 때의 화남을 참으면 백 날의 근심을 면한다).[34]

33) 洪寅杓,《漢文文法》48쪽 參考.

34)《明心寶鑑》〈戒性篇〉

○ 心不在焉, 視而不見, 聽而不聞(마음이 있지 않으면, 보아도 보이지 않고 들어도 들리지 않는다).[35]

위 例文의 動詞들 앞에 主語가 모두 省略되었다. 특히 故事나 成語는 주어가 생략되어 있는 것들이 많다. 이러한 成語는 인간이면 누구나 그 주어가 될 수 있으므로 특별히 主語를 표기하지 않고 생략한다.[36] 또 인간을 대상으로 한 教訓的인 글들은 대부분 主語(사람)를 생략한다. 위 예문은 인간 누구나 주어가 될 수 있는 것이다.

漢文 문장에서 주어의 생략은 허다하다. 英文처럼 매 文章마다 주어가 표기되지 않고 漢文은 일반인을 대상으로 할 경우 주어를 보통 생략한다. 하나의 作品에서도 서두에 主人公이 한번 紹介되면, 그 이후는 主語를 반복 표현하지 않고 문장을 이루며 서술하는 경우가 많다. 그 例를 들면 아래와 같다.

○ 宋有狙公者, 愛狙, 養之成群. 能解狙之意, 狙亦得公之心. 損其家口, 充狙之欲, 俄而匱焉, 將限其食. 恐衆狙之不馴於己也, 先誑之曰, 與若芧, 朝三而暮四足乎. 衆狙皆起而怒, 俄而曰, 與若芧, 朝四而暮三足乎, 衆狙皆伏而喜(송나라에 원숭이 기르는 자가 있었는데 원숭이를 좋아하여 길러서 많은 무리를 이루었다. 그는 원숭이의 뜻을 잘 알았고, 원숭이도 그의 마음을 잘 알았다. 그는 집안 식구의 먹을 몫까지 줄여서 원숭이의 욕구를 채워 줬는데, 얼마 안가서 식량이 바닥나게 되자 이제는 그 먹이를 제한하려고 하였다. 이에 원숭이 무리들이 자기의 뜻을 따라 주지 않을까 걱정이 되어, 먼저 꾀어서 말하기를: '너희들에게 도토리를

35) 《大學》〈傳七章〉: 心不在焉, 視而不見. 聽而不聞, 食而不知其味.

36) 例: 結草報恩. 守株待兎. 刻舟求劍 등과 같은 故事成語도 그 출전을 보면 행위의 주체인 주어가 있다. 그러나 후세에는 주어를 생략하고 통용하고 있다.

주되 아침에 세 개 저녁에 네 개를 주면 만족하겠느냐?'고 하니, 원숭이들이 모두 일어나 화를 내었다. 잠시 후에 말하기를: '그럼 너희들에게 아침에 네 개 저녁에 세 개를 주면 만족하겠느냐?'고 물으니, 원숭이들이 모두 그 말에 복종하면서 좋아하였다).[37]

例文에서, '愛', '養', '能解', '損', '充', '將限', '恐', '先誑', '曰', '與' 動詞들의 主語는 모두 宋나라의 원숭이 기르는 사람(狙公)이다. '動詞+目的語'의 構造 앞에는 行爲(動詞)의 主體가 있어야 한다. 그러나 句節마다 主語를 표현하지 않고 省略하였다. 對等節이나 理解할 수 있는 범위 안에서 重複을 피하는 것이 漢文 文章의 基本作法이라 할 수 있다. 대개 한 편의 작품에서 주인공이 처음 언급되면 끝까지 주어(주인공)를 생략하고 서술하는 경우도 있고, 거명할 때는 이름의 '끝 자'나 처음의 '姓氏' 또는 '公'으로 표기하기도 한다.

이상에서 살핀 바와 같이 문장의 가장 핵심어인 주어가 생략되는 경우가 흔히 있다. 이는 영문이나 한글은 물론 중국의 현대문에서도 찾아 볼 수 없는 유형이다. 밝히지 않아도 알아볼 수 있는 신분이면 생략하는 것을 원칙처럼 쓰는 것이 한문의 표현 방식이다.

2) 動詞의 省略

한문에는 아래와 같이 동사가 생략된 형식의 '명사술어문'과 '형용사술어문'이 있다.

---

37) 《列子》〈皇帝〉中國人文科學硏究會編, 《大學漢文》 博英社, 46쪽 再引用.

[명사술어문]

○ 南昌故郡(남창은 옛 군이요),
洪都新府(홍도는 새로운 부이다). 王勃〈滕王閣序〉

○ 公南京人(공은 남경 사람이다). 蘇明允〈張益州畫像記〉

○ 毛穎者中山人也(모영이란 자는 중산 사람이다). 韓愈〈毛穎傳〉

古代로부터 공식적으로 사용한 표현의 형식이다. 문장 중에 동사가 없다. 앞의 명사가 주어가 되고 뒤의 명사가 서술어가 되는 것이다. '故郡', '新府', '南京人', '中山人'은 名詞인데 술어동사로 쓰였다.

[형용사술어문]

○ 天高馬肥(하늘은 높고 말은 살찐다).

○ 春暖秋涼(봄은 따뜻하고 가을은 서늘하다).

○ 柴也 愚, 參也 魯, 師也 辟, 由也 喭.(시는 어리석고, 참은 노둔하고, 사는 겉모습만 꾸미고, 유는 거칠다).《論語》〈先進篇〉

이와 같이 뒤의 형용사가 동사를 겸하여 술어가 되는 문장이 보편적으로 쓰인다. 예문의 '高', '肥', '暖', '涼'과 '愚', '魯', '辟', '喭'은 형용사인데 술어동사로 쓰였다.

이상과 같은 형식을 전통적으로 사용한 정식문형으로 간주하면 동사가 생략되었다고 볼 수 없다. 그러나 영문의 문법을 적용하여 문장요건을 따져보면 동사가 생략된 형이다. 이런 문형을 한문에서 '명사술어문', '형용사술어문'이라고 한다. 이는 영어의 5형식 중에서 불완전자동사(be)가 사용되는 2형식의 문장에 해당하는 유형이다.

3) 賓語(目的語) 의 省略

① 晝耕夜讀(낮에는 밭을 갈고 밤에는 글을 읽는다; 낮에는 일하고 밤에는 공부한다).

② 狗彘, 食人食而不知檢(개 돼지가 사람의 음식을 먹는데도 단속할 줄 모른다).[38]

③ 弟子, 入則孝, 出則弟(애들아, 집에 들어가면 효도하고 밖에 나가면 윗 사람들에게 잘해라).[39]

④ 今一見之, 大則以王, 小則以霸(지금 한번 만나보시면 크게 성공하면 왕천하 하고, 적게는 패제후 할 것입니다).[40]

목적 대상을 쉽게 알 수 있는 것이면 생략하기도 한다.

①번의 '晝耕夜讀'은 成語인데, 主語(사람)와 目的語(賓語)가 省略되었다. '耕'자의 目的語는 '田'이고, '讀'자의 目的語는 '書'임을 알 수 있다. 成語에서 이런 현상은 흔히 볼 수 있다.

②번 예문 '檢'字의 目的語는 앞의 '狗彘 食人食'인데 생략하였다. 이럴 경우 목적어로 대신하여 '之'자를 쓸 수 있는데(檢之) 생략하였다.

③번은 '入'과 '出'의 뒤에는 당연히 목적어 '家'가 있어야 한다. '孝'와 '弟'의 뒤에도 목적어가 생략되었다. '孝', '弟'는 '孝父母(孝於父母)', '弟兄長(弟於兄長)'이 생략된 표현이다. 이처럼 쉽게 알 수 있는 표현에서는 목적어뿐만 아니라 어느 용어도 생략이 가능하다는 것을 짐작할 수 있다.

---

38) 《孟子》〈梁惠王章句上〉

39) 《論語》〈學而〉: 子曰 弟子 入則孝 出則弟 謹而信 汎愛衆而親仁 行有餘力 則以學文.

40) 《孟子》〈滕文公章句下〉: 陳代曰不見諸侯, 宜若小然. 今一見之, 大則以王, 小則以霸.

④번도 쉽게 알 수 있는 목적어를 생략하였다. '王'은 천하를 통솔하는 의미를, '覇'는 諸侯를 거느리는 의미를 갖기 때문이다. '王'과 '覇'의 목적어는 '天下'와 '諸侯'이다. 즉, '今一見之, 大則以王天下, 小則以覇諸侯'이다. 크게는 그럼으로써 천하에 왕노릇 하고, 적게는 제후들을 제패할 것이다. '王'과 '覇'는 동사이다.

이상은 동사의 목적어가 생략된 경우이고, 介詞(전치사)의 목적어도 자주 생략되는 경우를 찾아볼 수 있다. 한문에서 흔히 사용되는 '以'자는 영어의 전치사처럼 목적어를 취하는데 목적어를 생략하고 '以'자만 쓰는 경우가 많다. 생략된 형태는 대부분 '以'자 뒤에 동사가 오는〈以+動詞+目的語〉의 구조가 일반적이다.[41] 이런 구조는 문장의 후속 구문으로 앞에는 반드시 어떤 언급이 있기 마련이다. 앞에서 언급된 내용의 전부 또는 일부가 '以'의 목적어인데 이를 다시 표기하지 않고 생략하고 표현한다. 실례를 보기로 한다.

① 脩其孝悌忠信, 入以事其父兄, 出以事其長上(효·제·충·신을 닦아서 들어가서는 부형을 섬기고, 나가서는 윗사람을 섬긴다).[42]

② 舊令尹之政, 必以告新令尹(옛 영윤의 정책을 반드시 새로 온 영윤에게 고한다).[43]

③ 行有餘力, 則以學文(행동하고 여가가 있으면 글을 배워라).[44] (餘力=餘暇).

---

41) '以'자 뒤에 사물 도구 명사구 절 등 목적어가 직접 올 때는 동사가 그 뒤에 옴. 例: 以熱治熱. 以錢買物. 以日月爲扁牖.

42)《孟子》〈梁惠王章句上〉

43)《論語》〈公冶長〉

44)《上揭書》〈學而〉: 子 曰弟子入則孝, 出則弟, 謹而信, 汎愛衆而親仁, 行有餘力, 則以學文.

①예문의 후반 두 구문의 '以'자 뒤에는 앞의 '修其孝悌忠信'의 내용을 나타내는 표현(목적어)이 생략되었다. ('入'자와 '出'자 뒤에 '家'도 생략되었다) 이 글의 생략된 부분을 되살려 보면, '脩其孝悌忠信, 入(家)以(孝悌忠信)事其父兄, 出(家)以(孝悌忠信)事其長上(집안에 들어가서는 그 닦은 효제충신으로 부형을 섬기고, 집밖에 나가서는 그 닦은 효제충신으로 윗사람을 섬기다)'으로 볼 수 있다. '以' 前置詞의 目的語가 省略된 것이다. 대명사로 나타내면, '以之事其父兄'이다.

②번 예문의 '以'의 목적어는 '舊令尹之政'인데 생략되었다. '以' 뒤에 動詞(告)가 있다. 이럴 경우 앞에 나온 내용(수단, 방법, 행위, 사물, 사실 등)이 '以'의 목적어가 되는데 보통 생략한다. 必以(舊令尹之政)告新令尹.

③번 예문의 '以'도 뒤에 '餘力'이 생략되었다. '以學文'은 '以餘力學文(以之學文)'으로 볼 수 있다. 以餘力學文 : 餘力으로 文을 배우다.

2. 虛詞의 省略

1) 介詞의 省略

○ 數罟, 不入洿池, 魚鼈, 不可勝食也(촘촘한 그물을 연못에 투입하지 않으면, 물고기를 이루 다 먹을 수 없다).[45]

○ 讀詩路傍(길가에서 시를 읽는다).[46]

---

45) 《孟子》〈梁惠王章句上〉: 작은 새끼 고기까지 모조리 잡지 않으므로 계속 성장시켜 먹을 수 있다는 말.

46) 金時習, 〈李生窺牆傳〉

○ 訥言敏行(말을 어눌한 것처럼 하고 행동을 민첩하게 한다).[47]

○ 溫故知新(옛 것을 알고 새로운 것을 안다).[48]

○ 切磋琢磨(자르고 나서 다듬고 쪼아내고 나서 문지른다).[49]

○ 孟子曰 天下有道 小德 役大德 小賢 役大賢 天下無道 小役大 弱役强(맹자가 말하기를 "천하에 道義가 있을 때는 작은 덕을 지닌 사람(나라)이 큰 덕을 지닌 사람에게 부림을 받고, 작은 현인이 큰 현인에게 부림을 받는다. 천하에 도의가 없을 때에는 작은 자(나라)가 큰 자(나라)에게 부림을 받고, 약한 자가 강한 자에게 부림을 받는다).[50]

첫 예문의 '洿池' 앞에 介詞 '於(乎·于)'가 省略되었다. 이는 '不入數罟於洿池(in pools)'의 文章이라고 볼 수 있다. 물론 行爲의 主體인 사람도 省略되었다.

다음의 '讀詩路傍'은 路傍 앞에 장소를 나타내는 개사 '於'가 생략되었다. 漢文의 句節에 介詞가 생략된 곳이 많다. 文脈의 對句를 중시하여 字數를 맞출 경우 必要에 따라 생략하기도 하고 붙이기도 한다. 그러므로 마음속으로 介詞를 넣고 보아야 할 句節이 많다.

특히 故事成語의 경우는 간략히 함축하여 표현하려는 경향이 있어서(거의가 四字成語로 구성되고 있음) 문구 중의 虛詞字는 우선의 생략 대상이 된다. 물론 생략을 해도 어법상으로 통한다. '訥言敏

---

47) 《論語》〈里仁篇〉: 子曰 君子 欲訥於言而敏於行. 말만 유창하게 하는 것이 아니라 행동을 부지런히 한다는 말.

48) 《上揭書》〈爲政篇〉: 子 曰溫故而知新 可以爲師矣.

49) 《詩經》〈衛風;淇奧〉: 瞻彼淇奧, 綠竹猗猗. 有匪君子, 如切如磋, 如琢如磨. 瑟兮僩兮, 赫兮咺兮, 有匪君子, 終不可諼兮.

50) 《孟子》<離婁章句上> : 孟子曰 天下有道 小德 役大德 小賢役大賢 天下無道 小役大 弱役强. 斯二者天也 順天者存 逆天者亡.

行'은 '訥於言而敏於行'의 본래의 표현에서 허사를 생략하고 줄여서 나타낸 것이고, '溫故知新'은 '溫故而知新'을 줄인 것이며, '切磋琢磨'는 '如切如磋 如琢如磨'를 줄여서 표현한 것이다. 이처럼 한문의 고사성어는 虛詞는 물론 實詞까지도 생략하여 표현한 것들이 많다.

마지막 예시문의 '小德 役大德 小賢 役大賢', '小役大 弱役强'의 표현은 어법적으로 개사 '於'가 생략된 표현이다. 구문의 해석을 수동의 뜻으로 보아야 맞다. '주어+동사+於+대상(목적어)'의 형식이 수동태의 대표적인 형식인데, '於'를 생략하고 쓴 것이다. '於'를 넣고 표현하면, '小德 役於大德 小賢 役於大賢, 小役於大 弱役於强'이다.

3. 反復語句의 省略

語句의 생략은 반복되는 대등 구절에서 동일한 성격(작용)을 갖는 어휘를 반복 표현하지 않고 생략하는 것이 가장 일반적이다.

1) 楚國之食, 貴於玉, 薪, 貴於桂(초나라의 음식은 옥보다 귀하고, 초나라의 섶은 계수나무보다 귀하다).[51]
2) 爲肥甘, 不足於口與, 輕煖, 不足於體與(살찌고 단 음식이 입에 부족하기 때문이며, 가볍고 따뜻한 옷이 몸에 부족하기 때문입니까?)[52]
3) 惟仁者, 爲能以大事小, 是故, 湯, 事葛, 文王, 事昆夷(오직 어진 자라야 능히 큰 것으로 작은 것을 섬기니, 이런 까닭에 탕왕은

51) 《教養漢文》 中國人文科學研究會編, 44쪽. 《戰國策》 〈蘇秦見王〉.

52) 《上揭書》 〈梁惠王章句上〉: 爲肥甘, 不足於口與, 輕煖, 不足於體與. 抑爲采色 不足視於目與, 聲音 不足聽於耳與, 便嬖 不足使令於前與.

葛을 섬겼고, 문왕은 昆夷를 섬겼던 것이다).[53]

4) 孟子 曰人不足與適也 政不足間也(나라에 쓰는 사람들을 하나하나 나무랄 수 없고, 정령을 하나하나 트집 잡을 수 없다).[54] 與, 爲也. 適,過也 · 謫也. 間,非也.

5) 有大人先生, 以天地爲一朝, 萬期爲須臾, 日月爲扃牖, 八荒爲庭衢(어느 대인 선생이 천지가 생겨나기까지를 하루아침으로 삼고, 만년의 시간을 순간으로 삼으며, 해와 달을 창문으로 삼고, 팔방천지를 뜰과 거리로 삼고 있다).[55]

6) 夫市交以利, 面交以諂, 故雖有至懽, 三求則無不疎, 雖有宿怨, 三與則無不親, 故以利則難繼, 以諂則不久(무릇 시장에서는 이욕으로 사귀고, 얼굴 맞대고서는 아첨으로 사귄다. 그러므로 아무리 좋아함이 있다 할지라도 세 번 요구하면 멀어지지 않음이 없고, 비록 오랜 원한이 있다 할지라도 세 번 베풀어 주면 친해지지 않음이 없다. 그러므로 이욕으로 사귀면 지속하기가 어렵고, 아첨으로 사귀면 오래가지 못한다).[56]

7) 我衣縕袍人輕裘, 人居華屋我圭竇(나는 헌 솜옷을 입는데 사람들은 비싼 옷을 입고, 사람들은 화려한 집에 사는데 나는 오두막집에 산다). 崔瀣의 詩,《東人詩話》

1) 번 예문의 '薪'자 앞에 '楚國之'의 수식어가 생략되었다. '薪'은 '食'과 동격이다.

예문 2) 번은 앞의 '爲肥甘'과 같이 뒤의 '輕煖'에도 '爲輕煖'으로 표기해야 하는데 생략하였다. '肥甘'과 '輕煖'은 동격 대등구이기 때

53)《上揭書》〈梁惠王章句下〉

54)《上揭書》〈離婁章句上〉: 孟子 曰人不足與適也 政不足間也 惟大人 爲能格君心之非 君仁 莫不仁 君義 莫不義...

55) 劉伯倫,〈酒德頌〉

56) 朴趾源,〈穢德先生傳〉

문이다. 따라서 반드시 '爲輕煖, 不足於體與'로 보고 풀이해야 한다.

다음 예문 3) 번의 '湯, 事葛, 文王, 事昆夷'의 구문에 생략된 어휘는 '以大'이다. 제대로 표현하면, '湯, 以大事葛, 文王, 以大事昆夷'이다. 앞에 쓰인 구절과 똑같은 구절이 뒤에 반복될 때는 같은 표현을 뒤에 거듭 쓸 필요가 없는 것이다. 이는 또한 《孟子》本文에서 나라가 나라 섬기는 것을 말한 것이므로 사실상 '湯, 以大國事葛(小國) , 文王, 以大國事昆夷(小國) '의 文章이 全文이라 할 수 있다. 본 뜻; 탕왕은 큰 나라로 작은 나라인 葛을 섬겼고, 문왕은 大國으로 昆夷(小國) 를 섬겼다.

4) 번 예문의 '政不足間也'도 앞 구와 같은 격으로 '政不足與間也'이다. 대등 구문에서 반복되는 어휘의 생략이다.

예문 5) 번에서 앞의 전치사 '以'는 뒤의 세 구절에 공통으로 관련을 갖는 자이다. 以天地爲一朝 이하 대등절에 모두 '以'자가 생략되었다. 따라서 '以萬期爲須臾, 以日月爲扃牖, 以八荒爲庭衢'의 형으로 간주하고 보아야 한다.

6) 번 예문의 文章 끝 부분 '故以利則難繼, 以諂則不久'의 省略된 字는 앞의 動詞 '交'字이다. 즉, '交以利則難繼, 交以諂則不久'이다. 뒤에서 반복해서 사용하지 않고 앞의 動詞와 연관하여 생략하였다. 이런 구조에서 "'以'개사는 목적어를 취하여 동사와 연관시킨다."는 용법을 적용시킬 줄 알아야 한다.

7) 번은 七言詩句인데, '我衣縕袍人輕裘'는 '我衣縕袍人(衣) 輕裘'를 생략한 것이고, '人居華屋我圭竇'는 '人居華屋我(居) 圭竇'를 생략한 것이다. 생략형으로 표현한 것은 동일한 구문에 같은 글자(동사) 를 쓴다는 말이다.

아래의 긴 글에서 공통조건의 반복구문이 생략되는 예를 살필 수 있다.

8) 若使天下兼相愛, 愛人若愛其身, 猶有不孝者乎? 視父兄與君若其身, 惡施不孝. 猶有不慈者乎? 視子弟與臣若其身, 惡施不慈? 故不孝不慈亡有. 猶有盜賊乎? 視人之室若其室, 誰竊? 視人身若其身, 誰賊? 故盜賊亡有. 猶有大夫之相亂家, 諸侯之相攻國者乎? 視人家若其家, 誰亂? 視人國若其國, 誰攻? 故大夫之相亂家, 諸侯之相攻國者亡有.《墨子》<兼愛篇上>

이 글의 '省略된 部分'을 살려서 다시 정리하면 아래와 같다.

若使天下兼相愛, 愛人若愛其身, 猶有不孝者乎? 視父兄與君若其身, 惡施不孝. '若使天下兼相愛, 愛人若愛其身', 猶有不慈者乎? 視子弟與臣若其身, 惡施不慈? 故不孝不慈亡有. '若使天下兼相愛, 愛人若愛其身', 猶有盜賊乎? 視人之室若其室, 誰竊? 視人身若其身, 誰賊? 故盜賊亡有. '若使天下兼相愛, 愛人若愛其身', 猶有大夫之相亂家, 諸侯之相攻國者乎? 視人家若其家, 誰亂? 視人國若其國, 誰攻? 故大夫之相亂家, 諸侯之相攻國者亡有.

만약에 천하가 아울러 서로 사랑하여 다른 사람 사랑하기를 자기 몸 사랑하는 것처럼 한다면, 그래도 불효자가 있겠는가? 父兄과 임금 보기를 자기 몸 같이 할 터인데 어찌 불효하리오? '만약에 천하가 아울러 서로 사랑하여 다른 사람 사랑하기를 자기 몸 사랑하는 것처럼 한다면', 그래도 인자하지 않은 자가 있겠는가? 子弟와 臣下 보기를 자기 몸 같이 할 터인데 어찌 인자하지 않은 행동을

> 하겠는가? 그러므로 불효한 자와 인자하지 않은 자가 없게 된다. '만약에 천하가 아울러 서로 사랑하여 다른 사람 사랑하기를 자기 몸 사랑하는 것처럼 한다면', 그래도 도적이 있겠는가? 다른 사람 집 보기를 자기 집처럼 할 터인데 누가 절도를 할 것이며, 다른 사람 몸 보기를 자기 몸처럼 할 터인데 누가 해치리오? 그러므로 도적이 없게 된다. '만약에 천하가 아울러 서로 사랑하여 다른 사람 사랑하기를 자기 몸 사랑하는 것처럼 한다면', 그래도 대부들이 서로 집안을 어지럽히고, 제후들이 서로 나라를 침공하는 자가 있겠는가? 다른 사람 집 보기를 자기 집처럼 하는데 누가 어지럽히며, 다른 나라 보기를 자기 나라처럼 할 터인데 누가 침공을 하리오? 그러므로 대부들이 서로 집안을 어지럽히고, 제후들이 서로 나라를 침공하는 일이 없을 것이다.

序頭의 假定 · 條件 句文(若使天下兼相愛, 愛人若愛其身)이 뒤의 對等句文에 共通으로 影響을 미치므로 뒤에서 反復하여 쓰지 않고 省略하였다. 內容이나 形式上으로 句文의 相互關係를 유심히 살펴보아야 할 必要가 있다. 생략된 부분을 놓치고 보면 귀결절을 이해하는 데 어려운 점이 있다.

이상과 같이 同等한 어휘나 句文이 반복될 때 공통어를 쓸 경우 대개 첫 句節에만 쓰고 이하는 구절마다 반복해서 표현하지 않고 생략한다. 생략되는 이 공통어는 명사 형용사 동사 전치사 전치사구문 가정 조건절 등 다양한 형태임을 살필 수 있다.

4. 代替語 및 駢·偶句의 活用에 依한 省略

1) 代替語에 依한 句文 省略

① 居上不寬, 爲禮不敬, 臨喪不哀, 吾何以觀之哉(위에 있으면서 너그럽지 않고, 예절을 행하면서 공경스럽지 않고, 상을 당하여 슬퍼하지 않으면 내가 어떻게 '그런 행위를' 보겠는가!)[57]

② 爲不節而亡家, 因不廉而失位,…惟正可守, 心不可欺, 戒之戒之(절약하지 않기 때문에 집을 망하고, 청렴하지 않음으로 인하여 지위를 잃게 된다… 오직 정도를 지킬 것이요, 마음을 속여서는 안 되니, '그런 점을' 경계하고 경계하라!)[58]

'之'는 대개 대명사로 사용되는 대표적인 사이며, 특히 목적격 대명사로 잘 쓰인다. 單·複數를 포함하여 명사에서부터 句, 節, 文章까지 사물이나 행위를 한 글자(之)로 대체 할 수 있다. ① ② 두 예문의 끝에 '之'자는 앞의 문장을 생략하고 그 내용을 대신한 것이다. '之'자가 목적격 대명사로 쓰일 때 바로 앞의 글자는 동사이다.

③ 曰否, 吾不爲是也, 曰然則王之所大欲, 可知矣(그렇지 않습니다. 내가 그것을 하려는 것이 아닙니다. 그렇다면 왕이 크게 하고자 하는 바를 알 수 있겠습니다).[59]

④ 世有伯樂, 然後有千里馬(세상에 백락이 있고, 그런 후에 천리마가 있다).[60]

---

57) 《論語》〈八佾〉: 子 曰居上不寬 爲禮不敬 臨喪不哀 吾何以觀之哉.

58) 《明心寶鑑》〈正己篇〉: 紫虛元君〈誠諭心文〉.

59) 《孟子》〈梁惠王章句上〉

60) 韓愈, 〈雜說〉

⑤ 孟子 曰三代之得天下也 以仁, 其失天下也 以不仁. 國之所以廢興存亡者 亦然(맹자가 말하기를, 夏 殷 周 삼대가 천하를 얻은 것은 어질었기 때문이고, 천하를 잃은 것은 어질지 못했기 때문이었다. 나라가 폐하고 흥하고 존하고 망한 것도 또한 그렇다).[61]

例文 ③의 '然'字는 '吾不爲是'를 省略하여 대신한 字이고, ④의 '然'자는 '世有伯樂'을 생략하고 대신한 字이다. 다시 말하면, ③의 '然則'은 '王不爲是則(왕께서 그렇게 하려는 것이 아니라면)'이고, ④의 '然後'는 '世有伯樂後(세상에 백락이 있는 후에)' 라고 볼 수 있다.

'然'字는 앞의 內容을 言及(그렇지만, 그러나, 그렇다면 등)하며 뒤의 말을 이어갈 때, 앞의 긴 文章을 다시 쓸 필요 없이 省略하고 대신 표현하는 접속사로 잘 쓰인다.

마지막 ⑤번 문장 맨 끝의 '亦然'의 '然'은 나라가 존하고 망한 것도 '三代처럼 仁하느냐 不仁하느냐에 달려 있다'는 것을 대신하여 나타낸 표현이다.

2) 騈·偶句에 依한 虛詞(助詞) 省略

南昌故郡, 洪都新府. 星分翼軫, 地接衡廬.

襟三江而帶五湖, 控蠻荊而引甌越.

物華天寶, 龍光射牛斗之墟. 人傑地靈, 徐孺下陳蕃之榻. 王勃〈滕王閣序〉

---

61) 《孟子》〈離婁章句上〉. 〈梁惠王章句上〉: '河內凶則移其民於河東 移其粟於河內, 河東凶 亦然'.

(남창은 옛 군이요, 홍도는 새로운 부이다. 이곳(남창=홍도)은 별자리로는 익성과 진성에 해당되며 땅은 형산과 여산에 접해 있다. 세 강을 옷깃처럼 두르고 다섯 호수를 띠고 있으며, 만형땅을 당기고 구월땅을 끌어안고 있다. 이 곳 생산물의 화려함은 하늘이 내린 보배이니, 용천검의 광채는 견우 북두성의 먼 곳까지 비추고, 인물들의 걸출함은 지역의 신령한 기운 덕이니, 서유 같은 인물은 진번의 의자를 내리도록 하였다: 진번이 의자를 내려 정중히 맞이할 만큼 뛰어난 인물).

한문에서 語尾助詞는 문맥을 구분하는 쉼표나 마침표 역할을 한다. 그러나 이런 조사를 생략하고도 쉽게 구절을 구분할 수 있게 하는 것이 변려 대우의 표현이다. 위의 예문에서 살필 수 있듯이 문장의 구 절 끝에 붙이는 어미조사를 찾아볼 수 없다. 어느 면에서 보면 조사를 생략하고 대신 알기 쉽게 자수를 맞추고 대우를 사용한 것처럼 보인다. 변려문이나 對偶句의 표현은 字數와 표현의 構造까지 짝을 맞추므로 접미사가 없어도 쉽게 문맥을 구별하여 볼 수 있다. 변려문이 아닌 일반 散文을 보더라도 조사를 사용하다가 騈偶句나 對等句의 표현을 쓸 때는 조사를 생략하는 것을 살필 수 있다.

글은 표현이 간결하면서 전달의 효과가 클수록 좋다. 한문은 생략의 수사법을 최대한 활용하고 있기 때문에 문장이 간결하고 함축적이다. 한문에서 생략은 중복이나 불필요한 기록을 피하고 골자만을 요약하여 간결하게 표현하기 위한 것이기도 하지만, 문장의 형식을 중시하는 전통에 따라 句文의 모양을 갖추기 위해서도 필요했던 것이다. 결국 생략에 의해 이루어진 구문은 간결한 표현이 되기 때문에 많은 함축성을 지니게 된다. 이는 간략하고 세련된 문구를 만들기 위해서는 좋은 수단이지만 글의 내용을 이해하는 데는 어려움을 갖게 하는 요인이 된다.

한문의 문장 내용을 제대로 파악하려면 생략의 수사적 기법은 반드시 알아야 할 사항이다. 생략은 장황한 말을 줄여서 간결하게 정리하는 작문을 위한 일종의 중요한 수사법이다. 한문은 처음부터 서술상의 간결미를 추구하였으므로 더욱 생략의 기법을 활용했던 것 같다. 때문에 한문을 독해할 때는 이점을 면밀히 살펴볼 필요가 있다.

Ⅲ. 用字와 構文의 融通性

한자는 글자마다 여러 가지의 뜻을 지니고 폭넓게 사용된다. 글자마다 多用의 융통성이 있는 것이다. 또한 詞마다는 어느 품사로나 轉用이 가능하여 작문을 할 때 용이하게 활용한다. 구문을 형성하는 방법에도 융통성을 수용하여 한 가지 방법만을 사용하지 않고 여러 가지의 방법을 사용한다. 같은 내용을 나타내는 데도 어순을 바꾸어 표현하거나 생략을 하는 등 이중적인 표현의 방법이 있다. 각종 표현의 기본형이 있어도 이를 사용하지 않고 다른 방법으로 대체하여 나타내기도 한다. 이와 같은 표현의 융통성으로 인하여 결국 한문의 문법은 다양하고 복잡하게 이루어진 것이다.

1. 用字

하나의 글자가 여러 개의 뜻을 지니고 있는가 하면 같은 뜻을 여러 개의 글자가 지니고 있는 것이 한자의 특징이다. 이러한 한자의 다용성이 작문에 지대한 융통성을 발휘하게 하는 첫 번째 요인이다.

1) 一字多意(一字多用)

한자는 하나의 글자가 여러 가지의 뜻을 지니는 특성이 있다. 물론 우리말이나 영어 또는 다른 언어도 하나의 낱말이 몇 가지 뜻을 나타내는 것이 많다. 그러나 한자만큼 글자마다 多意로 多用하는 현상은 찾아볼 수 없다. 그 예를 들어보기로 한다.

① 率性之謂道.[62] 성대로 하는 것을 도라고 한다.

② 信於友 有道.[63] 벗에게 믿음 받는 데 방법이 있다.

③ 道吾善者 是吾賊.[64] 나를 착하다고 말하여 주는 자는 나의 적이다.

④ 蜀道之難難於上靑天.[65] 촉나라 길의 험난함이 하늘로 올라가는 것보다 어렵다.

⑤ 明先王之道 以道之.[66] 선왕의 도를 밝혀 인도한다.

위에서부터 살펴보면 ①번의 '道'는 儒家에서 말하는 '道德(人道)'을 의미하는 '道'이다. ②번의 '道'는 '方法'을 말하며, ③번은 '言'과 같은

---

62) 《中庸》: 天命之謂性 率性之謂道 修道之謂敎.

63) 《孟子》<離婁章句上> : 獲於上 有道 不信於友 不獲於上矣 信於友 有道 事親不悅 不信於友矣 悅親 有道 反身不誠 不悅於親矣 誠身有道 不明乎善 不誠其身矣.

64) 《明心寶鑑》<正己篇> : 道吾善者 是吾賊 道吾惡者 是吾師. 《孟子》<梁惠王章句上> : 仲尼之徒 無道桓文之事者.

65) 《古文眞寶前集》 李白, <蜀道難> : 蜀道之難難於上靑天 …西當太白有鳥道 可以橫絶峨嵋巓.

66) 《古文眞寶後集》 韓愈, <原道> : 明先王之道 以道之 鰥寡孤獨廢疾者 有養也

뜻으로 '말하다'이고, ④번은 '路'의 뜻으로 '다니는 길'이며, ⑤번 '以道之'의 '道'는 '導'의 뜻으로 '인도하다'이다.

이밖에도 道家에서 말하는 '道'가 있고, '말미암다'의 '道'가 있고, 행정구역의 '道'가 있고, '으로부터'의 '道'가 있고, '방향'의 '道'가 있는 등 여러 가지에 사용할 수 있는 多用性을 지니고 있다.[67]

하나의 글자는 한 작품 안에서도 여러 용도로 사용한다. '之'자는 한문에서 흔하게 사용하는 글자인데, 韓愈의 <原道> 한 작품에서만 살펴보아도 '之'자의 여러 가지 쓰임을 살필 수 있다.

① 天下之公言也. 古之時. 先王之敎.
② 老子之小仁義. 人之好怪也. 孔子之作春秋也.
③ 食粟之家. 用器之家. 相生養之道.
④ 其孰從而求之. 筆之於其書. 以之爲天下國家.
⑤ 由是而之焉之謂道.

①번의 '之'는 명사와 명사 사이에 쓰이는 개사이며, 우리말 '~의'에 해당한다. ②번의 '之'는 주어 뒤에 '之'가 오고 그 뒤에 '동사+목적어'가 오는 형이 일반적인 용례이다. '노자가 인의를 시시하게 보다', '사람들이 괴이함을 좋아 한다'와 같이 우리말 주격조사 '~이', '~가'에 상응하는 것이다. ③번의 '之'는 '곡식을 먹는 집', '그릇을 사용하는 집', '서로 살아가는 방법'에서 알 수 있듯이 '家'와 '道'(명사)를 수식한 데 개입되는 관형격 조사와 같다.(※이상은 통칭 介詞이지만, 용도의 차이에 대한 이해를 돕기 위하여 우리말에 해당하는 '의', '주격조사', '관형격조사'로 구별하여 설명하였음). ④번의 '之'는 대명사

67) 《漢韓大字典》, 民衆書林, 叅考.

겸 목적어로 사용된 예이다. 여기의 '之'에 해당한 내용을 작품<原道>에서 찾아 표기하면 '其孰從而求之'의 '之'는 '仁義道德之說'을 말하고, '筆之於其書'의 '之'는 '孔子,吾師之弟子也'를 가르키며, '以之爲天下國家'의 '之'는 儒家의 '仁義를 가진 道'를 지칭한 것이다. ⑤번 예문 '之焉'의 '之'는 '가다'의 뜻이다. 해석을 하면 "이것(仁義)으로 말미암아 '나가는 것'을 道라고 이른다"이다.

하나의 작품에서 하나의 글자를 이렇게 다양하게 사용하였다. 이는 一字多用의 융통성을 여실히 보여주는 것임을 알 수 있다.

2) 一意多字

하나의 글자가 여러 가지의 뜻을 가지고 다양한 용도로 사용되는가하면, 하나의 같은 뜻에 해당한 여러 개의 글자가 있는 것이 한자의 특징이다. 이는 표현상에 지대한 융통성을 발휘하게 하는 요인이 된다. 一意多字의 현상을 살펴보기로 한다.

淸代의 段玉裁가《爾雅》<首條>를 열거한 바를 예로 들어보면[68] 아래와 같이 하나의 동일한 뜻을 지니고 있는 자가 많다는 것을 살필 수 있다.

① 初 · 哉 · 首 · 基 · 肇 · 祖 · 元 · 胎 · 俶 · 落 · 權輿, 始也.

② 儀 · 若 · 祥 · 淑 · 鮮 · 省 · 臧 · 嘉 · 令 · 類 · 琳 · 彀 · 攻 · 穀 · 介 · 徽, 善也.

68) 林尹 지음, 權宅龍 옮김,《中國文字學槪說》, 240, 242쪽. 再引用.

①번, '始(처음)'와 같은 뜻을 지닌 자가 11종류가 되고, ②번, '善(착하다)'과 같은 뜻을 지닌 자가 무려 16가지가 된다. 문장을 구성할 때 경우에 따라 상호 호용할 수 있다는 말이다. 이들의 각 자는 처음 만들어질 때 고유의 一意가 있었지만 우연히 同意의 성격을 가진 것도 있고, 또 문자의 運用중에 의미가 引伸되어 相通할 수 있게 된 것인데 결과적으로 같은 뜻을 다수의 글자가 공통으로 지니게 된 것이다. 사실상 '始'나 '善'과 同意의 성격을 지닌 자는 여기에 제시된 글자 외에도 더 예시할 수 있다. 이런 현상은 한문의 의문사 '어찌'의 뜻을 나타내는 데 쓰이는 '何', '曷', '安', '奚', '胡', '豈', '惡', '庸', '寧', '焉', '詎', '那', '奈' 등이나, 구문 앞의 부사로 쓰이는 '진실로'의 의미를 나타내는 데 쓰이는 '苟', '眞', '誠', '實', '信', '諒', '固', '良' 등에서도 쉽게 찾아볼 수 있다.

작문을 할 때는 本意에 해당하는 글자뿐만 아니라 通意할 수 있는 자를 두루 사용하여 작문의 묘를 살리기도 한다. 예를 들어 <上秦皇逐客書> : '穆公求士 西取由余於戎 東得百里奚於宛 迎蹇叔於宋 求丕豹公孫支於晉.'[69]에서 '取', '得', '迎', '求'는 상호 같은 의미를 가진 글자이다. 여기에서 이들의 자를 상호 교환하여 써도 같은 뜻으로 통한다. 이는 고대 중국인의 미문의식에서 나온 작법인데 한 글자로만 표기하는 단조로움보다는 다양한 융통의 묘를 살린 것이다. 이 밖에도 經書나 古典을 읽을 때 주석을 보면 一意多字의 현상을 수시로 살필 수 있는데, 어떤 뜻(一意)이건 나타낼 수 있는 글자가 많은 것이 한자의 특징이다.

---

69) 《古文眞寶後集》 李斯, <上秦皇逐客書> : 臣聞吏議逐客 竊以爲過矣 昔者穆公求士 西取由余於戎 東得百里奚於宛 迎蹇叔於宋 求丕豹公孫支於晉 此五子者 不産於晉 而穆公用之 并國二十 遂霸西戎.

하나의 문자를 처음 만들 때에는 한 가지 사물을 표기하기 위하여 만들게 된다. 그러나 사물마다 그에 따른 글자를 만들어 專用한다면 한없이 많은 글자를 만들어 사용해야 함으로 오히려 혼란과 복잡함을 초래할 것이다. 따라서 어느 정도의 글자를 가지고 여러 가지의 표현에 겸용하는 것이 낫다고 생각하여 同音·同意·同形의 요인을 가진 字間에 轉注[70]하거나 假借[71]하여 사용하게 된 것이다. 이 전주와 가차에 의한 문자운용의 방법은 一字多意와 一意多字의 현상을 만든 큰 요인이라고 할 수 있는데 이는 문자운용의 융통성에서 비롯된 것이다.

이렇게 글자를 융통성 있게 운용함에 따라 세월이 가면서 글자마다 용도의 폭은 점증되었으니 글자마다는 몇 개의 뜻을 지니게 되었고, 아울러 하나의 같은 뜻을 여러 글자가 나타낼 수 있게 된 것이다. 이는 바로 중국인의 두루뭉술한 포용의식에서 비롯된 것이라고 볼 수 있다.

---

70) 轉注에 대한 학설은 異說이 많다(形轉派 形省派 部首派 轉音派 互訓派 등). 造字說도 있고 運用說도 있지만 許愼이《說文解字》에서 말한 "轉注者, 建類一首, 同意相受, 考老是也."의 이론에 의하면 造字이건 運用이건 결론적으로 '同意相受'를 보면 같은 뜻을 가진 글자는 상호 수용할 수 있다는 것임을 알 수 있다(考↔老). 이는 同音·同意·同形의 요소가 있는 字間의 互用을 正例로 하고, 形·音에 상관없이 상호의 자간에 뜻만 같은 의미로 통하면 호용하는 것을 變例(廣義의 전주)로 본다. 그래서 전주는 결국 一意多字의 요인이 되는 것이다(一意多字의 현상 자체가 轉注는 아님).

71) 假借는 말이 처음 생겨났을 때 이를 기록할 글자가 없어서 우선 만들어진 글자 중에 同音의 글자를 빌려서 쓰는 것을 말한다(本無其字, 依聲託事). 같거나 비슷한 뜻을 가진 有意의 同音자를 가차한 것을 正例로 한다. 물론 글자가 있는데도 문득 생각이 안 나거나 있는 줄 알면서도 가차하는 경우도 있지만 원칙은 아니다. 假借는 한 개의 글자가 여러 곳에 借用되는 경우가 되므로 결국 一字多意의 현상을 가져오게 만든다(令: 수령, 명령. 長: 길다, 어른. 來: 보리, 오다 등).

3) 品詞의 전용

한문에서는 하나의 글자가 최소의미의 단어로 쓰이는 경우가 일반적이어서 대부분 一字는 一詞가 된다.[72]

문장에서 詞의 성질을 규명하여 분류하는 방법으로 品詞를 말한다. 품사에는 명사, 동사, 형용사, 부사, 허사 등 여러 가지가 있다. 보통 문장에 사용되기 전에 일반적인 용도로 판단하여 字에 따라 품사를 규정하기도 한다. 예를 들어 '天', '地', '人'은 명사, '見', '飮', '走'는 동사 '眞', '善', '美'는 형용사 등 字의 일반적 용도(성격)에 따라 품사를 규정한다. 그러나 하나의 문장을 이루기 전 보편적 용자의 성격에 따른 품사의 분류와는 달리 하나의 문장을 이룬 후에는 어순의 위치에 따라 품사가 정해진다. 사실상 한자마다는 구문(構文)에서 어느 품사로든 轉用이 가능한 것이다.

이제 한문에서 품사 轉用의 융통성을 살펴보기로 한다.

(1) 명사 → 동사

① 子焉而不父其父, 臣焉而不君其君. 자식이면서 그 아버지를 아버지로 여기지 않고, 신하이면서 그 임금을 임금으로 여기지 않는다.

② 諸侯用夷禮則夷之 夷狄進於中國則中國之.[73] 제후들이 오랑

---

72) 한문에서 하나의 문장을 분석할 때 최소단위로 字와 詞를 말하는데, 字는 독음상의 최소단위를 말하고 詞는 의미상의 최소단위를 말한다. 다시 말하면 字는 形 音 義 삼요소를 가진 한 개의 글자를 말하며, 詞는 문장 중에서 의미의 최소단위이면서 품사적 성격까지 갖는 것을 말한다.

73) 韓愈, <原道> : 子焉而不父其父 臣焉而不君其君 民焉而不事其事. 孔子之作春秋也 諸侯用夷禮則夷之 夷狄進於中國則中國之.

캐의 예를 사용하면 오랑캐로 여기고, 오랑캐들이 중국으로 나오면 중국인으로 여긴다.

③ 人人吾 吾不喜 人不人吾 吾不懼.[74] 사람들이 나를 사람으로 여겨도 나는 기쁘지 않고, 사람들이 나를 사람으로 여기지 않아도 나는 두렵지 않다.

'父', '君', '夷', '中國', '人'은 모두 일반 성격으로 보아 명사로 간주한다. 그러나 위에 예시된 문에서는 모두 동사로 사용되고 있다.

(2) 명사 → 형용사

명사가 형용사로 쓰이는 경우는 예문을 나타내지 않고도 쉽게 알 수 있다. 예를 들면 '楚人', '韓國人', '德人', '江水', '山菜', '海物' 등과 같은 구조에서 쉽게 이해할 수 있는데, 여기서 '楚', '韓國', '德', '江', '山', '海'는 일반적으로 명사로 사용되는 것인데 여기에서는 뒤의 명사를 수식하는 형용사가 되었다.

(3) 명사 → 부사

○ 年長以倍則父事之 十年以長則兄事之.[75] 나이의 자람이 배(20년)가 되면 아버지로 섬기고, 십년으로 더 자라면 형님으로 섬긴다.

○ 庶民子來.[76] 서민이 자식처럼 온다.

---

74) 韓國漢文學研究會編, 《散文選》, 李達衷, <愛惡箴> : 人人吾 吾不喜 人不人吾 吾不懼 不如其人人吾而其不人不人吾.

75) 《小學》 <明倫篇> : 年長以倍則父事之 十年以長則兄事之 五年以長則肩隨之. (註)人生 以十年爲一節 倍之則二十年也.

76) 《孟子》 <梁惠王章句上> : 詩云經始靈臺 經之營之 庶民攻之 不日成之 經

'父', '兄', '子'는 보통의 경우 명사로 사용되는데 여기서는 모두 동사를 수식하는 부사로 사용되었다.

(4) 동사 → 명사

○ 過則勿憚改.[77] 잘못이 있으면 고치기를 꺼려하지 말라.

○ 敏而好學.[78] 민첩하면서 배우기를 좋아하다.

○ 訥於言而敏於行.[79] 말은 어눌한 듯 하고 행동은 민첩하게 한다.

'改', '學', '言', '行'은 일반적으로 동사로 사용된다. 그러나 예문에서는 동사의 목적어와 개사(於)의 목적어가 되어 명사가 되었다.

(5) 동사 → 형용사

동사가 형용사로 사용되는 경우는 쉽게 찾을 수 있다. 일상적인 언어에도 잘 나타나는데 예를 들면, '語套(말투)', '行人(다니는 사람)', '賣買人(팔고 사는 사람)', '往來人(가고 오는 사람)', '出入金(찾고 넣는 돈)'과 같이 명사를 수식하는 형태이다.

(6) 동사 → 부사

○ 其子 趨而往視之.[80] 그 아들이 빠른 걸음으로 가서(빨리 뛰어가서) 보았다.

始勿亟 庶民子來…

77) 《論語》 <學而> : 主忠信 無友不如己者 過則勿憚改.

78) 《論語》 <公冶長> : …子曰敏而好學, 不恥下問, 是以謂之文也.

79) 《論語》 <里仁> : 子曰 君子 欲訥於言而敏於行.

80) 《孟子》 <公孫丑章句上> : 宋人有閔其苗之不長而揠之者…其子趨而往視之.

○ 水逆行.[81] 물이 거꾸로 흐르다.

○ 一盃之水 必分而飮. 한 잔의 물이라도 반드시 나누어 마신다. <四字小學>

대개 문장중의 동사를 수식하는 것이 부사이다. 예시문 위로부터 '趨', '往'은 보통 동사로 활용되는 것인데 여기서는 동사 '視'를 수식하는 부사로 쓰였다. '趨'가 동사 '往'을 수식하여 함께 부사어를 이루어 뒤의 본동사 '視'를 수식하였다. 마찬가지로 다음의 '逆'도 '行'을 수식하는 부사이며, '分'도 '飮'을 수식하는 부사이다.

(7) 형용사 → 동사

○ 道 有君子 有小人…其見者小也. …其小之也 則宜.[82]도에는 군자가 있고 소인이 있다.…그가 보는 것이 작은 것이다. …그가 그것(仁義)을 작게 여기는 것은 마땅하다.

위의 문장에서 '小人'의 '小'는 형용사이고, '小也'의 '小'는 명사술어이며, '小之'의 '小'는 목적어(之 = 仁義)를 취하는 타동사로 사용되었다. '小'는 보통 형용사로 쓰이지만 동사(작게 여기다)가 되었다.

(8) 형용사 → 명사

○ 見人之善而尋己之善. 다른 사람의 착한 것을 보고 자기의 착한 것을 찾는다.

81) 《上揭書》 <滕文公章句下> : 當堯之時 水逆行 氾濫於中國.

82) 韓愈, <原道> : 道有君子有小人 而德有兇有吉 老子之小仁義 非毁之也 其見者 小也 坐井而觀天曰天小者 非天小也 彼以煦煦爲仁 孑孑爲義 其小之也 則宜.

○ 願賜一言 爲修身之美.[83] 한 말씀 해주시면 몸을 닦는 아름다움으로 삼겠습니다.

○ 大明無私照 至公無私親. 크게 밝음은 사적으로 비추어줌이 없고, 지극히 공정함은 사적으로 친함이 없다.

○ 積小就大.[84] 작은 것을 모아서 큰 것을 이룬다.

형용사인 '善'과 '美'가 앞의 관형격(人之, 己之, 修身之)의 수식을 받아 명사가 되었다. 성격상 형용사인 '大明'과 '至公'은 문장중의 주어가 되어 명사가 되었다. '積小就大(積小成大)'의 '小'와 '大'는 각자 동사의 목적어로 명사가 되었다.

(9) 형용사 → 부사

○ 善事父母爲孝. 부모를 잘 섬기는 것이 효이다.

○ 憐兒多與棒.[85] 아이를 사랑하거든 매를 많이 주라.

○ 吾東方詩學大盛. 우리나라는 시학이 크게 번성하다. <東人詩話>

'善', '多', '大'는 대표적인 형용사들인데 여기서는 문장중의 동사 '事', '與'와 형용사 '盛'을 수식하는 부사로 사용되었다.

이상에서 품사가 전용되는 다양한 예를 살펴보았는데, 결론은 글자마다 어느 품사로든지 전용할 수 있다는 것을 알 수 있다.

83) 《明心寶鑑》 <正己篇> : 見人之善而尋己之善. <戒性篇> : 子張欲行 辭於夫子 願賜一言 爲修身之美….

84) 《古文眞寶》 張蘊古, <大寶箴> : 大明無私照 至公無私親…積小就大.

85) 《明心寶鑑》 <訓子篇> : 憐兒多與棒 憎兒多與食.

좀 더 이해하기 쉽게 한 글자를 가지고 예를 들어 본다면, 보통 '一' 자는 '하나'라는 추상명사로 쓴다. 그러나 이 '一'은 아래와 같이 여러 가지 품사로 전용될 수 있다.

① 唯一無二. 오직 하나일 뿐 둘은 없다. (一 : 명사)
② 孰能一之. 누가 (천하를) 하나로 만들 수 있을까요? (一 : 동사)
③ 路遇一人. 길에서 한 사람을 만났다. (一 : 형용사)
④ 今一見之.[86] 이제 한번 만나보시면, (一 : 부사)

①번의 '一'은 '하나'라는 명사이고, ②번의 '一'은 조동사(能)와 목적어(之:천하) 사이에 동사로 사용되었고, ③번의 '一'은 人(명사)을 수식하는 형용사이고, ④번의 '一'은 동사(見)에 영향을 미치는 부사이다. 이처럼 하나의 詞는 여러 품사로 轉用될 수 있다.

결론적으로 한자마다는 어느 품사로도 전환하여 쓸 수 있다. 글자마다 뜻이 많은 만큼 활용의 폭도 넓어서 하나의 품사로만 사용되지 않고 轉用의 융통성을 가지고 있다.

---

86) <成語>: 唯一無二.《孟子》<梁惠王章句上>: 孰能一之. <溫達傳>: 路遇一人.《孟子》<滕文公章句下> : 陳代曰不見諸侯…今一見之 大則以王 小則以霸. 其他(<字典:成語>) : 一覽輒記, 一喜一憂.

2. 構文

한문의 표현 형식은 매우 다양하여 명확히 규정하기가 쉽지 않다. 기본 형식이 있는 반면 융통적인 표현의 형식이 많기 때문이다. 문장을 구성하는 데서 나타난 여러 가지 융통적인 표현의 유형을 살펴보기로 한다.

1) 倒置[87]

도치의 수사법은 표현의 융통성을 최대한 발휘한 것인데 이의 주된 목적은 용이한 표현과 함께 전달의 효과를 높이려는 것이다.

도치의 양상은 여러 가지 문형에서 찾아볼 수 있는데 몇 가지 예를 아래에 예시하여 살펴보기로 한다.

① 霜刃未曾試.[88] ▷子 入大廟 每事問.[89] ▷嫉妬 勿起於心.[90] ▷衣冠 必整肅.[91]

② 召我以煙景 假我以文章.[92] ▷君事臣以禮 臣事君以忠.《小學》<明倫篇>. ▷腹以懷我 乳以哺我.《四字小學》.

---

87) '수사론'편 '어순도치의 수사기법'에서 도치에 대하여 자세히 설명하였다. 여기서는 構文 융통성의 한 가지 예로 거론 한 것임.

88)《古文眞寶前集》賈島, <劍客> : 十年磨一劍 霜刃未曾試 今日把贈君 誰有不平事.

89)《論語》<八佾> : 子 入大廟 每事問 或曰孰謂鄒人之子 知禮乎.

90)《明心寶鑑》<省心篇> : 居必擇隣 交必擇友 嫉妬 勿起於心 讒言 勿宣於口.

91)《上揭書》<立教篇> : 容貌 必端正, 衣冠 必整肅, 步履 必安詳, 居處 必正靜.

92)《古文眞寶》李白, <春夜宴桃李園序> : 陽春 召我以煙景 大塊 假我以文章.

③ 於我善者 我亦善之.[93]

①의 예문은 동사와 목적어의 도치이다. 보통 '주어+동사+목적어'의 형태가 한문의 기본형인데 '동+목'관계를 '목+동'으로 도치한 것이다. 예시문의 도치구조를 기본형(正置文)으로 나타낸다면: '霜刃未曾試'→'未曾試霜刃' / '每事問'→'問每事' / '嫉妬 勿起於心'→'勿起嫉妬於心' / '衣冠 必整肅'→'必整肅衣冠'이다.

②는 '以'자와 결합된 구문인데 '召我以煙景', '假我以文章'은 '以煙景召我', '以文章假我'로, '君事臣以禮', '臣事君以忠'은 '君以禮事臣', '臣以忠事君'으로 바꾸어 쓸 수 있다. 이 구조는 '以+목적어+동사+목적어(以甲爲乙: 以熱治熱)'의 구조가 기본형인데 도치하여 쓰는 형이 많다. ③의 경우는 '於'개사 구문의 도치인데 '於我善者'는 '善於我者'의 도치형태이다.

이상은 상호 교체하여 표현할 수 있기 때문에 도치로 보는 것이다. 이밖에도 '어순도치의 수사기법'에서 예시한 것처럼 構文上 도치하는 경우가 많다.

도치는 표현의 융통성을 바탕으로 한 것이다. 전달의 효과를 기함과 동시에 표현의 용이성을 추구한 것이라고 할 수 있다.

---

93) 《明心寶鑑》 <繼善篇> : 莊子曰 於我善者 我亦善之 於我惡者 我亦善之 我既於人 無惡 人能於我 無惡哉.

2) 省略[94]

문장 중에 넣어야 할 詞나 어구를 생략하고 쓸 수 있는 것도 표현상의 융통성이다.

생략은 어떤 詞語가 원칙적으로 들어가야 할 곳에 들어가지 않는 문장의 형태를 말한다. 한문에서는 생략해도 알 수 있는 것이라면 생략하고 작문을 하는데 이 또한 표현의 융통성을 발휘한 것이다. 주어가 생략된 경우를 비롯해서 동사, 賓語(목적어), 介詞(전치사), 조사, 대등어구 등 다양한 자구가 생략되는 형태를 취하고 있다. 아래에서 그 예를 볼 수 있다.

① 不塞 不流, 不止 不行.[95] *이하 ( )안은 생략된 자구를 살려서 나타낸 것임.

(吾)不塞(老佛道) (吾儒道)不流, (吾)不止(老佛道) (吾儒道)不行. : 주어와 목적어 생략.

② 親舊 知其如此 或置酒而招之 造飮輒盡 期在必醉.[96]

造(親舊家)而飮(酒)輒盡(飮之). : 목적어 생략.

③ 以德行仁者 王 王不待大 湯 以七十里 文王 以百里.[97] 王 : 동사.

湯 以七十里(王) 文王 以百里(王). : 동사 생략(왕도정치 하다).

---

94) '수사론'편 '생략에 의한 수사기법'에서 생략법에 대해 자세히 설명하였다. 여기서는 構文의 융통성의 한 예를 든 것임.

95) 《古文眞寶後集》 韓愈, <原道> : 然則如之何而可也 曰不塞 不流 不止 不行 人其人 火其書 廬其居 明先王之道 以道之.

96) 《古文眞寶後集》 陶淵明, <五柳先生傳> : 性嗜酒 家貧不能常得 親舊 知其如此 或置酒而招之 造飮輒盡 期在必醉.

97) 《孟子》 <公孫丑章句上>.

④ 詩云自西自東 自南自北 無思不服.[98]

(民)自西(來)自東(來) 自南(來)自北(來). : 주어, 동사 생략.

⑤ 學遁東魯 習隱南郭 竊吹草堂 濫巾北岳 誘我松桂 欺我雲壑.[99] :

學遁(於)東魯 習隱(於)南郭 竊吹(於)草堂 濫巾(於)北岳 誘我(於)松桂 欺我(於)雲壑. : 개사 '於' 생략.

⑥ 以六合爲家 崤函爲宮.[100] : (以)崤含爲宮. : 개사 생략.

⑦ 高子 以告.[101] : 以(之)告(於孟子). : 목적어 간목 생략.

⑧ 三顧草廬 : (先帝)三顧(臣於)草廬(之中).[102]

①번은 주어와 목적어가 생략된 경우인데, 특히 주어 같은 경우는 앞부분에서 한번 거명하면 이후는 매 문장마다 표기하지 않고 생략하고 쓰는 것이 보통이다. ②번 '造飮'은 두 동사가 각자 목적어를 생략한 형인데 이는 전후의 내용을 바탕으로 생략이 가능한 것이다.[103] ③, ④번은 동사가 생략된 경우이고, ⑤, ⑥번은 개사 '於'와 '以'가 생략된 경우이다.

⑦번은 '以'의 목적어(之:앞에서 尹士가 말한 내용)와 '告'의 간접

---

98) 《孟子》 <公孫丑章句上>.

99) 孔德璋, <北山移文>: 然而 學遁東魯 習隱南郭 竊吹草堂 濫巾北岳 誘我松桂 欺我雲壑 雖假容於江皐 乃纓情於好爵.

100) 《古文眞寶》 賈誼, <過秦論> : 然後 以六合爲家 崤函爲宮 一夫作難而七廟墮.

101) 《孟子》 <公孫丑章句下> : 孟子 去齊 尹士語人曰不識王之不可以爲湯武則是 不明也…不遇故 去 三宿而後出晝 是何濡滯也 士則玆不悅 高子 以告 曰夫尹士 惡知予哉.

102) 《古文眞寶後集》 諸葛亮, <出師表> : 先帝 不以臣卑鄙 猥自枉屈 三顧臣於草廬之中 咨臣以當世之事.

103) 朴趾源의 <兩班傳>에 "每郡守新至 必造其廬而禮之"를 참고로 하여 생략된 부분을 살려 쓴 것임.

목적어(於孟子)가 생략되었다. ⑧번은 고사성어인데 생략의 특별한 형태이다. 이는 한 고사의 내용을 대표할 수 있는 간단한 글자만 모아서 전체의 내용을 나타내는 방법이다.

고사성어를 보면 대개 '狐假虎威'처럼 문장의 형체를 이룬 표현도 있고, '塞翁之馬'처럼 그렇지 않은 표현도 있다(名詞形). 이들은 문법적인 생략으로 다룰 수는 없지만 이것도 생략의 융통성을 크게 발휘한 표현방법이라 할 수 있다.

이밖에도 騈儷文이나 對偶의 구문에서는 상호 짜임구조를 통해 구문의 분별이 쉽기 때문에 어미조사를 거의 생략한다. 또 '等', '輩', '群', '類', '衆' 등과 같이 복수를 나타내는 詞도 있으나 특별한 경우를 제외하고는 잘 사용하지 않는다. 정식의 문이나 생략된 문이나 그 내용에는 차이가 없다. 보통 자구를 모두 밝혀 쓰는 것보다는 생략형을 기본 작법으로 삼는데 이는 표현의 융통성에서 나온 것이라 할 수 있다.

3) 時制[104]

한문은 꼭 필요한 경우를 제외하고 영어나 백화문처럼 현재, 과거, 미래, 진행형 등 시제를 구문마다 명확히 나타내지 않는다.

한문은 시제를 나타낼 때 문장 중에 시간을 나타내는 時間詞(부사)를 사용하여 나타낸다. 물론 '了', '矣', '未', '中'과 같은 詞를 사용하여 일부 시제를 표기하기도 하지만 대개 시제를 나타낼 때 아래와 같이 주로 사용하는 시간사가 있다.

104) 본서 '구문론'편에서 '시제'에 대해 보다 자세히 설명하였음. 여기서는 構文 융통성의 한 예로 거론한 것임.

과거시제 : 古·昔·曾·往·嘗·已·旣·昨·向·嚮·曩·前 등
현재시제 : 今·時·方·始·近 등
미래시제 : 將·且·後 등

일반적으로 시제를 나타내는 시간사의 뜻을 살펴보면 거의가 대략적인 때를 나타내고 있다. 대개 작품을 전개할 때 서두에서 '昔者', '近者' 등의 때를 밝히면 이후는 필요할 경우를 제외하고 구절마다 시제를 나타내지 않는다. 따라서 독자는 문맥을 살펴 행위 동작의 시제를 판단해야 한다. 예문을 하나 들어본다.

○ 黃相國喜, 微時行野, 憩于路上, 見田夫駕二牛而耕者, 問曰 '二牛何者爲勝'. <芝峯類說>
황 상국 희가 출세하지 않았던 어린 시절에 들판을 걸었는데 길가에서 쉬다가 농부가 두 마리 소에 멍에를 걸어 밭갈이 하는 것을 보고 '두 마리 소중에 어느 것이 더 낫습니까?' 하고 물었다.

이는 황희 정승에 대한 일화인데, 앞에서 '微時'를 밝혔으므로 이하 전체의 행위는 과거에 해당한다. 문장중의 '憩于路上'은 진행형임을 알 수 있다. 앞에서 밝힌 '微時'는 과거의 시제니까 이는 진행도 과거진행형이라 할 수 있겠다(시제는 황희라는 과거의 인물에도 나타남). 문장의 내용을 보고 정확한 행위동작의 시제를 파악해야 할 필요가 있다.

옛날의 사실을 서술하면 당연히 과거이고 현금의 사실을 말하면 당연히 현재로 여길 것이므로 시제를 굳이 밝혀 말할 필요가 없다고 본 것이다. 따라서 시제의 구분은 독자의 판단에 맡기고 구태여 세밀

히 표기하지 않는 경우가 많다. 이는 인간의 기본 사고력을 믿고 작문을 한 것이니, 이 또한 표현의 융통성이라 할 수 있다.

4) 一意多文

하나의 뜻에 해당한 事案을 두고 한마디 短句로 나타낸다고 할지라도 여러 문자로 나타낼 수 있는 것이 한문이다. 표현의 융통성이 크기 때문이다. 아래에 몇 가지 사례를 들어본다.

詩의 聖人으로 알려진 杜甫도 '桃花細逐楊花落, 黃鳥時兼白鳥飛'의 한마디 표현을 하면서 수차례 고쳤다고 한다.[105] 결국 나타내려는 뜻은 하나인데 무수히 자구를 바꾸어 표기했던 것이다.

牧隱 李穡이 아들(種學)과 함께 西州樓에 올라 읊은 시에, '西林石堡入雲端, 亭樹含風夏尙寒'이라는 표현이 있었다. 길을 가던 중에 아들이 '尙'자보다는 '亦'자가 좋겠다고 하자 과연 그렇다고 하며 바로 고치도록 하였다. 이에 대해 徐居正은 '尙'자와 '亦'자는 一意인데 꼭 '亦'자가 더 좋은지 모르겠다고 하였다.[106]

鄭知常은 그의 <大同江詩> '雨歇長堤草色多, 送君南浦動悲歌, 大同江水何時盡, 別淚年年添作波'에서 끝부분에 '添作波'라고 하였는데, 燕南 洪載는 이를 '漲綠波'라 기록하고, 益齋 李濟賢은 모두가

---

105) 徐居正,《東人詩話》: 古人詩不厭改 小陵詩聖也 其曰桃花細逐楊花落 黃鳥時兼白鳥飛 屢經刪改.

106)《上揭書》: 牧隱嘗與子麟齋種學 登西州樓有題云 西林石堡入雲端 亭樹含風夏尙寒 行至半途 種學曰大人詩中尙字 不如亦字之穩 牧隱曰果是也 促令返改之 尙亦雖一意 殊不知亦字尤穩.

원만하지 못하다고 하며 '添綠波'라고 해야 한다고 하였다.[107] 모두가 같은 뜻인데 다르게 표현한 것이다.

一字多意와 一意多字의 특징이 있기 때문에 하나의 사안일지라도 다양하게 나타낼 수 있다. 어느 표현이 가장 합당하다고 말할 수는 있지만 한 가지의 표현 외에는 틀리다고 말할 수 없는 포용적인 면이 있다.

5) 事理依託

用字, 構文, 생략, 도치 등 융통성이 많은 한문을 해석할 때는 事理에 의탁하여 정확히 推定할 수 있는 능력이 필요하다. "이러한 능력은 문법적인 지식만 가지고는 할 수 없고 많은 학습을 통해서 이룰 수 있다."[108] 따라서 글을 제대로 잘 보기 위해서는 문법학습 뿐만 아니라 언어적 감각과 사리분별력을 구비해야 한다. 본의 파악에 事理分別이 필요한 예를 들어보기로 한다.

(1) 文句 풀이의 경우

○ 所用群臣 如宋弘等 皆重厚正直. 上姊湖陽公主 嘗寡居 意在弘. 弘入見 主坐屏後, 上曰 "諺言 '富易交 貴易妻' 人情乎", 弘曰 "貧賤之交 不可忘 糟糠之妻 不下堂", 上 顧主曰 "事不諧". <十八史略>

107) 《上揭書》: 鄭司諫大同江詩 雨歇長堤草色多 送君南浦動悲歌 大同江水何時盡 別淚年年添作波 燕南洪載嘗寫此詩曰漲綠波 益齋先生曰作漲二字皆未圓 當是添綠波耳.

108) 楊伯峻 지음, 윤화중 옮김, 《중국문언문법》 17쪽.

등용된 많은 신하들 중에 송홍같은 사람들은 모두가 중후하고 정직하였다. 임금의 누이 호양공주가 일찍이 과부로 살았는데 마음이 송홍에게 있었다. 송홍이 방안으로 들어가서 왕을 뵈었는데 공주는 병풍 뒤에 앉아있었다. (여기에서 임금과 호양공주가 송홍의 마음을 떠보기로 약속하고 계획에 따라 행동하고 있음을 추정할 수 있다). 임금이 "속담에 부자가 되면 친구를 바꾸고 귀하게 되면 아내를 바꾼다는데 이것이 사람들의 일반적인 뜻인가?" 하고 물으니, 송홍이 대답하기를 "가난하고 천했을 때 사귄 친구는 잊어서는 안되고, 벼 찌게미까지 먹으면서 가난한 시절을 함께 넘겼던 아내는 집에서 나가게 해서는 안됩니다."라고 대답하였다. (내용의 흐름상 이 부분에 '송홍이 밖으로 나가고 난 뒤'의 표현이 생략되었음을 알 수 있다). 이에 임금이 공주를 보고 "바라는 일이 안되겠다."고 하였다.

위의 내용으로 볼 때 아래의 표현에서 추정할 수 있는 (생략)된 구문이 있다.

* 弘入見 主坐屛後. → 弘入(室)見(於上) 主坐屛後(而欲聽弘話).
* 糟糠之妻 不下堂, 上 顧主曰. → 糟糠之妻 不下堂, (弘乃出後) 上 顧主曰.

○ 蔡壽 有孫 曰'無逸'. 年纔五六歲 …壽 又於雪中 負無逸而行 作一句曰"犬走梅花落" 語卒 無逸 對曰"鷄行竹葉成."[109]

'채수'에게 손자가 있었는데 '무일'이라고 불렀다. 나이 겨우 5,6세쯤에 …'채수'가 또 눈밭에서 '무일'이를 업고 가다가 시 한 구절 "개가 달려가니 매화꽃이 떨어지는구나."를 지어 말하고 나니, 무

109) 蔡壽 有孫 曰'無逸'. 年纔五六歲 壽 夜抱無逸而臥 先作一句詩 曰"孫子夜夜讀書不라" 使無逸 對之 對曰"祖父朝朝飮酒猛". 壽 又於雪中 負無逸而行 作一句曰"犬走梅花落" 語卒 無逸 對曰"鷄行竹葉成". <於于野談>

일이가 "닭이 걸어가니 대나무 잎이 생겨난다."고 응대하였다.

내용은 눈밭에서 일어난 일이다. 여기에서 실제의 '매화꽃'이나 '대나무 잎'을 생각하면 안 된다. 눈밭에 찍힌 개의 발자국 모양을 매화꽃이라고 하고, 닭의 발자국 모양을 대나무 잎이라고 한 것이다. 개와 닭이 달려가고 걸어간 뒤의 발자국을 매화와 죽엽으로 나타낸 것이다. 물론 쉽게 추정할 수도 있지만 이처럼 글을 볼 때는 글자만 보면 안 되고 글자와 글자간의 상황을 잘 읽어야 한다(Read between the lines).

○ 孟子曰 天下有道 小德役大德 小賢役大賢, 天下無道 小役大弱役强 斯二者天也. 順天者存 逆天者亡.《孟子》<離婁上>
맹자가 말하기를 "천하에 도리가 있을 때는 작은 덕을 지닌 나라가 큰 덕을 가진 나라에게 부림을 받고 작은 현인이 큰 현인에게 부려지는데(德과 賢에 의한 작용), 천하에 도리가 없을 때(亂時)에는 작은 나라가 큰 나라에게 부림을 받고 약한 자가 강한 자에게 부림을 받는다(힘에 의한 지배). 이 두 가지는 자연의 이치이다. 이치를 따르는 자는 생존하고 이치를 거역하는 자는 멸망한다.[110]

일반적인 어법으로 보면 '小德役大德'은 '小德이 大德을 役하는 것'으로 볼 수 있다. 그러면 위의 해석과 정 반대가 된다. 이하 '小賢役大賢', '小役大', '弱役强'의 구문도 마찬가지이다. 그러나 '小德이

110) 小德 : 작은 덕을 지닌 사람(下位에 있는 사람). 大德 : 큰 덕을 지닌 사람(上位에 있는 사람).德은 남을 감복시킬 수 있는 德性을 말함. 賢은 德과 才能까지 겸하여 말함. 德은 國君, 賢은 公卿大夫를 지칭. 朱子集註) 有道之世 人皆修德 而位必稱其德之大小, 天下無道 人不修德 則但以力相役而已.

大德을 役하다'로 보면 事理에 맞지가 않다. 어느 세상에도 작은 덕을 지닌 사람이 큰 덕을 지닌 사람을 부려먹는 경우는 없다. 더욱이나 道理가 수행되는 태평한 세상에서는 더욱 그렇다. 그러므로 '小德役大德', '小賢役大賢', '小役大', '弱役强'의 구문은 모두 受動文으로 보아야 事理에 맞다. 이들은 모두 '小德役於大德', '小賢役於大賢', '小役於大', '弱役於强'으로 표기해야 하는데 '於'를 생략하고 표현한 것이다(본서, 受動文 참고). 보통 구문 중에 개사 '於'를 생략하는 경우가 있는데, 능동과 수동의 차이는 주객이 바뀌므로 事理에 의거하여 올바른 식별을 해야 한다.

(2) 조건·가정·양보문 등 연관문의 경우

조건이나 가정 양보의 구문에 사용하는 관용적인 어휘가 있다. 예를 들면 '若~ 則 ~ ', '~ 則 ~ '의 문형이나 문두에 쓰이는 '若', '如', '苟', '或', '使', '假使', '假令', '儻' 등의 詞가 그런 것이다. 양보의 구문에 주로 사용하는 詞(雖, 縱, 若, 猶, 寧 등)도 있다.

그러나 이들의 어휘를 사용하지 않고 나타내는 경우가 많다. 문형의 구조는 앞의 기구(起句)와 뒤의 결구(結句)로 이루어지며 전구와 후구 간에 내용으로 관계를 이룬다(앞의 起句가 여러 구문일 수도 있음). 이는 작자의 뜻을 헤아리고 事理에 의탁하여 구별해야 한다. 예를 들어 살펴보기로 한다.

○ 齊一變 至於魯, 魯一變 至於道(제나라의 풍속이 한 번 변한다면 노에 이르고, 노나라가 한 번 변하면 도가 있는 나라에 이를 것이다).《論語》<雍也>.

○ 我敬人兄 人敬我兄(내가 다른 사람의 형을 공경하면 다른 사람

도 나의 형을 공경한다).[111]

○ 一日行惡 惡自有餘(하루만 악한 일을 할지라도 악은 스스로 남음이 있다).《明心寶鑑》<繼善篇>.

○ 飯疏食飮水 曲肱而枕之 樂亦在其中矣,(거친 밥 먹고 물 마시고 팔 굽혀 베고 누워 잔다 하더라도 즐거움 또한 그 가운데에 있다).《論語》<述而>.

이렇게 특정한 관용어나 형식을 사용하지 않고서도 여러 가지 표현을 하므로 내용을 파악할 때는 事理에 맞게 판별해야 할 필요가 있다.

영어나 백화문은 상용적인 어법에 따라 쓰고 읽기 때문에 작문이나 독해가 모두 쉽다. 그러나 한문은 표현의 융통성이 너무 크기 때문에 오히려 작문하기가 어렵고 독해하기도 그만큼 어렵다. 이것이 영문이나 백화문과의 차이점이라 할 수 있다.

문을 구성하는 한자마다는 여러 가지의 뜻을 가지고 폭넓게 활용되며, 또한 문장 중에서 다양한 품사로 전용될 수 있다. 영어처럼 품사에 따라 어형을 바꾸어 쓰지 않으며, 각 자는 문장중의 어느 위치에 놓이느냐에 따라 품사가 정해진다. 그 자체로 여러 가지의 뜻을 나타냄과 동시에 모든 품사로 전용되는 융통성을 가지고 있다. 문자의 활용뿐만 아니라 문장의 구성상에서도 여러 가지 융통성이 많다.

획일적인 표현보다는 어순을 도치하여 표현하기도 하고, 자구를 생략하여 나타내기도 한다. 시제나 단 · 복수도 명확하게 나타내지 않는다. 여기에도 융통성이 있는 것이다. 작자는 독자의 분별력을 믿고 표현하므로 독자는 본의를 파악하고 사리에 근거하여 정확하게

111) 《四字小學》: 我事人親 人事我親, 我敬人兄 人敬我兄.

추정해야 한다.

한문은 고대로부터 일상용어와는 별도로 기록을 위한 문으로 발전해 왔다. 미문(美文)과 명문(名文)을 이루려는 욕구에 따라 다양한 수사기교가 발전하게 된 것이다. 이는 기본적으로 표현의 단순성보다는 다양한 수사기교를 추구한 것인데 결국 작문과 독해에 어려움을 제공하게 된 것이다. 표현의 융통성에 의해 한문의 문법은 복잡하게 되었고 그 범위는 그 만큼 확장되었다. 따라서 한문을 학습하고 분석할 때는 이러한 점을 중시해야 한다.

Ⅳ. 文章修辭에 나타난 調和의 原理

한문을 학습하다보면 문장의 구성면에서 쉽게 발견할 수 있는 것이 조화의 원리이다. 天地, 大小, 新舊, 長短 등 상대적인 균형과 조화를 이루어 문장의 형식과 내용을 구성하는 것이 한문의 대표적인 작법이다.

애초부터 중국인은 음양의 관점으로 우주를 바라보고 자연의 이치를 설명하였다. 음양의 궁극적 의미는 조화의 원리이다. 古代 중국인들은 만물의 생성과 존재는 음양 조화의 원리에 따르지 않은 것이 없다고 보았다. 따라서 인간이 만들어 사용하는 문장에도 그 원리를 도입하여 적용하고 있음을 살필 수 있다. 상호적인 조화의 표현기법은 古文의 기본적인 수사법이기 때문에 한문학습에서 반드시 알아야 할 요건이다.

이제 漢文(古文)의 文章修辭에 나타난 調和의 原理를 면밀히 살펴보기로 한다. 이는 한문의 문장을 보고 내용을 파악하는 중요한 비법이라고 할 수 있다.

1. 文字와 文章에 對한 調和의 美意識

1) 文字의 균형미

漢字는 사물의 모양을 그려서 나타낸 象形에서 출발하여 발전한 문자이다. 물체를 그릴 때는 당연히 표현의 미를 발휘하게 된다. 애초부터 한자는 회화적인 표현의 미를 가지고 발생했던 것이다.

漢字 생성의 회화적 특성에 따라 글자의 組合은 구성미를 추구하여 글자마다 균형적 조화의 미를 지니고 있다. 漢字의 구조를 보면 자마다 거의 좌우상하 내외의 구조적 결합관계를 살필 수 있다. 자연의 사물을 그리더라도 편협하게 그리지 않고 균형과 조화의 미를 살린 것이다. 예를 들면, 山·水·火·木·金·土·口·中·品 등 어느 글자를 살펴보아도 좌우상하의 대칭을 이루어 조화와 균형미를 배제하지 않는다. 이는 획수가 많은 어느 글자를 보더라도 거의가 잘 짜여진 형체를 이루어 균형을 잃지 않는 조화의 미를 발견할 수 있다. 균형과 조화의 미는 문장의 가장 기본단위인 문자에서부터 추구되었던 것이다.

形體上 중국문자는 依類象形에 形聲相益으로 進化된 繪畵의 바른 계통에 의한 발전이다. 그러므로 글자마다 그림과 같아 미술적인 의미가 풍부하다. 특히 古文과 篆書, 이런 繪畵式의 字體는 더욱 예술성이 풍부하다. 그래서 중국의 문자는 다만 入畵하여 畵面에 써서 그 美觀을 증가시킬 수 있을 뿐만 아니라, 그 자체 또한 單條 혹은 對聯으로 독립된 예술품이 되어 공간예술의 일종이 될 수 있는 것이다.[112]

---

112) 林尹 지음, 權宅龍 옮김, 《中國文字學槪說》 41면, 螢雪出版社.

漢字는 본래 自然의 事物形象을 본뜨고 그린 데서 이루어진 것이므로 글씨를 쓰는 일은 곧 그림을 그리는 행위라 할 수 있다. 이는 古代의 原始的인 文字일수록 더욱 그렇다고 볼 수 있다. 때문에 結構上의 均衡과 調和의 美를 意識하지 않을 수 없었던 것이니, 여기에서 바로 다른 文字에서 볼 수 없는 書의 美를 추구한 書藝術이 발생하게 되었음을 알 수 있다.

이러한 繪畫的인 文字를 가지고 意思를 표현하여 기록하게 되니, 표현상에서도 자연히 美文意識이 發揮되어 字數와 句節을 調和롭게 맞추려는 形式을 추구했으리라 본다. 이러한 현상은 韻文의 始祖인《詩經》과 散文의 始祖인《書經》에서부터 나타나고 있다. 中國人은 짜임새있는 표현형식에 音律上의 아름다운 리듬까지 추구하여 전달효과를 극대화하려 하였다. 따라서 音聲上의 雙聲, 疊字, 疊韻, 高低, 長短에서부터 표현 技法上의 對句, 押韻, 長短句 등 수많은 修辭法이 동원된다.

2) 문장의 형식미

文字보다도 문장에서 그 구성미를 더욱 추구한다. 文章은 내용면에서 可否 善惡 長短 등의 상대적 대칭과 균형미를 추구하고 형식면에서 押韻 對偶 聲調 등의 조화를 추구하였으니, 문자나 문장이나 조화의 미가 풍기지 않은 것이 없다.

漢字는 聲音上 一字一音으로, 또한 平仄의 다름이 있다. 그러므로 排比對仗할 것 같으면 一字 對 一字, 一平 대 一仄으로 무척 가지런하게 對句할 수가 있다. 중국의 駢文은 거의 句句對稱이고, 두 글자마다 하나의 節奏를 이루며, 平仄遞用으로, 곧 이런 문자의 특성을 표현하는 것이다. 近體詩에 이르러서는 모두가 五言 혹은 七言으로, 平仄·對仗·用韻 등에 있어 모두 엄격한 규칙이 있었으니, 이런 문자의 특성이 없이는 절대 이룰 수 없는 것이었다. 설령 보통 散文일지라도 작자는 자신도 모르는 사이에 약간의 駢語를 삽입시키게 되는 것이다. 이 모든 예는 다 중국문자가 음악적 高低緩急과 박자를 갖추었음을 나타내주는 것으로 하나의 시간 예술임을 인정할 수 있는 것이다.[113]

古代로부터 중국인은 일상용어와는 달리 기록을 위한 작문을 추구하였다. 上古時代의 古文을 보면 확연히 나타난다. 漢代를 이어 魏晉南北朝 時代를 거치면서 文에서 形式美의 추구는 극을 이루어 그 결과 韻文 방면에서는 五言과 七言體의 定型詩를 만들어 냈고, 散文에 있어서는 지극히 組織的인 형식의 駢儷文을 만들어 냈다. 詩나 散文이나 처음에는 비교적 자유로운 표현이었는데 문인들의 美文意識에 따라 시대와 더불어 점차 작법의 규칙이 생겨나고 추가되어 여러 유형의 정형체가 나오게 된 것이다.

남북조시대의 유미주의 풍조를 계승하여 唐代에 와서도 駢儷文이 크게 유행하고 詩에 있어서는 형식미의 극치를 이룬 律詩가 나왔다. 너무 嚴格한 規律이 수반된 문체는 人間의 感情을 자유롭게 표현하는 데 오히려 걸림돌이 될 수 있다. 그래서 唐代 古文의 대가인 韓愈나 宋代 문학의 領袖인 歐陽修와 같은 文人은 文은 形式보다 內容이 重要하다는 主張으로 古文運動을 展開하여 후세 문학에 큰 영향을 주었다. 그러나 그들의 문에서도 唯美的인 駢儷體의 수사적

113) 《上揭書》 41면, 螢雪出版社.

구문을 역력히 살필 수 있다. 문장에 알맹이는 없고 수식만을 일삼는 것을 배격한 것이지 수식 그 자체를 배격한 것은 아니었다. 文은 道를 담는 그릇이라고 보는 古文家들도 그릇이 좋을수록 道를 전달하는 데 더욱 효과적이기 때문에 그릇을 아무거나 쓰지 않았다. 내용전달의 효과를 제고하기 위하여 표현형식을 중시하는 것이 전통적인 한문의 작문법이라 할 수 있다.

2. 散文의 散·偶句 調和

일반 산문체로 이루어진 평서문을 살펴보면 크게 두 가지 유형의 표현법을 발견할 수 있다. 하나는 介詞 接尾詞 등 虛詞字를 활용하여 표현하는 유형의 완전 散體의 문장이고, 또 하나는 虛詞字(接尾詞)를 가능하면 배제하고 표현한 자구맞춤식 對稱句(對偶)의 문장이다. 허사자는 문장의 구절을 구분해 주고, 또 용도의 의미를 각자 지니고 있어서 충분히 사용하면 문의 내용을 알아보기가 그만큼 쉬워진다. 반면에 허사자를 배제하고 산체의 문장을 이룬다면 구문이나 내용파악이 난해할 수 있다. 때문에 허사를 사용하지 않을 경우에는 반드시 字句를 질서 있게 배열하고 起句 偶句의 대칭을 맞추며 排比對仗하는 형식을 취한다. 이는 相稱적 균형을 이루어 구문파악을 쉽게 할 뿐만 아니라 相互對比로 내용을 쉽게 알아볼 수 있도록 한다. 이점을 중시하여 발전한 것이 騈儷 對偶의 수사법이라고 할 수 있다. 대부분 일반 산문의 작품 중에는 散句와 偶句를 혼용하고 있음을 살필 수 있다. 하나의 작품이나 문장 중에도 이처럼 散 · 偶句를 조화롭게 혼용하는 것이다. 《論語》와 같은 경서는 물론 일반 작품에서 그 예를 발견할 수 있다.

《論語》의 문장은 古文 중에 고문으로 비교적 짧은 편폭으로 구성되어 있으며 그 표현은 지극히 간결한 산문체의 형식이다. 첫 편인 〈學而篇〉에서만 보아도 散句와 偶句를 섞어 표현하는 조화의 미를 살펴볼 수 있다.

① 君子務本 本立而道生 孝弟也者 其爲仁之本與.

② 弟子 入則孝 出則弟 謹而信 汎愛衆 而親仁 行有餘力 則以學文.

③ 賢賢易色 事父母 能竭其力 事君 能致其身 與朋友交 言而有信 雖曰未學 吾必謂之學矣

④ 父在觀其志 父沒觀其行 三年 無改於父之道 可謂孝矣.

⑤ 信近於義 言可復也 恭近於禮 遠恥辱也 因不失其親 亦可宗也.

⑥ 食無求飽 居無求安 敏於事而信於言 就有道而正焉 可 謂好學也已.

위 예문 중 밑줄 친 부분이 駢儷의 偶句를 이루고 나머지는 散文句이다. 《論語》 전편을 살펴보면 이상과 같이 대부분 짝을 이루는 儷體와 散體로 혼합되어 표현하는 유형이다. 완전 儷體로만 또는 완전 散體로만 표현하지 않고 산체 속에 儷句를 섞어서 표현하는 형식은 우연히 이루어진 것 같지는 않다. 표현상 균형과 조화를 이루어야 한다는 의식이 작용하고 있음을 엿볼 수 있다.

다음은《古文眞寶》後集에 수록된 산문 작품을 살펴보기로 한다.

○ 臣聞吏議逐客 竊以爲過矣 昔者繆公求士 西取由余於戎 東得百里奚於宛 迎蹇叔於宋 來丕豹公孫支於晉 此五子者 不産於秦而繆公用之 幷國二十 遂覇西戎. <上秦皇逐客書>

○ 秦孝公 據殽函之固 擁雍州之地 君臣 固守而窺周室 有席卷天下 包擧宇內 囊括四海 幷呑八荒之心 當是時也 商君佐之 內立法度 務耕織 脩守戰之備 外連衡而鬪諸侯 於是 秦人拱手而取西河之外. <過秦論>

○ 親賢臣遠小人 此先漢所以興隆也 親小人遠賢臣 此後漢所以傾頹也 先帝在時 每與臣論此事 未嘗不歎息痛恨於桓靈也. <出師表>

이상과 같이 본론적이고 근거를 제시하는 표현(밑줄 친 부분)은 대칭구로 서술하고 동기나 서론, 결론 그리고 문맥을 이어나가며 전환하는 표현은 산체로 서술하는 것을 발견할 수 있다.

위 예문 중 <上秦皇逐客書>의 대칭구문에서는 앞 두 구와 뒤 두 구가 조화를 이루면서 인재를 기용하는 표현에 있어서도 取하고 得하고 迎하고 來하였다고 표현하였다. 같은 의미를 나타냄에 있어서도 한 글자로 단순하게 표현하지 않고 다채로운 표현의 조화를 이루었다. 보통 산문의 표현구조를 보면 대부분 이와 같은 유형을 띠고 있다.

처음부터 끝까지 對偶나 配偶구로 일관한 辭賦類, 箴銘類, 頌讚類 등의 문장이 아닌 일반 산문은 모두가 散句와 偶句를 조화롭게 섞어가며 하나의 작품을 이루고 있다.

3. 騈儷文과 對偶修辭의 調和

1) 句文 배열의 조화

騈儷의 '騈(변)'은 '두 필의 말이 나란히 수레를 끌고 가는 것'을 의미하고, '儷'는 '나란히 할 려', '짝 려(배우자)'의 뜻으로, 짝을 맞춘다는 뜻이다. 따라서 騈儷文[114]이란, 두 글귀를 나란히 配列하여 짝을 맞춘 형식의 문장이란 말이다. 변려의 표현 형식은 先秦시기의 古文에서도 간간이 살필 수 있다. 그러나 이를 변려문이라 하지는 않는다. 시대적으로 魏晋 이후 唐·宋代에 걸쳐 유미주의 사조가 성행할 때 이루어지고 유행했던 문형으로 구절 간에 대우의 짝을 이루어 처음부터 끝까지 변려의 형식을 유지한 형식의 문을 변려문이라 칭한다.

騈儷와 對偶는 모두 짝을 이루는 의미를 지니고 있다. 천지 음양의 조화의 원리를 화법에 적용한 것이 대우의 수사법이고 대우의 수사법이 극도에 이르러 나타난 양식이 변려문이라 할 수 있다. 따라서 대우의 구조가 없는 변려문은 있을 수 없다.

변려문의 修辭法 중에 가장 핵심적인 방법은 대우법인데 이는 前後 兩句 쌍구 또는 격구가 騈儷로 聯關을 이루어 對比가 되는 형식으로, 字數가 같아야 하고. 뜻이 서로 상응해야 하며, 語彙의 性格도 相對가 되고, 성률 또한 격조에 맞아야 한다. 이밖에도 雙聲, 疊韻, 疊字나 개사, 허사 등의 쓰임이 모두가 대립 相應 관계로 이루어진다.

---

114) 騈儷文은 表現上 四字 六字의 句形이 많다하여 이를 흔히 四·六文이라 稱하기도 한다. 그러나 四·六文이 변려문을 지칭하는 표현일 수는 있지만 변려문이라고 하여 반드시 四·六文은 아니다.

騈儷라는 意味는 짝을 맞춘다는 뜻이므로 對偶의 표현 형식이 그 特徵이다. 대우의 기법은 天地, 陰陽, 上下, 左右, 長短, 黑白 등 균형과 조화의 원리가 그 핵심이다. 形式과 內容면에서 각종 對偶의 類型은 수없이 많지만 여기서는 변려체의 기본적인 對偶 關係를 알아보고자 한다. 對偶의 방법은 우선 形式上 크게 單句對, 雙句對, 隔句對가 빈번하게 활용된다. 이들 구문 배열의 조화로운 관계를 살펴보기로 한다.

(1) 單句對

昔聞投簪逸海岸, 今見解蘭縛塵纓.[115]·

南昌故郡, 洪都新府.[116]

智者成之於順時, 愚者敗之於逆理.[117]

위의 例文 形式을 살펴보면 前後句가 같은 構造로 對를 이루고 있다. 글자의 숫자도 같을 뿐만 아니라, 두 句間에 相對하는 字마다 서로가 똑같은 性格의 品詞로 상대하고 있음을 발견할 수 있다. 즉 첫 줄에서 '昔聞'과 '今見', '投簪'과 '解蘭', '逸海岸'과 '縛塵纓'의 어휘가 상대하고, 다음 '南昌'과 '洪都', '故'와 '新', '郡'과 '府'가 상대하며, 맨 아래는 '智者'와 '愚者', '成之'와 '敗之', '順時'와 '逆理'가 상호 對를 이루고 있다. 앞뒤의 구간에 같은 字數와 같은 性格의 構造로 形式이나 內容面에서 前後 짝을 맞추었다(單句對). 이렇게 내용은 물론 어구의 구성에서 상호 균형과 조화를 이룬 單句의 對偶 構造는

115) 《古文眞寶後集》, 孔德璋, 〈北山移文〉.

116) 《上揭書》, 王勃, 〈滕王閣詩序〉.

117) 《羅麗散文選》, 崔致遠, 〈檄黃巢書〉.

변려문만 아니라 古今의 文에서도 쉽게 찾아 볼 수 있다.

(2) 雙句·隔句對

物華天寶, 龍光射牛斗之墟.

人傑地靈, 徐孺下陳蕃之榻. 〈滕王閣詩序〉

百年繫命, 生死難期.

萬事主心, 是非可辨. 〈檄黃巢書〉

業患不能精, 無患有司之不明.

行患不能成, 無患有司之不公.[118]

雙句對는 二句가 한 條를 이루어 두 쌍이 對를 이루는 形式을 말한다. 이들 二句 한 조는 內容的으로 하나의 뜻을 나타내어 相對되는 쪽과 儷對를 形成한다. 그러나 각 句의 형식은 한 句를 隔으로 하여 對를 이루고 있다. 즉 造句의 형식은 隔句對를 이루고 있다. 모두는 상호 균형과 조화의 미를 추구하고 있는 것이다. 앞의 單句對와 함께 일반 散文에서도 흔히 쓰이는 구형이다.

(3) 隔句連係對

雄州霧列, 俊彩星馳, 臺隍枕夷夏之交, 賓主盡東南之美.

時維九月, 序屬三秋, 潦水盡而寒潭淸, 烟光凝而暮山紫.

〈滕王閣詩序〉

118) 《古文眞寶後集》, 韓愈, 〈進學解〉.

將期剋復上京, 固且敷陳大信, 敬承嘉諭, 用戢奸謀.

(爾猶)自懷鴆毒, 不斂梟聲, 動則齧人, 行唯吠主.

〈檄黃巢書〉

例文의 構造를 살펴보면, 첫 번째 句는 두 번째 句와, 세 번째 句는 네 번째 句와 文字 구조상의 先後 單句對이지만, 內容은 첫 句와 세 번째 句, 두 번째 句와 네 번째 句가 한 조를 이루고 있다. 例를 들면, 例文 첫 줄의 "雄州霧列"의 句는 한 句를 건너 "臺隍枕夷夏之交"의 句와 내용상 連係되고, "俊彩星馳"의 句는 한 句를 건너 "賓主盡東南之美"의 句와 내용상으로 連係된다.

아래의 例文도 끝줄만 보면, "自懷鴆毒"의 句는 한 句 건너 "動則齧人"의 句와, "不斂梟聲"의 句는 한 句 건너 "行唯吠主"의 句와 연계하여 敍述하고 있다. 즉, 四句의 組織 句文에서 一句는 三句와, 二句는 四句와 隔句로 聯關하여 풀이 서술하고 있는 形式이다. 이러한 句文은 騈儷文에서 간혹 사용하는 獨特한 表現法이라 할 수 있다.

격구연계대의 형식은 騈儷體(四·六文)가 완성단계에 이른 北宋 초기의 律賦에서 잘 살필 수 있다. 律賦는 완벽한 騈儷體의 구조를 이루는데, 특히 과거응시에서 사용한 律賦는 엄격한 구문대우를 이루어야 했다. 이는 내용이나 형식면에서 상대적인 균형을 이루어 조화로운 서술을 기하는 것이 그 특징이다. 아래 예문에서 한 예를 살필 수 있다.

賞出於國, 時行在天, 紀勳庸而有序, 順春夏以昭宣,

無忘爾勞, 法蠢生而布惠, 用嘉乃績, 因長養以旌賢.[119]

위 예문의 구조는 첫 줄의 경우 隔句로 연계하여 내용을 서술하고 있는데, 첫 구 '賞出於國'은 세 번째 구 '紀勳庸而有序'와 연계하고, 두 번째 구 '時行在天'은 네 번째 구 '順春夏以昭宣'과 격구로 연계하여 내용을 전달하고 있다. 그 다음은 雙句對에 의한 방법으로 표현의 조화를 이루었다. 이밖에도 여러 가지 기법이 활용되고 있는데 모두는 하나의 구로만 기록하지 않고 반드시 起·偶句를 이루면서 대칭의 조화를 이루고 있다.

장편의 서술문체로 전 문장이 配偶句를 이루며 서술되는 최초의 형식은 楚辭중의 대표작인 <離騷經>을 들 수 있다. <이소경>은 辭賦의 元祖인데 이는 句文의 配偶를 이루며 구문마다의 字數도 거의 균등하게 짜여진 수사적 의도에 의해 이루어진 형식이다. 이를 계승하여 漢代에 賦가 크게 유행하였고, <이소경>을 비롯한 楚辭와 한대의 부는 후세의 유미사조에 큰 영향을 미쳤다. 위진 남북조 시대에 와서는 유미주의 풍조에 힘입어 辭賦를 바탕으로 변려문과 변려부

---

119) 歐陽修, 《歐陽修全集》, 〈居士外集卷第二十四〉, 〈賞以春夏賦〉: 상(賞)은 나라에서 나오고, 때(時)는 하늘에서 운행하니, 공훈을 (상으로) 기록하여 서열을 갖추어야 하고, 봄여름 자연의 時序를 따라서 (상) 베푸는 일을 투명하게 해야 하네. 너희들의 수고를 잊지 않으니, (봄날처럼) 벌레들의 자라남을 본받아 은혜를 베풀며. 너희들(乃)의 공적을 아름답게 여기노니, (여름날처럼) 크게 성장함을 인하여 어진 점을 나타내노라.

이 작품의 제목은 '賞을 주되 春夏로써 하라는 내용의 賦'이다. 春 夏에 생물성장의 成果가 자연의 질서에 따라 나타나는 것처럼 임금이 상을 부여하는 데에도 그와 같이 차질 없이 투명하게 해야 한다는 내용이다. '信賞必罰'을 중시한 내용인데 특히 信賞을 강조하고 있다. 참고로, 罰以秋冬.

가 나오게 되었고, 다시 唐 · 宋代에 와서는 律詩처럼 더욱 엄밀한 작법상의 규칙을 가진 四 · 六文과 律賦가 나오게 되었다.

특히 北宋代에 이르러서는 과거시험의 과제로 試賦(律賦)를 채택하게 되는데 이는 형식미의 극을 이룬 것이다. 辭賦의 대표적인 특징은 配偶句에 의한 표현과 對偶의 수사법인데 이는 균형과 조화를 중시한 의식에서 나온 결과인 것이다.

2) 대우구조의 상대적 조화

수사법상 對偶의 유형은 매우 다양하다.[120] 대우의 기본형은 상대관계이며 상대관계의 기본은 조화의 원리이다. 대우의 문장을 대상으로 하여 여기에 나타난 조화의 원리를 규명해 보고자 한다.

대우의 수사형식은 古代로부터 문장 중에 간간이 사용되었다. 漢代에 와서 辭賦나 五言詩 등의 점진적 형식화에 따라 더욱 정제된 대우구조의 형식이 나오게 되었고, 위진 남북조시기에 와서는 전형적 대우구조의 형식인 騈儷體가 일종의 문형으로 자리 잡아 후세에 전해지게 되었으며, 이를 계승하여 唐 · 宋代에는 시종일관 對偶의 구조로 짜여진 詩文까지 나오게 되었다. 앞에서 변려문의 구문상 대우관계를 살펴보았다. 이제 대우구문의 내용상에서 起 · 偶句 상호간의 조화적 특징을 밝혀보기로 한다.

먼저 初唐 王勃의 〈滕王閣詩序〉를 살펴보면;

---

120) "對句의 방법에도 일본 弘法大師가 지었다는 《文鏡秘府論》권 3을 보면 的名對 同對 異類對 意對 등 29가지의 유형이 있다고 하였다." 金學主 著 《中國文學序說》 56면, 인용.

南昌故郡 : 南昌, 故, 郡

洪都新府 : 洪都, 新, 府

'故'와 '新'의 내용이 상대하고 있음을 살필 수 있다.

星分翼軫 : 星, 分, 翼軫

地接衡廬 : 地, 接, 衡廬

하늘을 상징하는 '星'과 땅의 '地', '分'과 '接'의 내용이 상대하고 있다.

襟三江而帶五湖 : 襟, 三江, 帶, 五湖

控蠻荊而引甌越 : 控, 蠻荊, 引, 甌越

'江', '湖'의 물과 '荊', '越'의 육지가 상대하고 있다.

物華天寶, 龍光射牛斗之墟 : 物,天寶, 龍光,射, 墟

人傑地靈, 徐孺下陳蕃之榻 : 人,地靈, 徐孺,下, 榻

'物'과 '人', '天'과 '地', '射(위로 쏨)'와 '下'가 상대하고 있다.

潦水盡而寒潭清 : 潦, 水, 盡, 潭, 清

烟光凝而暮山紫 : 烟, 光, 凝, 山, 紫

물과 육지에서 일어난 현상을 나타내면서 '潦'와 '烟', '水'와 '光', '潭'과 '山', '清'과 '紫'(색깔) 등 상호 字詞對로 치밀한 대우를 이루었다.

層巒聳翠, 上出重霄 : 層巒, 聳翠, 上, 出, 霄.

飛閣流丹, 下臨無地 : 飛閣, 流丹, 下, 臨, 地

하늘 쪽과 땅 쪽을 대상으로 삼아, '層巒'에 '飛閣'을, '聳翠'의 푸른 색에 '流丹'의 붉은 색을, '上'과 '下', '出'과 '臨', '宵'와 '地'로 정밀한 대우를 이루었다.

전 작품의 모든 구절에서 전반적으로 이와 같은 내용을 살필 수 있다. 일단 구문상의 대우를 이루면 당연히 내용도 상대적인 조화를 이루는 것이 기본으로 되어 있다. 다시 新羅 崔致遠의〈檄黃巢書〉를 살펴보면;

(夫)守正修常曰道 : 正, 常, 道
　　臨危制變曰權 : 危, 變, 權

起 · 偶句의 관계를 보면 태도, 수단, 방법을 나타내며, '正'과 '危', '常'과 '變', '道'와 '權'이 상대적인 의미를 지니며 구성되어 있다.

智者成之於順時 : 智, 成, 順, 時
愚者敗之於逆理 : 愚, 敗, 逆, 理

'智'와 '愚', '成'과 '敗', '順'과 '逆', '時'와 '理'를 상대적 내용으로 구성했다.

(然則雖)百年繫命, 生死難期: 百年, 繫命, 生死, 難期
　　(而)萬事主心, 是非可辨: 萬事, 主心, 是非, 可辨

목숨의 운명과 마음의 작용에 관한 내용으로 對偶를 이루며, '百年'과 '萬事', '生死'의 相反語에 '是非'의 相反語를, '難'과 '可'의 상대적 의미의 구성으로 상호관계를 이루었다.

(今我以)王師則有征無戰 : 王師, 有征, 無戰
　　　軍政則先惠後誅 : 軍政, 先惠, 後誅

'王師'와 '軍政', '征'과 '惠', '無戰'과 '後誅'의 내용으로 상대관계를 이루었다.

위 예시 문은 대표적인 騈儷文이다. 騈儷文에도 句文 사이에 간혹 主語, 呼稱, 感歎詞 등의 獨立句文이나 發語詞, 介詞 등이 介入되기도 한다. 예문에서 살핀 바와 같이 치밀하게 내용상으로 天地, 黑白, 陰陽, 上下, 長短 등 상호관계를 이루어 균형과 조화의 미를 추구하려는 것이 대우구조의 기본 작법이다.

文章 全體가 騈儷文은 아닐지라도 騈儷體의 핵심인 對偶의 構造는 漢文의 文章에서 隨時로 발견된다. 이 構造는 魏晉南北朝 時代에 騈儷文이 본격적으로 나오기 이전 고대로부터 사실상 수사의 기본법칙으로 사용했던 것이다. 그것은 最古의 古書인 《書經》[121]이나 《詩經》[122]에서 이미 유래를 찾을 수 있고, 《論語》와 《道德經》만 보더라도 쉽게 발견할 수 있다. 결국 이런 대우적인 수사법이 점차 발전하여 시종일관 대우에 의한 표현의 변려문이 나왔다고 볼 수 있다. 일반 산문에 나타난 대우의 구문도 변려문에서 보이는 형식과 대개 같은 성격임을 살필 수 있다. 《論語》에서 예문을 들어보면;

入則孝 出則弟.
貧而無諂 富而無驕.[123]

---

121) 《書經》〈虞書,堯典〉: 曰若稽古帝堯 曰放勳 欽明文思安安 溫恭克讓 光被四表 格于上下 克明俊德 以親九族 九族旣睦 平章百姓 百姓昭明 協和萬邦 黎民於變時雍. 산문이지만 구문의 상대적 조화가 이루어지고 押韻까지 하였음을 살필 수 있다.

122) 《詩經》〈周南,關雎章〉: 關關雎鳩 在河之洲 窈窕淑女 君子好逑. 押韻이 되고 雙聲 疊韻의 관계가 調和를 이룬다.

123) 《論語》〈學而篇〉

君子 周而不比 小人 比而不周.[124]

君使臣以禮 臣事君以忠.

樂而不淫 哀而不傷.[125]

君子懷德 小人懷土, 君子懷刑 小人懷惠.[126]

위에 나타난 바와 같이 문장 구성상 자구간의 대칭관계는 말할 것 없이 내용상에서 볼 때 첫 문장의 '出'과 '入', 이어서 '貧'과 '富', '君子'와 '小人', '周'와 '比', '君使臣'과 '臣事君', '樂'과 '哀', 군자와 소인간의 '懷德'과 '懷土', '懷刑'과 '懷惠' 등이 내용상 상대적으로 잘 대조를 이루고 있다. 古文中에 고문이라고 한《論語》를 살펴보면 의외로 儷句 對偶의 수사적 표현이 많다. 老子의《道德經》에서도 보면;

道可道 非常道, 名可名 非常名,

無名天地之始 有名萬物之母,

故常無欲以觀其妙 常有欲以觀其徼.[127]

塞其兌閉其門,終身不勤, 開其兌濟其事,終身不救.[128]

五色令人目盲 五音令人耳聾 五味令人口爽

馳騁畋獵令人心狂 難得之貨令人行妨

是以聖人爲腹不爲目 故去彼取此.[129]

---

124)《上揭書》〈爲政篇〉

125)《上揭書》〈八佾篇〉

126)《上揭書》〈里仁篇〉

127)《道德經》〈第一章〉

128)《上揭書》〈第五十二章〉

129)《上揭書》〈第十二章〉

이상과 같이 형식상 配偶句를 이루어 논리를 전개하면서 '可道'와 '常道', '可名'과 '常名', '無名'과 '有名', '天地'와 '萬物', '無欲'과 '有欲' 등 내용적으로도 相比적인 대우관계를 형성하고 있다. 사실《道德經》의 經文은 전편이 대부분 騈儷 對偶體를 활용하여 이루어져 있다.《도덕경》은 道家의 사상을 반영한 대표적인 작품일 뿐만 아니라 騈儷偶句의 표현형식에 있어서도 특출한 면을 보이고 있다. 변려문은 漢代를 지나 魏晋 南北朝時代에 유행하고 발전하면서 그 체제를 확고히 하였다. 이 시대에는 道家思想이 크게 유행하였는데 도가사상과 변려문은 상호 관계가 있는 것 같다. 아마 道家에서 자연의 원리인 陰陽(相合 對照)의 원리를 문장수사에도 적극 도입하려 했던 것 같다.

다음은 변려문과 같은 美辭麗句의 문을 퇴치하고 내용이 충실한 글을 짓자고 고문운동을 주장했던 唐代 韓愈의 작품 하나를 살펴보자.

〈進學解〉

業精於勤, 荒於嬉 : 精於勤, 荒於嬉
行成於思, 毁於隨 : 成於思, 毁於隨

聖賢相逢 : 聖賢, 相, 逢
治具畢張 : 治具, 畢, 張

拔去兇邪 : 拔去, 兇邪
登崇俊良 : 登崇, 俊良

占小善者率以錄 : 占小善者, 率以錄
名一藝者無不庸 : 名一藝者, 無不庸

爬羅剔抉 : 爬羅, 剔抉
刮垢磨光 : 刮垢, 磨光.[130]

자구간의 대우를 잘 이루고 있으며 내용까지도 거의 대를 이루고 있는 유형이다. 이 작품은 韓愈의 산문 중에 配偶句의 형식으로 이루어진 대표적인 작품인데 압운까지 되어 있다는 것을 살필 수 있다. 韓愈는 文章에 알맹이 없이 표현상의 形式美만 추구하는 文風을 排擊하고 內容을 重視한 글을 짓자고 古文運動을 展開하였다. 그러나 그도 기본적으로 騈儷 對偶句의 活用을 잘 하였다. 內容을 外面하고 形式美만을 추구한 것이 문제이지 騈儷 偶句의 修辭法은 漢文 文章의 基本形이기 때문이다. 對偶句의 修辭形式은 天地 陰陽의 原理를 文章에 導入한 것으로 조화의 미를 추구하자는 것이다.

이상을 살펴보면 方向, 色彩, 時間, 故事, 位置, 狀態, 感情, 疊韻, 疊字, 數量 등 多種多事의 對法이 具備되어 있다. 一面만을 말하지 않고 상대적인 면을 거론하여 마치 陰이 陽과 배합을 이루듯이 相比적인 수사법을 추구하고 있는 것이다. 이는 상호 대비로 내용의 이해를 더욱 쉽게 할 뿐만 아니라 균형적인 표현의 아름다움도 추구한 것으로 볼 수 있다.

130) 屈守元 常思春 編,《韓愈全集校注》,〈元和八年篇〉, 1909면.

3) 聲律의 조화

騈儷文은 句文과 字句상에서 대칭과 균형의 조화를 꾀할 뿐만 아니라 성률까지도 가미하여 조화를 이룬다. "변려문은 산문임에도 불구하고 매구 用字의 音律에 일정한 규칙이 있다. 그 音律의 규칙이란 문장의 리듬의 미와 음운의 조화를 꾀하기 위하여 이룩된 것이다."[131] 여기서 그 예를 살펴보기로 한다.

〈檄黃巢書〉 崔致遠

守正修常曰道, ●●○○曰●
臨危制變曰權. ○○●●曰○

智者成之於順時, ●者○之於●
愚者敗之於逆理. ○者●之於●●
百年繫命, ●○●●
生死難期, ○●○○

萬事主心, ●●●○
是非可辨. ●○●●
王師則有征無戰, ○○則●○○●
軍政則先惠後誅. ○●則○●●○

---

131) 金學主,《中國文學槪論》162면 引用 및 參照: 騈儷文의 法則: 1.四字句에서 第二字와 四字 不同聲. 2.한 쌍의 對句에서 平仄 配列의 相互 反對順序. 3.對句의 위편 抑揚을 그 앞에 노인 對句의 아래구의 抑揚과 같도록 平仄을 配列.

위 例文의 성률구조 관계를 살펴보면 騈儷文의 법칙뿐만 아니라 騈賦의 규칙(아래 참고)을 대부분 준수하고 있는데 보는 바와 같이 上下句의 두 번째 자나, 마지막 자가 同聲을 쓰지 않고 平仄 조화를 이루는 등 상호 균형미를 갖추고 있다.

변려문의 성률관계는 예문에 나타난 바와 같이 詩에서 준수해야 할 사항과 같은 점이 있음을 살필 수 있다. 對偶句의 관계에서 볼 때 두 번째의 聲調가 平聲과 仄聲으로 상대적이며 맨 끝 자의 성조도 항시 평과 측성으로 상대적인 조화를 이루고 있다. 매 句의 二번째 자와 四번째 자의 성조가 다른 점도 詩와 같다(두 번째 예문의 허사 '者'자 제외). 七言詩에서 二 · 六通의 원칙처럼 여기서도 七言에서 二 · 六通聲이 이루어지고 있다. 이처럼 구문구조의 정연한 대우와 균형미를 추구할 뿐만 아니라 성률에 있어서도 고저억양의 조화를 이루고 있다.

騈儷體의 구조를 가장 잘 구비한 것이 辭賦이다. 辭賦는 운문과 산문의 형식이 어우러진 구조를 취하고 있는데,[132] 전편에 걸쳐 配偶句를 사용하고 상대적인 균형미를 잘 갖춘 것이 그 특징이라 할 수 있다. 이는 시대를 거치면서 楚辭, 古賦, 騈賦, 律賦, 文賦 등의 개성을 달리하는 형식이 나왔다. 그 중에서도 四 · 六 변려체를 형성하며 대우와 성률조화의 미를 엄격한 규범으로 삼은 점은 律賦에서 찾아볼 수 있다. 律賦는 騈賦의 체재를 기본 틀로 삼아 보다 형식화 한 일종의 定型賦이다. 南北朝시대로부터 聲律學 運動과 四·六文體의 유행으로 인하여 對句의 作法은 平仄이 서로 맞아야 하고 音調의 諧和를 圖謀하고 修辭가 精工해야 하였다. 문학의 사조에 따라 일

132) 辭賦는 원래 押韻을 한 韻文이다. 그러나 淸 姚鼐는 산문을 十三類로 분류하고 辭賦를 그 중 하나로 포함시켰다.

반 文人들은 四聲說과 平仄論을 모두 崇尙하게 되었다.[133] 이것은 결국 美文을 이루기 위한 修辭의 극치라고 할 수 있는데 근본적인 원리는 표현상 상호 균형과 조화의 미에 두고 있는 것이다.

이상에서 볼 때 중국인의 문장 수사법은 자구와 내용뿐만 아니라 성률에 있어서도 조화의 미를 추구하고 있음을 살필 수 있다.

4. 漢詩 構成의 調和

산문으로 修辭上의 극치를 이룬 것이 駢儷文인데 이를 四言과 六言의 구조가 많다고 하여 四·六文이라고도 한다. 四와 六은 짝수(偶數) 로 陰의 수이다. 운문으로 발달의 극을 이룬 것이 唐代에 와서 완성된 五言 七言 정형시이다. 五와 七의 수는 起數로 陽의 수이다. 산문에서 四 · 六言을 중심[134]으로 陰의 수를 이루고 여기에 상대적으로 운문에서 五·七言을 사용하여 陽의 수를 이루는 것은 음양조화의 의식에서 나온 결과라고 단언할 수 있다. 음양조화의 원리는 산문에서보다 漢詩에서 더욱 쉽게 찾아볼 수 있다. 우선 표현 단위에서 볼 때 五言詩는 기본적 표현 수법으로 二字와 三字를 합쳐 한 句를 이루고, 七言詩에서는 보통 四字(2+2) 와 三字를 단위로 하여 한 구를 이룬다. 반드시 그런 것은 아니지만[135] 일반적으로 통용하는 작법이고

---

133) 張正體 張婷婷,《賦學》臺灣學生書局, 193면.

134) 산문의 표현구조를 살펴보면 二字와 二字를 합친 四字형 句文이 가장 기본형임을 살필 수 있다. 이는 짝수로 陰의 수인데 여기에 陽의 수인 五言의 詩가 조화를 이루기 위해 산생했던 것 같다. 이러한 음양 조화적 차원에서 보면 후세의 음의 수 四 · 六言구조의 변려문(산문)도 詩의 五 · 七言 陽의 수에 상응하기 위해 나온 것이 아닌가 싶다.

135) 李白, 〈秋浦歌〉轉結부분: 不知明鏡裏 何處得秋霜: 거울속의 사람은 어디

해독법으로 알려져 있다. 예를 들면;

天高/日 月明. 하늘이 높으니 해와 달이 밝고
地厚/草木生. 땅이 두터우니 풀과 나무가 자란다.
<推句>
丞相祠堂/何處尋. 승상의 사당을 어디에서 찾을까
錦官城外/柏森森. 금관성 밖 잣나무 우거진 곳이라.
<蜀相; 杜甫>

여기서 살필 수 있듯이 五言은 二言(陰)과 三言(陽)의 결합이고 七言은 四言(二言+二言)과 三言의 결합 구조이다. 기본적인 배합구조를 짝수인 음의 수(二, 四)와 홀수인 양의 수(三)를 합쳐 완벽한 하나를 이루어 내려는 것임을 살필 수 있다. 즉 음과 양의 결합으로 하나의 완성품을 이루어 낸 것이다. 이러한 원리의 응용은 여기에서만 그친 것이 아니다. 읊는 소리의 조화를 위해 성률에서도 잘 응용하고 있다. 音調의 平聲과 仄聲을 중심으로 高低 抑揚에 의한 조화로운 표현은 한시의 가장 큰 특징 중의 하나인데 그것은 한마디로 균형과 조화미의 극치이다. 그 예를 들어본다.

〈春望〉 杜甫
國破山河在 ●●○○●
城春草木深 ○○●●○
感時花濺淚 ●○○●●

에서 가을 서리(흰머리)를 얻어왔는지 모르겠네. 이처럼 두 구가 한 단위의 표현을 구성하는 경우도 있으며, 五言이건 七言이건 二 · 三이나 四·三구조 외에 다양한 자구의 구성을 살필 수 있다.

恨別鳥驚心 ●●●○○
烽火連三月 ○●○○●
家書抵萬金 ○○●●○
白頭搔更短 ●○○●●
渾欲不勝簪 ○●●○○

위 詩를 보면 平聲 '侵'韻을 압운자로 사용하였고, 첫 구 두 번째 자가 仄聲이므로 仄起式이다. 每聯에서 起句와 偶句간에 二字와 四字가 상호 平仄聲으로 相對를 이룬 것도 조화의 원리이고, 首聯 첫 구 二字가 仄聲으로 시작하여 偶句 平聲으로 마무리했으니 그 다음에는 頷聯 첫 구 두 번째 자를 평성으로 시작하여 우구는 측성으로 맞추고, 頸聯은 측성으로 시작하여 우구는 평성으로, 尾聯은 다시 평성으로 시작하여 측성으로 마무리한 것(이 방법을 粘法이라 함)도 균형과 調和의 美이고(每句의 성조도 二·四不同이므로 二·四字의 관계도 이와 상대적으로 이루어짐), 매 연 起偶句 끝 자의 성조관계도 仄平으로 상대적인 조화를 이루고 있다.[136]

한시 작법의 규칙인 '二四不同', '一三不論', '一三五不論(七言)', '禁忌下三連', '忌孤·平仄', '二六通(七言)', '粘法' 등 모든 규칙은 한마디로 音律이 한 곳으로 치우치지 않게 하려는 데 있는 것으로 균형과 조화의 미를 추구하자는 것이다.

이처럼 자연조화의 핵심인 음양의 결합적 조화의 원리를 문장 표현에도 도입하여 적용하려 했음을 분명히 살필 수 있다. 표현 형식은 물론 작품의 내용에서도 長短, 强弱, 多少, 天地 등 상대적인 조화의

136) 平起式도 같은 원리이다. 絶句의 형식은 律詩의 반절을 놓고 한 구씩 起承轉結로 보면 된다.

수사법을 추구하는 것이 漢詩의 특징이라 할 수 있다.

문은 표현 형식보다 내용이 중요하다. 그러나 같은 내용이라도 표현 방법에 따라 전달효과는 달라진다. 따라서 작문상 수사법이 강구되지 않을 수 없는 일이다. 文字를 비롯하여 散文, 騈文, 辭賦, 詩歌 모두가 표현형식에서 균형과 조화의 미를 추구한 것은 인간의 相合적 美意識이 반영된 것이며, 전달 효과를 극대화하는 최선의 수사법으로 인식한 결과라고 볼 수 있다.

중국의 문자나 문장은 모두 至高한 예술성을 지니고 있다. 모두는 균형과 조화의 미를 지니고 있는데 귀납해보면 이는 중국인의 만물에 대한 음양조화의 인식에서 비롯된 것임을 알 수 있다. 繪畵에 의해 이루어진 象形文이나 의도적인 제작에 의해 이루어진 會意, 形聲字들이 完形의 구조물처럼 균형미를 갖추었고, 이들 문자를 모아 구문을 이룰 때는 반드시 상호 조화로운 균형미를 추구하니 上下, 高低, 長短, 大小, 天地 등의 陰陽적인 조화를 기본으로 한다. 이는 문자나 문장의 형태상에서 뿐만 아니라 발음상의 성률과 내용상의 관계에서도 마찬가지이다. 사물의 모양을 그린 데서 출발한 회화적인 문자는 애초부터 표현의 구성미를 추구해야 했고, 대화를 위한 언어적 표현도 균형과 조화의 미를 추구하였으니 이는 결국 문장을 구성하는 데에도 미문의식이 발휘되어 자구의 배열이나 성음의 조화를 도모하게 되었던 것이다.

한문의 문장구조는 비록 복잡하고 혼란스러운 것 같지만 실은 그 속에 秩序整然한 相對와 均等한 調和의 원리가 구심점을 이루고 있어서 지극히 조직적이고 체계적인 구조를 취하고 있다. 單片을 배제하고 상호 배합적인 對照, 抑揚, 相稱의 整列을 이루어 조화적 形式美를 추구한 것이 한문의 문장이니, 이는 결국 아름다운 문장을 통해서 내용 전달의 효과를 높이려는 수단이라고 보아야 한다.

文字는 물론 문장까지도 표현상 조화의 미를 추구한 것은 중국인의 생활철학에서 나온 결과라고 볼 수 있다. 그들의 우주관은 음양의 관점에서 출발하며 陰·陽 어느 한쪽만을 추구하지 않고 상보적인 입장에서 상생의 길이 있다고 인식했던 것이다. 그런 인식에 따라 생활 속에서 균형과 조화의 원리를 중시했던 것이니, 마침내 문장을 구성하는 데에도 예외가 아니어서 그 원리를 적용하게 되었다고 볼 수 있다.

구조가 너무 다양하여 公認된 文法이 없다고까지 말한 漢文의 文型속에는 규칙적인 秩序와 條理가 엄연히 內在하고 있다. 따라서 글자의 뜻과 각종 虛詞字의 用例에 대한 理解도 중요하지만 이러한 조직적인 표현구조를 잘 파악하는 것이 문장을 이해하는 데 더욱 중요한 비결이라고 할 수 있다.

류재윤(柳在潤)

全北 南原에서 出生.
全南 谷城郡 石谷面 竹山里 趙光萬 先生,
和順郡 南 面 節山里 晩翠 魏啓道 先生,
寶城郡 福內面 詩川里 松潭 李栢淳 先生 門下에서 漢文을 배움.
農水産部 振興院 7級 國家公務員 二年二個月 勤務.
全州大學校 師範大學 漢文教育科 卒業
延世大學校 大學院 中語中文學科 碩士課程 卒業
全南大學校 大學院 中語中文學科 博士課程 卒業
美國 University of California, Berkeley 一年 訪問教授

文學博士
全州大學校 師範大學 漢文教育科 教授 역임.

한문문법 이해

초판 1쇄 발행 _ 2018년 8월 30일
1판 2쇄 발행 _ 2019년 8월 30일

저　　자 • 류 재 윤
발 행 인 • 정 현 걸
발　　행 • 신 아 사
인　　쇄 • 대명프린팅
출판등록 • 1956년 1월 5일 (제9-52호)
주　　소 • 서울시 은평구 통일로 59길 4 (2F)
전　　화 • 02)382-6411 · 팩스 02)382-6401
홈페이지 • www.shinasa.co.kr
E-MAIL • shinasa@daum.net

ISBN 978-89-8396-291-1(93720)

정가 15,000원